타인의 시선

메이지가쿠인대 서정민 교수의 도쿄산책

경계에서 읽기

메이지가쿠인대 서정민 교수의 도쿄 산책

타인의 시선 경계에서 읽기

메이지가쿠인대 서정민 교수의 도쿄 산책

타인의 시선 경계에서 읽기

메이지가쿠인대 서정민 교수의 도쿄 산책

"요즘 내가 느끼는 넉넉함, 상쾌한 삶의 행복은 넘치거나 남거나
지나침에서 오는 충만함이 아니라 오히려 조금은 모자란 듯한,
어느 정도는 비거나 때로는 옹색한 듯한 가벼움에서 오는 것 같다."

섬앤섬
SOMENSUM PUBLISHING COMPANY

책머리에

'포지티브 콘택트 존' —조화로운 심포니를 지향하며

나는 끝자리가 좋다. 학교 다닐 때도 자유 좌석일 경우에는 대개 맨 끝자리에 앉았다. 물론 출입이 편한 점도 있었을 것이다. 교수가 되어서도 대개 연구실은 복도 맨 끝이나 처음을 좋아한다. 현재의 내 연구실도 건물 5층 복도의 제일 끝이다. 끝은 경계선, 혹은 접경이다. 접경은 양쪽을 다 포함할 수도 있고 필요에 따라서는 어느 한 쪽을 단호히 선택할 수도 있다. 그러나 나의 지향점은 경계선이라 해도 서로를 아우르는 긍정적 경계선이다. '포지티브 콘택트 존'인 것이다.

간혹 내 강의에 중국 조선족 출신 유학생이 수강하는 경우가 있다. 언젠가, 지금은 졸업을 한 제자가 내가 한국인 교수라는 것을 알고 불쑥 찾아왔다.

"교수님, 저는 사실상 중국도, 한국도, 일본도 아닌 애매한 존재입니다, 말도 중국어, 한국(조선)어, 일본어 어느 것이 제 말인지도 모르겠습니다."라며 혼란스러워 했다.

나는 빙긋이 웃으며 수정을 해주었다.

"아니 그렇지 않아, 넌 중국이기도, 한국(한반도)이기도, 일본이기도 해. 우와, 언어로 보면 중국어, 한국(조선)어, 일본어 모두 유창하잖아. 그리고 영어도 배우지 다른 외국어로 스페인어도 한다고 했지, 이거 뭐 아시아인 아니 완전 세계인이네. 앞으로 너와 같은 조선족 엘리트는 아시아를 위해 큰 역할을 할 수 있을 걸, 아마?"

그는 빙긋이 웃고, 내 방을 나갔다.

그냥 교육적 차원에서 해준 말만은 아니었다. 나 스스로도 기왕 아시아를 향해 생각하고 공부할 바에는 철저히 경계선적 사고, 접경과 주변의 긍정적 정체성에 방점을 두고 과거의 역사와 현재, 미래를 살펴보자는 입장이다.

예를 들면, 오케스트라는 섬세한 현악기, 중후한 관악기, 절도 있는 타악기가 서로 어우러진다. 지휘자가 혹은 관객이 오케스트라의 한 부분 어느 악기 군집의 한복판으로 걸어들어 간다면 심포니의 전체적 음률과는 오히려 멀어진다. 웅장한 심포니의 조화로운 선율을 간취하기 위해서는 오케스트라의 경계선, 끝자리로 물러 나와야 한다. 그래야 현악기, 관악기 각각의 연주를 들을 수 있고 나아가 저쪽 뒤편 심벌즈의 장대한 국면 전환마저 제대로 수렴할 수 있다. 특정 악기 편성의 한가운데에서는 편중된 소리에 함몰될 수밖에 없다. 그래서 나는 지휘자가 되었든 청중이 되었든 조화롭고 아름다운 심포니를 제대로 듣기 위해서는 일단 오케스트라의 접경 지역으로 혹은 변경, 제3의 자리로 물러나야 한다는 생각을 자주 한다.

한일, 남북, 흑백, 보혁 나아가 문명, 계급, 인종, 경제적 차이, 특히 종교 등등 첨예한 정체성 갈등과 대결은 계속될 뿐만 아니라 더욱 강화되고 있다. 나 스스로도 가끔은 어느 한 편에 서서 주장하고 편중하며 대치를 위한 진지를 구축할 때가 많다. 역사가 진보하고 성숙하면 어느 정도 극복될 줄 알았던 관점은 오히려 패퇴하는 느낌이다. 이처럼 갈등과 대결이 더욱 강화되는 어제오늘 상황을 보는 것이 나만의 생각은 아닌 것 같다.

나는 지금 한국과 일본의 경계에서 산다. 존재는 한국이며 실존은 일본이다. 모국어는 한국어이며 생활과 활동의 언어는 일본어이다. 한국에 가족, 친구, 제자, 친지 등등이 그대로 있으며, 일본에 또한 가족, 친구, 제자 등이 많이 있다. 한국도 걱정이고 일본도 걱정이다. 그래서 생기는 자타의 질문은 한국이냐 일본이냐이다.

나는 한국의 그 누구보다 일본의 근대사를 비판하며 일본 보수 우파의 생각과 현실 정치를 가차 없이 나무란다. 이 부분에서는 추호의 양보나 관용이 없다. 그러나 한편으로는 내 착한 일본의 친구들과 깊은 우정을 나누며 좋은 추억을 말하고 미래를 도모한다. 궁극적으로는 한일이 함께 평화롭게 번영해야 한다고 말한다. 나는 철저히 한국이며 언제나 평화를 지향한다.

다시 강조하지만 나는 접경을 좋아한다. 때로는 맨 끝을 좋아한다. 이유는 양쪽 다이고 싶은 끝없는 선한 욕심 때문인지도 모른다. 결코 경계선에 서서 이쪽도 아니고 저쪽도 아니라거나 도대체 어디에 발을 디뎌야 할지 망설이고 방황하기보다는 '양쪽 다'라고 하는 큰마음을 지향한다. 아직 넘어야 할 산 건너야 할 강이 많을지 모르지만 이는 한일에서도, 남북에서도 더 넓게는 세계에서도 거듭 생각해야 할 긍정적 테제이다. '포지티브 콘택트 존'에 대한 생각이 확고하다.

이 책은 내가 지닌 그런 바탕의 사고가 집적되어 있는 글이다. 긍정으로 바라보는 접경의 시선이다. 때로는 다툼이 있고 갈등이 있을지라도 끝내 긍정의 시선으로 한일을 넘어 아시아와 세계로 연이어 나아가리라는 포부가 담겨 있는 바탕이다.

그러나 이 책은 사실 계획이 없는 책이다. 글을 쓸 때는 대개 얼개를 정하기 마련이어서 논문은 물론이고 문학적 글쓰기도 모두 설계가 있고 기승전결이 있다. 적어도 한 권의 책을 쓰려면 그 책이 무엇을 목표로 삼고 어떤 순서와 내용 구성을 통해 의도한 결론에 이르고자 하는지 전체 계획이 있는 것이 보통이다. 그뿐인가. 우리가 글을 읽을 때도 그 행위에는 기대와 목표가 분명히 있다. 하물며 독자가 책을 한 권 선택해 읽을 때에는 저자와 그 책에 대한 최소한의 요구를 부여하는 것이 당연하다.

그럼에도 나는 이 책의 글들을 그런 목표와 구성없이 쓰기 시작했다. 의도한 주제나 순서, 사전계획에 따른 기승전결이 전혀 없는 글이다. 그렇기 때문에 읽는 독자들도 뚜렷한 읽기 목표로 이 글을 대할 수는 없을 것이라는 점을 우선 밝힌다. 이 점은 독자의 큰 이해를 구한다. 혹자는 에세이나 산문은 때로 붓 가는 대로 쓰는 글로 본디 그런 성격을 갖고 있을 것이라고 한다. 그러나 그 또한 명확한 주제와 목표를 지니고 글을 쓰는 작가들에게 예의에 어긋나는 생각이라고 여긴다. 대부분의 산문집이나 에세이집도 모두 철저한 준비와 기획이 있을 것이라고 생각하는 까닭이다.

그러나 비록 무계획의 글쓰기와 그 결과가 되었지만 나름 기대하는 부분은 있다. 필자가 지닌 정체성, 경험, 큰 틀에서 지향해 온 가치나 목표가 이 글과 책의 범주를 설정했으리라는 점이다. 이는 그 누구도 자신의 관심, 삶, 생의 지향과 어긋난 글을 쓸 수는 없다는 기본 원칙을 의미한다. 나는 역사와 종교를 공부하며, 한국과 일본을 오가고 있다. 두 나라에서 수학하고 살았으며 지금도 그렇게 살고 있다. 그리고 두 나라의 대학에 오랫동안 몸을 담고 연구하며 가르쳐 왔다.

이 글을 쓴 지난 10년 가까이는 줄곧 일본 도쿄의 대학에 재직하며 고국과 일본을 바라보아 왔다. 그런 경험과 사유의 산책이 이 책의 기반이다. 그러니 이 책의 내용이 되는 글들 가운데 먼저 쓴 글과 나중에 쓴 글의 간격은 거의 10년에 가까운 시차가 있을 수도 있다. 글쓰기의 무대는 필자의 개인 블로그와 페이스 북의 지면이었다. 글의 형식은 때로는 일기처럼 때로는 칼럼처럼 혹은 독백이나 소회, 소소한 회상문이 모두 망라되었다. 어쩌면 매우 솔직하고 때로는 거친 글일 수도 있다. 그러나 그것이 지닌 좋은 점도 부정하지는 않으려 한다.

이 책이 그처럼 무계획적인 글이라고 고백하면서도 나로서는 한 가지 믿는 구석이 있다. 필자의 무계획한 글쓰기가 이만한 구성으로 세상에 나온 데에는 이 책 편집자의 계획이 투여되었기 때문이다.

원석과 같은 한 보따리의 개인 블로그 원고가 유능하고 사려 깊은 편집자의 손에 넘어가 취사선택과 순번 배치의 과정을 거쳤기 때문이다. 내가 보기에는 거의 보석세공 수준의 편집기제가 발휘되었다. 물론 독자들이 보기에는 아직도 부족할지 모르지만 말이다. 아무튼 내 흩어졌던 글들이 빛을 얻고 세상에 책으로 다시 태어난 전적인 공로는 섬앤섬의 한희덕 선생에게 있다. 내게는 계획이 없었지만 한 선생에게는 계획이 있었다. 그래서 이 책의 반은 그의 작품이다. 가득한 마음으로 감사를 전한다.

모쪼록 이 에세이집이 독자들의 생각을 자극하는 작은 몫이라도 할 수 있으면 좋겠다. 한일 간의 거센 바람, 거칠게 휘몰아치는 현해탄의 높은 파도 속에서도 평화를 지향하는 '포지티브 콘택트 존'을 형성하는 데 작게나마 이바지했으면 한다.

2020년 가을 코비드19 팬데믹을 겪으며

일본 메이지가쿠인대학 연구실에서 저자 씀

이 책을 펴내는 의미를 좋아하는 나희덕 시인의 시로 대신하여 독자들에게 전한다. 귀뚜라미 같은 마음으로 두런두런 전한다.

귀뚜라미

나희덕

높은 가지를 흔드는 매미소리에 묻혀
내 울음 아직은 노래가 아니다.

차가운 바닥 위에 토하는 울음,
풀잎 없고 이슬 한 방울 내리지 않는
지하도 콘크리트 벽 좁은 틈에서
숨막힐 듯, 그러나 나 여기 살아 있다
귀뚜르르 뚜르르 보내는 타전 소리가
누구의 마음 하나 울릴 수 있을까.

지금은 매미 떼가 하늘을 찌르는 시절
그 소리 걷히고 맑은 가을이
어린 풀숲 위에 내려와 뒤척이기도 하고
계단을 타고 이 땅 밑까지 내려오는 날
발길에 눌려 우는 내 울음도
누군가의 가슴에 실려 가는 노래일 수 있을까.

차례

CONTENTS

하나. 경계인의 시선

둘. 캠퍼스에서

셋. 사람의 향기

넷. 삶의 균형잡기

다섯. 다시 종교를 생각하며

하나

경계인의 시선

한국과 일본의 가족주의

한국인의 행불행을 결정짓는 중요한 잣대 가운데 하나는 가족 간의 유대나 친밀감이다. 타인을 바라볼 때도 그가 가족들과 다복하고 관계가 평온하면 그는 행복한 사람이라는 판단을 내린다. 물론 가족의 범위도 따로 정할 수 있으나 우선 부모와 미성년 자식으로 구성되는 제1차 핵가족에서부터 점점 더 그 범주를 넓힐 수 있다. 그런데 한국인은 실제 가족뿐만 아니라 친구, 동창, 지역사회와 직장에서도 선후배를 형, 아우, 언니, 동생으로 여기고 가족처럼 여기는 문화에 익숙하다. 나 역시 그러한 문화 한가운데에서 살아서인지 형제처럼 지내는 선후배, 피를 나눈 형제 같은 친구, 자식 같은 제자 등등의 표현을 쓴다. 확실히 가족주의 가치관이다.

가족주의 자체는 나쁜 것이 아니다. 따뜻하고, 정겹다. 그러한 관계 문화의 긍정적인 측면은 여러 가지이다. 이러한 관계가 잘 작동하면 누군가 시련에 처해도 거뜬히 함께 극복할 수 있다. 불행을 남의 일로 여기지 않고 발 벗고 나서서 짐을 나누어진다. 그리고 기쁜 일이 생겼을 때는 역시 함께 기뻐하며 기쁨을 몇 배로 증폭시킨다. 그러나 안타깝게도 거기에는 반대급부가 있다. 가족주의의 부정적인 측면은 바로 무언가 거리감이 생겼을 때 지나치게 서운하고, 노엽고, 절망한다는 것이다. 도대체 너와 내가 그럴 수 있느냐이다. 가족 문제에서도 부모가, 자식이, 형제가, 피붙이가 그럴 수 있느냐는 섭섭함으로 인해 실제 이상의 상실감, 박탈감을 겪기도 한다.

그래서 가족, 식구라는 말은 따뜻하면서도 때로 무겁고 거추장스럽다. 그러나 나는 지금 나이로나 경험으로나 평균적으로 지난 세대에 가까워서 가족주의 가치와 문화에서 선뜻 벗어나지 못하는 것 또한 사실이다. 실제의 가족에 연연하는 것은 물론 모든 인간관계를 가족주의 문화 안에서 계측하는 무의식을 지녔다. 이성적으로는 냉철하게 생각하려 해도 가슴은 이미 오랜 인간관계를 가족문화로 재단하고 있는 자신을 발견할 때가 많다. 앞서 말한 대로 오랜 관계의 선배를 형이라 부르고 후배는 아우이며 제자들은 잘났든 못났든 자식으로 여긴다.

처음 일본살이를 할 때 이 점이 현실에서 턱턱 걸렸다. 오랜 세월 가깝고 친밀하게 정을 나누어 온 선배의 호칭부터 후배의 이름까지 내 정서에는 안 맞았다. 할 수 없이 가르쳤다. 그래서 이제는 내가 한국어로 형, 아우로 부르는 일본인 선후배 친구가 꽤 있다. 그들 대부분은 이러한 한국 문화를 이해하고, 그런 호칭이나 느낌을 상당히 좋아하는 눈치이다.

일본도 원래는 가족주의였다. 우리보다 더하면 더했지 결코 덜하지 않았다. 근대 이후, 즉 메이지유신 이후 근대 천황제 이데올로기를 근간으로 중앙집권적 통일국가로 나가면서 가족국가론으로 국민통합을 이루고자 한 정책을 강력히 실행한 결과였다. 천황은 자애로운 부모이

고, 일본 신민은 그의 '어린 아이赤ちゃん'라는 개념을 세웠다. 그래서 일본 국민은 천황을 아버지로 둔 형제자매라는 인식이 보급되었다. 이는 파시즘 말기 식민지 한반도에도 강요된 이데올로기였다.

패전 후 일본에는 전쟁 전의 여러 가지가 무너지고 변화되었다. 이 가족국가론, 가족주의도 급격하게 약화되었다. 경제적으로 발전하고 윤택해질수록 일본의 오래 된 가족 간의 유대, 긴밀성은 급격히 사라졌다. 그리고 이제 가족의 해체는 급물살처럼 가속되하고 있다. 우선 일 년에 단 몇 번이라도 직접 만나던 가족 간의 유대가 심각하게 약화돼 수년 동안 심지어는 십 년 이상 만나지 않거나 안부조차 모르는 부모자식, 형제자매도 허다하다. 이런 문화의 한 단면인지 대학이나 중고등학교에서도 학부형이라는 단어는 사라졌다. 대신 '보증인'이라는 말을 쓴다. 혈연이나 가족이 그를 보증하기보다는 누가 되었든 법적으로, 사회적 책임 곧 보증의 책임만 다하면 족하다는 의미이다.

마찬가지로 이제 현대 일본사회에서 가족주의를 대신하는 사회적 유대는 '동료의식'인 것 같다. 일본어로 '나카마 의식仲間意識'이라고 하는데 같은 직장, 같은 성향과 목표를 지닌 사람들 간의 끈끈한 연결이다. 인간관계에서 일본 문화가 품고 있는 행복이나 만족감, 카타르시스의 원천은 가족주의에 앞서 이제는 '나카마 의식'이 아닌가 하는 것이 내 개인적 생각이다.

물론 나도 이러한 나카마 의식을 잘 알고 때로는 향유하기도 한다. 그러나 나나 아내나 아직 우리들 행불행의 제일 척도는 가족이다. 나는 둘째 치고 아내의 가장 큰 불행은 딸네들과 큐슈, 한국 그리고 도쿄로 각기 멀리 떨어져 있다는 사실이다. 날마다 카톡으로 라인으로

화상, 음성 통화를 하고 안부를 확인하고 일상을 나누지 못하면 못 견딘다. 큰딸과 손주의 나들이, 작은딸의 대나무숲 사진이 아내의 자수로 한 땀 한 땀 수놓아지는 것(최근에 그것을 나는 다시 그림으로 그렸다)이 우리 도쿄살이의 소소하지만 소중한 모습이다. 거기에 행복과 걱정이 다 있다. 지금의 일본, 다수 일본인의 문화와는 결이 좀 다르다.

일본의 지역감정

10월의 마지막 날, 비가 내린다. 우울해지기 시작하면 얼마든지 우울할 수 있는 날이다. 낙엽도 지고 아침부터 가을비도 내리고 있지 않은가. 차라리 다른 생각을 하는 것이 나을 것 같다.

일본에서는 자신의 출신지, 고향을 때로 '나라国'라고 부른다. 방학이 되어 고향에 돌아가는 일을 '나라로 돌아간다'고 한다. 이건 일본의 역사를 조금 살피면 금방 그 이유를 알 수 있다. 통일국가는 한참 나중의 일이고, 모두 지역별로 '번주藩主'가 다스리는 사실상의 분권국가 역사가 얼마나 오래 지속되었는가와 깊이 관련되어 있다.

일본에서 제일 실감나는 지역 차이는 간토関東와 간사이関西로 '사람들의 성정[人柄]', 말, 음식, 옷 입는 스타일, 서로 간의 자부심과 자존심, 은근한 라이벌 의식 등을 쉽게 살필 수 있다. 그렇지만 그 차이가 그렇게 큰 갈등으로 보이지는 않고, 선의의 경쟁이라는 것을 바로 느낄 수 있다. 여기에 후쿠오카의 하카다博多 스타일로 대표되는 규슈의 특징, 시코쿠四国 지방 그리고 도호쿠東北 지방의 지역성과 문화적 차이를 함께 보면, 큰 구분으로서의 지역 특징이 여러 면에서 잘 보인다. 때로는 부정적인 차별이나 폄하 정서와 연결되기도 하지만 전체적으로 지역문제가 사회의 발목을 잡을 정도로 커다란 문제가 되지는 않는다. 오히려 그 과정에서 작은 조화도 엿볼 수 있다. 그러나 그 안에는 아직도 면면히 흐르는 근대 이후의 깊은 골이 하나 있다.

일본의 근대 역사 시작을 거칠게 보면 이른바 존왕파와 막부파의 대립과 전쟁이 제일 먼저 눈에 띄는데 여기에는 지역적 연고가 관련되어 있다. 천황의 친정親政을 목표로 막부와 대립한 세력의 중심은 이른바 조슈長州(지금의 야마구치山口 현을 중심으로 한 혼슈本州 서쪽 지역)와 사츠마薩摩(지금의 가고시마鹿児島를 중심으로 하는 규슈의 남쪽 지역) 세력의 연합이다. 이들이 원래는 견원지간이었는데 막부 말 사실상 공동목표를 위해 연대했다. 그리고 이들에 맞서 끝까지 막부를 지지하며 쇼군將軍을 중심으로 한 종래 체제를 사수하고자 한 세력은 아이츠会津(지금의 후쿠시마福島와 일대의 간토, 동북지역)이었다. 이들 간의 전쟁은 격렬했고, 결국 조슈를 선두로 한 존왕파가 승리했다. 막부를 지지한 아이츠는 처절한 패배를 맛보아야 했다. 이런 역사의 흔적인지 후쿠시마와 동북 지역 출신들을 만나보면 조슈 지역, 특히 야마구치 지역 사람들을 왠지 꺼리는 듯하고 사실인지는 몰라도 혼인관계도 맺기가 쉽지 않다는 이야기도 들었다.

그런데 한 가지 덧붙이자면, 승리한 존왕파의 핵심 지역인 야마구치 현에서 한국 침략의 주요 인물들이 대부분 출현했다는 사실이다. 조선 초대 통감 이토 히로부미伊藤博文, 초대 총독 데라우치 마사다케寺内正毅, 제2대 총독 하세가와 요시미치長谷川好道 등등이 모두 야마구치 현 즉 조슈 번 출신들이다. 그리고 이들 지역 출신이 지금도 일본 정치인

맥의 기득권을 차지하는 중요한 한 축이다. 지난 수상 아베 신조安部晋三 역시 야마구치 출신이고 그의 외조부가 아시아태평양전쟁 전범 출신으로서 수상을 지낸 기시 노부스케岸信介이다. 그리고 그는 박정희의 인맥이다.

조슈 즉 야마구치 현에 감정이 많은 아이즈 지역 출신은 한국인들에 대해 아주 깊은 공감, 공유의 '에토스'를 지니고 있다는 말을 얼마 전 들었다. 심정적으로 그렇겠다고 여겼다. 그러나 요즘 나는 그렇게 역사의 끈을 잡고, 거기에 휘감기는 것만이 능사는 아니라고 생각한다. 이미 한국의 현대사는 기득권 친일파의 독무대요 그런 역사가 되어버린 것을. 그들이 바로 일본의 조선침략의 협력자이고 하수인들이었다. 그들을 극복하지 못하는 한국은 반일反日이나 항일抗日을 말할 때 얼마나 유약해지는지 모른다. 우울하기 십상인 10월의 마지막 날 다른 생각을 좀 했다.

한국과 일본, 그 변화의 차이

나는 1989년 가을부터 1992년 봄까지 일본의 교토에서 공부했다. 가족은 모두 서울에 두고, 혼자 교토에 유학하며 작은 자동차를 운전했다. 당시 내 공부는 책과 자료와의 씨름도 물론 중요했지만 일본어를 자연스럽게 익혀야 했고, 그토록 거리를 두었던 일본문화를 조금이라도 더 이해하며 한 사람의 일본인이라도 더 사귀어 무언가 한일 간의 공통분모를 찾아내야 하는 마음의 과제가 있었다. 그래서 세미나나 수업시간 아니면 발제를 준비하고 숙제를 해야 하는 시간 즉 책상에 붙어 있는 시간을 제외하고는 거의 돌아다녔다. 일본의 옛 수도이자 당시 내 근거지였던 교토의 여기 저기 좁은 골목 안까지, 인근 간사이關西 지역인 오사카, 고베 일원 그밖에도 가끔 말했듯이 거의 전 일본 열도를 망라하여 너른 지역을 자주 여행했다. 그래서 그런지 지금도 특히 교토의 길들은 눈을 감아도 훤히 떠오른다.

그 후 꼭 20년이 지난 2008년 도쿄, 지금 있는 대학의 초빙교수로 1년간 와 있을 때 한번은 일부러 자동차를 운전하고 며칠간 도쿄에서 나고야 인근 메이지무라明治村, 이누야마犬山를 둘러보고 교토, 오사카,

고베까지 여행한 적이 있다. 물론 돌아오는 길에는 시즈오카静岡의 하마마츠浜松 온천에서도 하루 묵었다. 그런데 당시 느꼈던 교토 감상은 역시 변하지 않았다는 것이다. 내가 20년 전 운전하며 다니던 길 거의 그대로의 느낌이며 주변의 풍광과 운전 감각 또한 거의 다름없었다. 물론 교토라는 도시가 지니고 있는 역사성 그 '변하지 않음의 가치'로 꽉 짜인 의의를 감안해야 할 것이다. 그러나 그때 내가 느낀 감상으로 일본의 그 시절을 이야기 하자면 적어도 이른바 쇼와, 다이쇼, 메이지 시대로 완전히 돌아가지 않으면 안 된다는 점이다. 아, 바로 여기에 그 우동가게가 있었지 하면 대개 거기에는 그 우동가게가 그대로 자리하고 있다. 원래의 주인이 아니라 그 자녀가 그것을 이어받은 경우라 하더라도 대부분은 옛 향기를 그대로 머금고 있어서 그리 낯설지가 않다. 세계 제일의 번잡 도시인 도쿄도 그런 원칙만큼은 잘 지키고 있어서 아주 특별한 경우를 제외하고는 그때 그 기억을 더듬어 찾는 나그네의 우수憂愁를 대부분 충족해준다.

이에 반해 내 고국 한국의 풍광은 전혀 다르다. 본디 여행을 좋아하는지라 나는 한국에서도 웬만한 곳은 다 경험했다. 세세하게까지는 아니어도 한 번도 가본 적이 없는 지역은 거의 없다. 그러나 두 차례 이상 가보는 지역에서도 몇 년의 시간차로 기억을 더듬어 찾으면 곧바로 당황스러운 변화를 경험하게 된다. 산천도 인걸도 결코 의구하지 않다는 말이다. 정말 빠르게 변한다. 일본과는 반대로 특별한 경우가 아니라면 옛 모습 그대로 있는 가게를 찾기가 오히려 어려운 현실이다. 그때 그 시절을 말할 때 한국은 거의 5년 정도의 시간으로도 얼마든지 옛날이야기를 할 수 있다. 물론 어느 것이 더 좋고 나쁘다고 단정

지을 수는 없다. 단지 양국의 그런 시공간의 특징과 차이를 충분히 느낄 수 있다는 말이다. 왜 그렇게 되었는지는 역사나 사회경제적으로 그럴만한 이유를 여럿 찾을 수 있지만, 나는 이에 덧붙여 전혀 다른 성정 한 가지를 더 느낀다. 그것은 한국의 경우 새 것에 대한 지향志向이 다른 모든 가치를 제압할 만큼 크다는 사실이다. 모든 옛 것에 대한 염증炎症이 그 안에 스며들어 있음 또한 분명하다. 이에 반해 상대적인 의미이기는 하지만 일본은 오래 된 것에 대한 가치가 훨씬 강하다. 옛 것에 대한 염증이 아니라 향수鄕愁로 가득한 개인과 사회의 심리를 읽을 수 있다. 난 옛 것도 좋고 새 것도 좋다. 그래서 지금 한국과 일본을 왔다 갔다 하는 팔자인지도 모르겠다. 가끔 '쓸쓸한 인생'을 실감할 때는 '옛 것'이 그립다. '옛날식 다방'도 '옛날식 첫사랑'도. 그럴 때는 또 오래 된 일본의 뒷골목이 더 정서에 맞는다.

나는 일본의 '전국구'

나는 일본의 전국구全國區이다. 유학은 간사이関西의 교토에서 했다. 그리고 유학 중에는 매주 인근 고베神戸에 왕래하며 '고베학생청년센터'의 친한파 인사들에게 한국어를 가르쳤다. 고베의 청구문고青丘文庫 학술모임에도 매달 나갔다. 그리고 친구를 만나거나 한국음식을 먹을 때는 교토와 고베 사이의 오사카에 다녔다. 이렇게 보면 유학시절은 영락없는 간사이 사람이다.

그렇지만 유학생활 내내 나는 도서관에 파묻혀 책만 파지 않고 여기저기 다니며 일본의 친구들을 만나 놀고, 낯선 풍광을 찾아 주유周遊하는 것을 공부라고 여겼다. 당시 이런 저런 핑계로 혹은 일부러 다닌 여행지역만 해도 일본 열도의 동서남북을 가리지 않았다. 원근遠近의 지역을 다닐 때 자동차 여행과 기차여행을 가리지 않았다. 큐슈九州, 시코쿠四国, 쥬고쿠中国(나라 이름 중국이 아니라 일본의 오카야마岡山, 히로시마広島, 야마구치山口에 이르는 지역 이름), 간토関東 그리고 일부 북쪽 동해안과 토후쿠東北 지역까지 망라했다. 그런데 지금 내 연구와 교육활동의 중심은 도쿄, 곧 간토지역이다. 그리고 내 큰딸의 시댁과 사위의 근거지가 규슈九州 후쿠오카福岡이다. 이만하면, 일본에 사는 일본인 중에서도 찾아보기 어려운 '전국구'이다.

예외가 있기는 하지만 일본에서 활동 근거를 찾을 때도 간토에서 유학한 이는 간토, 간사이로 유학한 이는 대개 간사이에서 찾는다. 그런 면에서 나는 예외적인 사람이다. 일본도 급속한 산업화 이후 도시 집중 현상과 강렬한 교육열로 각 지역의 거점 국공립 대학과 명문 사립대학이 있는 중심 도시로 인구 이동이 급증하였다. 아무튼 나그네가 많이 생겨난 사회임에는 분명하다. 그러나 놀라운 것은 그런 사회구조 속에서도 아직 자신이 태어난 현県을 떠나 살아본 적이 없는 일본인의 비율이 놀라울 정도로 높다는 점이다. 그로 인해서인지는 몰라도 내 보기에 각 지역 간의 차이도 크고 특징 또한 상당히 잘 보존되어 있는 사회이다.

일도1都(도쿄도), 일도1道(홋카이도), 이부2府(교토, 오사카), 43개 현県으로 이루어진 일본의 광역 자치단체별로 볼 때 독특한 문화, 지역적 특징, 지역민의 성정性情, 고유음식을 비롯한 특산特産 등등이 어쩌면 그렇게 전혀 다르게 보존되어 있는지 신기할 정도이다. 대개의 일본인들은 자신이 어느 지역 출신임을 드러내는 것을 좋아한다. 여기에는 보이지 않는 경쟁이나 차별이 있기도 하지만, 우선 겉보기에는 서로간의 더 큰 경쟁력이 된다.

대표적인 것이 간토와 간사이의 경쟁, 견제 관계이다. 이건 정치, 경제, 사회, 문화, 학술이 다 그렇다. 일본의 역사를 오롯이 표현해주는 것이다. 옛 수도 교토와 새 수도 도쿄, 옛 통일집권의 근거지였던 간사이[교토京都]와 새 막부 헤게모니 중심의 간토[에도江戸] 간의 뿌리 깊은 관계이다. 더구나 근대화 과정에서는 큐슈의 사츠마薩摩(지금의 가고시마鹿児島)와 조슈長州(지금의 야마구치) 세력이 연합하여 교토의 천황을 옹위하고, 에도의 막부 세력과 대결에서 승리했다. 그러고는 수도를 교토에서 도쿄로, 점령군의 모습으로 옮긴 것이다. 역사적 갈등과 대결이 있을 수밖에 없다. 내 입장에서 단순하게 보면 간사이는 경쾌하고 간토는 점잖다. 간사이는 개성적이고 간토는 표준적이다. 그걸 사상이나 학문으로 가져오면 간사이는 자유롭고 진보적인 데 비해 간토는 엄격하고 보수적인 경향이 있다. 다른 한편 그리스도교의 신학적 분위기로 보면 간사이는 리버럴리스트가 많고 간토는 보수파가 주류이다. 이건 어디까지나 어느 한 쪽이 반드시 좋다거나 일률적으로 그렇다는 말은 아니다. 각각의 특징이며, 모두가 다 그렇다는 것이 아니라 그런 경향성이 좀 더 강하다는 의미이다. 그 이유를 생각해 보면 옛 양반은 좀 자유로워지고 싶고 새 양반은 더 가지런해지려고 했을 것이다. 막부시대를 놓고 보면 실각한 사무라이들이 자유로운 초야草野의 사림士林이 되었다면, 정권을 쥔 사무라이들은 새로운 전통을 만들었어야하므로 자기 경계가 더 강해졌을 것이다.

일본의 내 친구들이나 선후배들은 내게 간사이 기질이 있다고 말한다. 요즘은 때로 간토 사람답다고 놀린다. 물론 나는 한국의 자유주의자(?)이지만, 일본에서 근거를 대라면 교토의 자유로운 사상과 고베의 경쾌한 사교社交에 익숙하다. 그래서 모르면 용감하다고, 일본의 학회나 특정 모임에서 간사이와 간토의 연결고리 역할을 가끔 할 때도 있다.

일본의 각 지역은 나름의 특징에 대단한 프라이드를 지니고 있다.

나는 때로 한국의 지역 갈등의 음영을 여기에 투영해볼 때가 있다. 아닌 척 해도 그대로인 채, 더구나 분단 상황을 이어가면서, 또한 남남南南간에도 그 흔적이 상처처럼 남아 있는 것이 영 마음에 걸린다. 특히 선거 때면 유치할 정도로 드러나는 '우리가 남이가'하는 현상, 아직도 백제, 신라, 고구려가 그대로인 듯한 상황에 가슴이 쓰릴 때가 많다. 서로 간의 차이를 존중하고 그것을 문화적 프라이드로 여기며 서로 자랑스러워하는 관계, 그러면서도 그렇게 격하거나 밉지는 않은 라이벌 에너지로 승화할 수는 없을까.

새해 복 많이 받으세요

明けまして おめでとう ございます

서울은 날씨가 좀 풀렸음에도 영하 9도, 오후 두 시에 도착한 도쿄는 영상 9도이다. 두 나라 온도차가 18도 정도, 그런데 입고 다니는 옷차림은 전혀 구별이 안 된다. 일본 뉴스는 계속 이상 한파寒波를 보도하고 있다. 물론 일본도 동북 지방, 홋카이도北海道, 중부 내륙의 기온은 만만치 않을 것이다. 아주 차가운 지역은 그렇지 않지만, 웬만한 지역의 실내 난방과 온도는 한국과 비교하면 절대 안 된다. 오늘 도착해서 받은 느낌은 바깥 기온은 서울이 15도 이상 차가워도 실내 온도는 오히려 일본이 더 춥다는 점이다. 도쿄의 집도 양말을 꼭 신어야 할 정도로 춥다. 바깥 온도와 실내 온도의 괴리감, 비행기 두 시간 거리의 생경스러움이 지금 두 나라 간의 거리만큼이나 날 당혹스럽게 한다.

'하네다羽田' 도착 이후 내게 여러 방식의 다양한 새해 인사가 전해진다. 주로 핸드폰의 문자 메시지와 연하장 등이지만, "明けまして おめでとう ございます아케마시테 오메데토 고자이마스"로 시작하는 일본의 신년인사에 정신이 없을 정도이다.

교과서적인 한국의 새해 인사 유형은 "새해 복 많이 받으세요"이다.

영어권은 "Happy New Year"이다. 중국의 신년 인사는 참으로 종류가 많은데 그 중에서도 "新年好"를 제일 많이 사용하는 듯하다. 즉 신년이 좋기를 바라는 것이다. 아니면 그냥 신년은 어떠냐는 평범한 인사일 수도 있다. 오래 전 선배 한 분은 늘 아침에 만나서 하는 인사를 "좋은 아침"이라고 했다. 영어 "Good Morning"의 직역이다. 좋은 말 같아도 사실 그렇게 좋은 느낌은 아니었다.

일본에서 강의실이나 복도에서 만나는 사람들에게 인사를 할 때는 같은 오전이라도 "오하요 고자이마스おはようございます"라고 해야 할지 "곤 니치와こんにちは"라고 해야 할지 난감할 때가 많다. 나는 인사를 일단 해 놓고 가까운 사람들에게 묻는다. 지금 이 애매한 오전 11시 30분, 뭐라고 하는 것이 가장 좋으냐고. 한 번은 내 강의를 듣던 학생 한 명이 대답했다. "교수님, 교수님이 그냥 하고 싶은 대로 하시면 돼요."

저녁도 겨울에는 5시면 컴컴해진다. 여름에는 그 시간쯤에는 "곤니치와"라 했는데 겨울에 어두워질 무렵이면 좀 이르더라도 "곤 방와こんばんは"라 하는 것이 더 자연스러워 보이기도 한다. 시간을 나누어 상대의 상태를 묻는 일본어와 시간을 갈라 "굿 모닝"에서부터 "굿 애프터눈", "굿 이브닝", "굿 나이트"로 표현하는 영어는 시간과 그 시차를 참 중요시 하는 인사말이다. 한국어의 뿌리에도 있었을 법한 이 시간 차의 정교한 구분이 본디는 어땠는지 차치하더라도 지금 한국어 인사말은 무척 간단해졌다. "안녕하십니까."로 표준화된 것이다. 시차를 넘어 늘 너의 안부와 안전이 궁금하다는 '안녕하십니까' 그리고 새해 인사말로 '복'을 많이 받으라는 덕담, 그렇게 썩 아름다운 인사법, 인사말은 아니라고 생각한다. 염려와 안전 확인 때로는 한 끼 식사가 걱정이 되어 "아

침 먹었니?", "저녁 먹었어?"로 점철된 인사 역시 같은 맥락이다.

이에 비하면 일본어 인사말이 지닌 생략법의 진수에 한번쯤 눈을 돌릴 만하다. '오하요 고자이마스' 이렇게 일찍 보다니… (참 놀랍구다). '곤 니치와' 너 오늘 오후 시간은… (좋아?… 행복하니…?). '곤 방와' 오늘 저녁(밤)은 어때?… 무언가 괜찮은지 아닌지 상태를 묻는 생략의 질문이고 인사말이다.

인사말은 일정 지역의 문화가 함축적으로 표출된 것이다. 그래서 다른 말은 몰라도 인사말을 번역할 때는 깊이 생각하며 번역을 해야 한다. 한치 앞도 알 수 없는 불확실성 앞에서, 사랑하는 사람들이 지금은 물론 앞으로도 이 시련을 거뜬히 넘어주었으면 하는 바람이 일본어 인사말이다. 언젠가 더 자세히 살피겠지만 동아시아 삼국의 인사말 하나만으로도 비교문화론이 가능하다. 새해가 밝았음을 축하해 주는 일본의 새해 인사말, 꼭 복을 받으라는 덕담인 한국의 새해 인사말, 우리가 두고두고 살펴보아야 할 역사문화적 전거가 그 안에 있을 것이다.

일본어의 이메일 인사법
—いつも お世話になって おります

나는 내가 먼저 메일을 보내든 답장을 보내든 한국식 표현을 일본어로 번역한 것과 같은, 예를 들어 보내는 시점에 따라 "안녕하십니까(おはよう, こんにちは, こんばんは 등등)" 아니면 "건강하십니까(お元気ですか)", "오래간만입니다(お久しぶりですね)" 등을 주로 사용했다.

그러나 문학 장르가 아닌 일상의 언어 사용에서는 개인의 독특한 표현보다는 일반적, 보편적 표현이 관계를 안정시키고 혹 있을지도 모르는 관계의 불편함을 해소한다는 것을 나는 잘 안다. 그렇다보니 이제는 나 역시, 일반적 표현으로 으레 붙이는 접두어처럼 앞서의 표현을 적고 본론으로 넘어가는 방식에 익숙해졌다. 다만 지금도 비즈니스가 아닌 가까운 동료, 친구, 선후배, 제자들과 메일을 주고받을 때는 내 방식이라고 할까 한국식이라고 할까, 비교적 다양한 표현을 사용하는 것은 물론이다.

그런데 오늘 생각하고자 하는 것은 "いつも お世話になって おります늘 보살핌을 받고 있습니다"라는 말이 일본인들의 이메일 맨 앞에 정형화된 표현으로 정착된 이유, 그리고 그 말을 사용할 때 그 뜻에 가까운 마음

가짐을 얼마나 진실하게 담아 표현하는가를 한번 따져보고 싶은 것이다. 사실 이 말 이외에도 일본어 인사말 중에는 얼마든지 정형화해서 사용해도 좋은 말이 상당히 많다. 그런데 왜 굳이 '보살핌'이나 '신세짐' 정도로 번역할 'お世話'가 그 중심에 서게 되었을까.

일본의 인간관계 의식구조에는 관계가 깊고, 업무가 긴밀히 연결되고, 서로 협력을 해나가는 바탕자리에는 서로 배려를 하고 배려를 받고, 폐를 끼치고 그것을 감수하는 관계성을 의식한 정서가 있다. 즉, 일본의 인간관계 문화란 어차피 관계가 형성되는 순간부터 서로 간에 폐가 되고 —물론 그 폐가 기분 좋은 감당일 수도 있고 그 반대의 경우도 있을 수는 있으나 이미 관계 맺음 그 자체는— 상호간에 일정한 책임과 의무를 지는 부담에 기초한다는 의식이 있다. 심지어 가족도, 사랑하는 사이도, 친구도, 직장의 동료나 상하 조직의 체계도 그것 자체가 얼마나 긍정적인 책임이고 기쁜 나눔인가는 별도로 하더라도 보살핌과 신세짐의 상호 의무에 기초한 기약을 통해 관계가 형성된다는 의식이 깔려 있다.

그래서 일본의 인간관계, 사회구성에서 최고의 예절은 —기쁜 예속성의 사사로운 사랑, 우정, 가족, 친지 그리고 합목적의 선을 이루기 위한 일, 조직, 단체, 가치나 공동정체성 실현을 위한 결사, 지역, 국가 등의 실현을 위한 최소한의 책임 의무를 제하고는— 결코 타인에게 자신으로 인한 의무 책임을 지우지 않는 것이 미덕이다. 따라서 어린 시절 유치원 교육에서부터 주위에 폐, 신세(일본어로 메이와쿠[迷惑])를 끼쳐서는 안 된다는 것을 강박에 가까울 정도로 반복해서 가르친다. 이러한 일본의 인간관계 생리를 따져보면 이미 어떤 형태로라도 관계를 맺고 함께 일을 도모하는 사람에게 평소의 보살핌과 신세짐을 토로하고 고마움을 드러내는 표현이 이메일의 관용구로 정착된 것이 어느 정도는 이해가 된다.

이메일 등 온라인으로 대학과 학회 그 밖의 사회관계 일의 상당 부분을 처리하는 요즘 다량의 이메일을 보내고 받으면서 문득 떠오른 단상이다. 특히 며칠 전 코비드19 확진 판정을 받은 어떤 사람이 주위와 국가에 폐를 끼치고 싶지 않다며 스스로 행방을 감추었다는 뉴스를 듣고 생각은 더욱 깊어졌다.

그런데 개인이 아니라 국가 단위에서는 보살핌과 신세짐, 이웃과 타국과의 관계 형성에서 개인 미덕과는 모순되는 현상이 발생하고 있지는 않은지도 다시 따져 보아야 할 항목이다. 그 부분은 아무래도 이율배반적인 면이 없지 않다.

일본인과 줄서기

일본인들은 예나 지금이나 정중히 줄을 잘 선다. 주일 오후, 재직하는 대학의 국제학부가 주최하는 콘서트가 대학 아트홀에서 있었다. 하이든과 스트라빈스키, 베토벤, 안톤 루빈스타인 등의 현악4중주를 연주하는 실내악 연주회였다. 오랜만에 클래식 음악에 젖을 요량으로 아내와 둘이 일찌감치 봄꽃 내음 가득한 대학캠퍼스로 갔다. 주일의 조용한 캠퍼스에 한두 사람씩 음악 애호가들이 몰려들었다. 도쿄도 미나토구 시로카네다이 메이지가쿠인대학 도쿄 캠퍼스의 대학 아트홀이다.

프로그램에 나와 있기를 오후 3시 연주 시작이며, 2시 30분에 홀을 개방한다고 안내되어 있었다. 1시 30분경에 도착한 우리는 캠퍼스 벤치에서 봄 냄새를 맡다가 2시 무렵 학생 라운지를 가로질러 있는 아트홀 입구를 슬쩍 살펴보았다. 아직 홀을 개방할 시간이 30분 이상이나 남았는데 연세 지긋한 교수, 지역 주민, 학생들 할 것 없이 길게 줄을 서 있었다. 넉넉한 자리, 주일 오후 한가한 캠퍼스의 실내악 음악회인데도 한 시간 이상을 그렇게 가지런히 줄을 서서 책을 읽거나, 이어폰으로 음악을 들으며 서 있었다. 잠시 망설여졌다. 저들 뒤에 줄을 설

것인가 아니면 홀의 문을 열 때까지 30분 이상 화창한 봄꽃을 더 감상할 것인가. 결국 나와 아내는 어중간해졌다. 그 후 약 15분 동안은 벚꽃 아래에서 햇볕을 더 쪼이다가 한 15분은 그 호사를 포기하고, 줄 맨 뒤에 가 섰다. 반쯤은 로마법을 따라야 할 것 같았다. 음악회는 아주 좋았다. 세계적인 콩쿠르에서 수상을 한 젊은 연주자들이 활기찬 연주와 기교를 보여주었고, 특히 음악회의 테마가 '역사와의 대화'여서 고전 실내악의 간단한 흐름까지 느낄 수 있었다. 청중은 정중한 박수를 보냈으나 너무도 예의 바른 매너여서 숨을 죽일 수밖에 없었다. 단 한 번도 청중들의 두런거리는 소리를 들을 수 없었다.

상상할 수 없는 재앙이었던 3.11 동일본대지진 당시 현장의 필수물품 배급처에서, 혹은 주유소에서 몇 시간을 숨죽인 채 줄을 서 있던 일본인들의 모습이 전 세계에 전파를 탔을 때 나름 일본 연구를 하는 나도 내심 얼마나 놀랐는지 모른다. 일본인들은 어려서부터 자신의 감성을 감추는 것을 훈련 받고 국가, 공동체, 조직 모두에게 권고 받는다. 일본의 종교공동체도 조용하고 비교적 정중하다. 일본 그리스도교 교회 예배에서 '통성기도' 소리는 결코 들을 수 없으며 포효하는 설교도 들을 수 없다. 청중의 '아멘' 화답을 들을 수 없음 또한 물론이다. 그들은 전도나 선교마저도 남에게 '폐'를 끼치는 일이 되어서는 안 된다는 사회적 상식에 젖어 있다. 맛집으로 소문난 우동가게나 라멘집 앞에서도 그들은 그저 조용히 줄을 서서 자신의 차례를 기다린다. 그렇게 기다리다가 그날 준비된 음식이 동나서 바로 앞의 손님까지만 먹을 수 있는 상황이 벌어져도 군말하거나 불평 한 마디 없이 조용히 돌아선다. 이를 보고 저들 안에 격정적 정조가 거세되었다거나 깊은 상념이나 노도가 상실된 것으로 오해해서는 안 된다. 속에서는 격동이 일더라도 표상의 정중함에서 평화를 느끼는 것이 일본인들의 오랜 문화적 관습인 것이다.

1891년 1월 천황이 하사한 최고 권위의 교육지침인 '교육칙어'가 내려지고 당시 도쿄 제1고등중학교에서 그 봉배식奉拜式이 있었다. 교사와 학생들은 차례로 줄을 서서 하사된 '칙어' 앞에 나아가 최경례最敬禮인 90도 각도의 숭경崇敬을 표하는 의식이었다. 교사였던 우치무라 간조內村鑑三도 줄을 섰다. 그날 그 질서정연한 줄에도 역시 경건하고 조용한 정중함이 있었고, 정해진 대로 하나 같이 90도 각도의 봉배가 이루어졌다. 그러나 우치무라의 차례가 되자 그는 약간의 고개만 숙여 존의尊意를 표했을 뿐 최경례의 숭경을 표하지 않았다. 우치무라는 그리스도교인이었다. 조용한 혁명이며 파격이었다. 그러나 이 일로 우치무라는 천하의 불경한不敬漢이 되었다. 이후 도쿄대학 교수 이노우에 데츠지로井上哲次郎의 그리스도교에 대한 대대적인 공격이 개시되었다. 이것이 그 유명한 '불경不敬 사건'이다. 그날도 그들은 그토록 조용히 줄을 섰다.

'바다의 날'이 공휴일인 나라

7월 세 번째 월요일은 일본의 휴일이다. 이름 하여 '바다의 날'이다. 원래 바다의 날은 1941년 처음 제정될 때 7월 20일로 고정되었고, 휴일로 쉬기는 1995년부터였다. 그런데 2004년 이후 일본의 새 '축일법happy Monday' 제도에 따라 날짜가 고정되지 않고 세 번째 월요일로 매년 바뀐다. 즉 휴일이 일요일과 겹치면 월요일이 쉬는 날이 되는 제도인데, 새 달력이 나오면 휴일이 주일과 얼마나 겹치는지, 새해에 연휴는 얼마나 되는지 먼저 따지는 한국의 학생들, 회사원들의 조바심에 마음이 쓰인다. 새 정부에서는 이것도 좀 폼 나게 바꾸어 한국도 '해피 먼데이' 제도를 채용하면 어떨까 한다.

시작한 김에 '바다의 날' 이야기를 좀 더 하자. 세계 여러 나라가 많이들 '바다의 날'을 제정하고 있는데 그 날이 휴일인 나라는 일본밖에 없다고 한다. 일본이 얼마나 바다 중심 국가인지 알만 하다. 아는 이들도 있겠지만, 일본에서는 바다와 접하지 않은 현縣이 그리 많지 않은데, 그 중 역사 깊은 현인 나라奈良 현이 자체 조례로 이 '바다의 날'을 '산山의 날, 강江의 날'이라 정하고 휴일로 쉰다. 이 또한 재미있는 발상이다.

일본의 휴일은 모두 역대 천황과 이런 저런 관련이 있다. 바다의 날도 메이지明治 천황이 '메이지마루明治丸'라는 배를 타고 동북지방을 순시한 후 요코하마에 입항한 날을 기념하는 것이다. 모든 기념일이 천황과 관련이 있는 것은 일반적으로 '천황제 이데올로기'를 중시하는 사상적 근원과도 관계있다. 그런데 내가 보기에는, 메이지明治(1867+연수=서력연도), 다이쇼大正(1911+연수=서력연도), 쇼와昭和(1925+연수=서력연도), 헤이세이平成(1988+연수=서력연도), 레이와令和(2018+연수=서력연도) 등에서 보듯이 천황의 연호를 사용한다는 것은 아직 '시간'이 그(천황)의 것이라는 의미가 포함되어 있다. 결국 현대 일본인들이 별로 의식은 하지 않지만, 그 근본을 따지자면 '휴일'은 여전히 천황이 '하사'한 '축일'이자 '은혜의 시간'인 것이다. 이러한 사실은 객관적인 외부자인 내 눈에 더 잘 보인다. 그런 의미에서 세계 공통으로 사용하는 서력기원의 연도는 '주후主後' 연도이기 때문에 시간이 '하느님'으로부터 주어졌으며, 하느님이 시간과 역사의 주인이라는 그리스도교의 사상과 문화가 세계에서 일반적으로 공용되는 것이라고 볼 수 있다.

내가 일찍부터 '메이지 유신' 이후 일본이 서구의 모든 문물은 받아들여도 그리스도교만은 안 받아들인다는 '화혼양재和魂洋才' 정책과 그 입장이 강고했다고 자주 설명한 적이 있다. 이것을 아주 가까운 예로 확인해 보자. 당시 일본정부는 서구의 양력陽曆은 바로 채용해서 구력舊曆 곧 음력陰曆 자체를 아예 없앴다. 그런 연유로 동양 곧 아시아 여러 지역에 아직도 존재하는 '설날', 즉 '구정舊正'을 일본인들은 잘 모른다. 그리고 어쩌면 한국의 '한가위' 곧 추석에서 온 것으로 보이는 일본의 추수감사절, 수확에 대한 감사절기인 '오본お盆'도 음력 7월 보름의 백중百中으로부터 날짜계산을 했다는 설명을 유래로 하여 양력 8월 15일로 지킨다. 물론 양력이라는 개념 자체가 없으니 그냥 8월 15일이다. 공교롭게 그날은 일본의 패전기념일 혹은 종전기념일이다. 그러나 아무리 생각해도 한국의 음력 8월 15일 곧 '한가위'에서 '오본'이 온 것이 아닌가 한다.

이렇듯 일찍부터 철저히 서구의 양력을 채용함으로써 전통적으로 사용하던 음력을 삭제한 일본의 근대화에서 오직 서력기원의 연도만은 사용치 않고, 천황의 연호를 그대로 사용한 채 그 세부 날짜의 계산만 바꿔 사용한다. 이는 '그리스도의 탄생'을 중심으로 하는 서력기원에 대한 거부이며, '그리스도교의 혼魂' 대신 일본에는 '시간의 주인'으로서 '천황'이 있다는 의미이다. 이 연도와 날짜의 '부정교합不正咬合'이 바로 일본 근대의 '화혼양재' 정책을 가장 상징적으로 보여주는 실상이 아닐까 한다. 그런데 그런 '메이지 시대'부터 꾸준히 서력기원 연도를 기록했던 공동체들이 있는데 바로 '그리스도교주의' 학교들이다. 이들 그리스도교주의 학교들의 옛 자료에는, 때로 독자적으로 서력기원을 아니면 적어도 일본 천황의 연호와 서력기원을 병기한 기록들을 확인할 수 있다. 최근의 일본은, 특히 외국인에게는 서력기원을 사용할 수 있는 혼용 내지 공용 제도를 많이 도입하고 있다. 아무리 일본 관공서에서일지라도 내가 내 생년월일을 말할 때 '쇼와 00년 생'이라고 말할 수는 없지 않은가. '바다의 날' 이야기에서 사설이 여기까지 오고 말았다.

원한과 복수의 문제

도쿄, 연일 폭염이다. 습도가 높은 곳의 34, 35도는 건조한 지역의 40~50도를 베이비라고 할 만하다. 아내와 집에서 멀지 않은 오사키[大崎]의 냉방이 잘된 한 쇼핑센터에 차를 세우고 느긋하게 기웃거리며 시간을 보냈다. 특히 살 책도 정하지 않은 채 1층 너른 책방에서 시간을 가장 많이 보냈다. 이 책 저 책, 이 소설, 저 소설 뽑아 조금씩 읽는 재미도 쏠쏠하다. 특히 추리소설 쪽에서 기웃거렸는데, 역시 사건은 대개 '복수'로 출발한다. 늘 즐겨보는 수사드라마의 사건들도 짧게는 3년에서 5년 전, 길게는 20년, 30년 전의 '우리미[恨み](원한[怨恨])'로부터 스토리는 전개된다.

며칠 전 동료 교수들과 이런 저런 이야기를 나누던 중에 어쩌다가 화제가 바로 이 '원한과 복수의 문화론'에 이르렀다. "아직도 서울의 주택가 한가운데에 '광주민주화운동'의 가해[加害] 주역들이, 보통 사람 이상의 레벨로 잘 살고 있지요?" 우리의 이야기가 여기에까지 이르며 나는 그만 한국인의 원한 극복의 사회사를 '한풀이'의 종교론으로까지 본의 아니게 강의하듯 몰아가고 말았다.

그 기회에 찬찬히 생각해 보았다. 참으로 우리 한국인들은 무엇이든지 잘 잊는다. 가슴이 찢어질 정도의 고통도, 하늘과 땅이 거꾸로 뒤바뀔 정도의 억울함도, 심지어 나를 죽이고자 했던 그 적도 비교적 잘 잊는다. 여러 가지 이유가 있겠지만, 한국인이 가슴에 안고 삭여야 했던 역사적 '한'은 보통 여기저기 많이 있는 원한과는 다르다. 그래도 원한 정도는 언젠가 상황이 바뀌고 마음만 굳게 먹으면 갚을 수 있는 수준의 것이다. 그러나 한국인이 역사적으로, 혹은 가혹한 사회구조, 혹은 절망적 인간관계 속에서 가슴에 품어야 했던 '한'은 도무지 어떤 기회와 방법으로도 되갚을 방법이 없는 절대적 차원의 것이다. 이는 겉으로 보면 허허 하고 넘기는 것으로 보이나 안으로 보면 차곡차곡 퇴적되어 전혀 다른 극복으로 승화해 내지 않으면 안 되는 수준의 '차원변경次元變更' 단계로나 해결 가능한 것이다. 이것을 잘 해내는 것, 곧 어느 나라 말로도 번역이 잘 되지 않는 말이 바로 '한풀이'이다. 이것을 민간종교에서는 무당이 잘 하였고, 최근에는 여러 종교의 성직자, 특히 목사들도 잘 해야 하는 역할이다.

긍정적으로 보면 한국인은 일반적으로 잘 잊고, 잘 용서하고, 비교적 좋게 생각하고, 꽁하게 벼르지 않고… 참으로 좋은 에너지를 가득 품고 있다. 그래서 때로는 '원수 갚기', '복수' 등의 개념보다 '화해'를 잘 하는 사람들로서, 상대적으로 높은 단계의 정신문화를 형성하고 있는지도 모른다. 이 에너지를 잘 승화시키면 한일 간의 역사적 문제도, 남북의 갈등과 대립도 극복할 수 있는 힘이 되지 않을까.

그러나 가끔은 참으로 허허롭고 허무할 때가 있다. 한 시대 한 시대마다 얼마나 많은 사람들이 억울하게 소리치며 죽어갔고, 얼마나 많은 젊은이들이 맨땅에 머리를 찧으며 고통의 울음을 토해냈으며, 얼마나 많은 해맑은 목숨들이 부당한 권력의 가혹한 칼날에 스러져 갔는지, 그것이 과연 누구의 욕심과 가증스러운 위선 때문이었는지를 어찌 그렇게 하얗게 잊을 수 있다는 말인가.

아니 잊고, 품고, 같이 사는 정도는 차라리 최고의 정신문화 단계라고 쳐도 도대체 어떻게 그 시대를 미화하고, 찬양할 수 있다는 말인가. 독재자들이 압제를 다시 해도 되는 나라로 업신여김을 받아도 할 말이 없지 않겠는가. 이것은 '한풀이'도 아니고 살아남기 위해 가슴의 멍울을 삼키는 생존행위도 아니며 '그리스도의 원수사랑'은 더더욱 아니다. 정말 바보이거나 자존심도 없는 천치라 할 밖에. 역사의 어리석음을 반복하는 역사적 '망각'과 '용서'는 그렇게 쉽게 하는 것이 아니다.

일본 드라마 대부분은 수사물

일본에서 TV 드라마를 보면 얼핏 계산해도 70~80%는 수사물이나 미스터리물이다. 한국에서는 오래 전 '수사반장' 시리즈 이후 수사 드라마는 아예 자취를 감추다시피 했다. 반대로 항상 복잡하게 얽히는 가정사나 신데렐라 류, 늘 짝짓기로 결말이 나야 하는 연애사건, 재벌기업의 회장과 그 2세인 젊은 본부장이나 기획실장이 등장하는 식의 화려한 성공드라마가 대세이다. 물론 언제부터인가 '역사드라마'가 인기의 한 축을 장악했지만 그 안에 신데렐라나 짝짓기 소재가 들어 있기는 매 한가지이다. 지금 나는 한국 드라마를 비판하는 것이 아니다. 참 달콤하고, 소프트하고, 로맨틱하다는 칭찬도 겸하고 있다. 이런 한국드라마가 일본과 아시아에서 인기를 끄는 것도 그런 부드러움이 한 몫하는 것이 아닐까 한다.

반면 일본 드라마에서 가장 자주 등장하는 직업은 경찰, 형사, 수사관, 탐정 그 다음이 변호사 정도. 남녀 배우를 불문하고 이런 역할을 제대로 한번 하지 않으면 배우 축에 낄 수 없을 정도이다. 반면에 드라마 속에서 살인을 하거나 살인을 당하지 않은 중견배우가 없을 정도로 늘 죽고 죽여야 한다. 그런 '살인 장면'의 가장 흔한 도구는 역시 사무라이의 나라답게 '칼'이다. 한국 드라마에서 이런 장면이 나와야 할 때는 모자이크 처리를 하지만 일본의 드라마는 절대 그런 법이 없다. 얼마나 적나라하게 그 장면을 묘사하고 각도를 달리해서 살인 현장을 잡아 주느냐 하는 것으로 출중한 카메라워크의 평가가 갈리기까지 한다.

그렇다고 지금 내가 일본 드라마를 비판하고 있는 것도 아니다. 왜 그런 것일까를 나름 생각하고 있는 것이다. 일본의 소설, 영화, 드라마의 살인이야기도 그 나름의 스펙트럼이 있다. 최고로 '악마적인 살인' 곧 증오와 원한, 복수의 수준이 아니라 '악의 유희'같은 취미요 습관이 된 이른바 사이코패스의 병리적 현상으로부터 때로는 '감동적 살인'의 로망이나 눈물, 미학까지 등장한다. 물론 이 어느 것도 바른 것이라고 할 수는 없다.

일본은 무사武士의 나라이고 그 최고 가치는 무사도武士道이다. 무사는 늘 죽고 죽이며, 죽을 수 있는 실존을 살고 그것에 대한 가치 정리를 해두지 않으면 안 되는 존재였다. 그리고 그들 옆에는 목숨과 같은 일본도日本刀가 있었다. 잘 '죽는 일'을 가르친 일본 무사도에서는 '자살'도 감동적으로 펼쳐지고, 그것이 명분과 상황이 제대로 통한 경우라면 무사도의 절정으로 새겼다.

현대 일본은 물론 무사도의 흐름에서는 비켜나 있다. 그러나 그들에게는 가상의 이야기일지라도 '칼'은 친숙하고 '죽음'은 그렇게 멀리 있는 상황이 아니다. 도쿄의 중심 지역 중 한 곳인 아오야마青山에는 규모를 짐작할 수 없는 공동묘지가 넓게 펼쳐져 있다. 내가 살고 있는 시로카네白金, 이 고급 주택지 한 가운데에도 큰 규모의 절이 있고 그 안에 넓은 가족 묘지들이 조성되어 있다. 화장장火葬場도 늘 마을 중심에 있다. 죽음은 절대 '터부'가 아니다. 아무리 한일韓日이 가깝고 비슷하다고 해도 이런 점에서는 결코 그렇지가 않다. 일상 안에서 전승傳承과 전통과 가치, 개념, 현상의 차이를 세심히 살피지 않고 일본과 한국을 함부로 묶으면 낭패 보기 십상이다. 한국의 한류韓流 가수와 배우가 최고의 인기를 얻고 있다고 하는 일본에서 하루만 티브이를 찬찬히 시청해 보면, 한일 대중문화의 유사성을 쉬 말할 수 없게 된다. 한국은 전통적으로 문文으로 낭만을 말하고, 일본은 무武로 지고의 가치를 일구었다. 표피 현상 일부가 같다고 해서 같은 것은 아닐 것이다. 역사와 전통은 그렇게 우리 안에 각각 살아 있다고 느끼는 요즈음이다. 상호 이해를 위해서도 이런 상념은 꼭 필요하다.

‘응답하라 1994’와 ‘야에노사쿠라’

한때 한국에서 ‘응답하라 1994’라는 드라마가 각광이었다고 한다. 여기저기 좋은 평이 많고 눈물과 웃음도 많았던 것 같다. 지상파 아닌 방송의 드라마가 바다 건너까지 요란했다면 대단한 히트가 분명하다. 드라마를 챙겨보는 편은 아니지만 그 정도라면 한국에 있었을 경우 나도 분명 보았을 것 같다. 무엇보다 추억을 자극하고 잔잔한 회상과 속절없는 세월을 돌아보게 하는 이야기는 우리를 울리고 웃긴다.

1994년 그때, 나는 뒤늦게 일본에서 공부를 마치고 한국으로 돌아가 처음으로 대학 강단에 섰을 즈음이다. 서대문 냉천동 감리교신학대학에서 (내 목소리가 지금도 작진 않지만 그때는 지금의 두 배는 되었다) 시간강사 주제에 역사를 하는 대학원생들과 바로 작은 학회를 꾸려서 시간 가는 줄 모르고 토론과 논쟁도 했다. 세미나실에서는 물론 정문 앞 다방과 제자들 신혼집 그리고 노래방에서 공부도 하고 노래도 했다. 그때 나는 감신대학원 제자들에게서 ‘김광석’을 배웠다.

가르치는 일에 막 입문했던 초짜 학자, 풋내기 교수로 가슴이 절절 끓던 20여 년 전 종합상황이 수증기처럼 머릿속에 가슴속에 아련히 떠오른다. 삼풍백화점이 무너지고, 성수대교가 떨어졌지. 그리고 나라는 그 몇년 후 무능한 정부의 어리바리 속에서 모진 아이엠에프 구제금융 시대의 검은 터널로 들어갔다.

일본에 와서 나는 한때 일요일 저녁 8시면 대하역사드라마 '야에노사쿠라八重の桜'를 챙겨보았다. 100여 년 전의 역사 이야기이다. 모교이기도 한 도시샤 대학의 설립자 니지마 조新島壌의 부인 야에八重의 생애를 다룬 내용이다. 이 드라마가 기획된 것은 동일본대지진 피해의 핵심인 후쿠시마 원전의 해당지역, 곧 옛 아이즈会津 출신의 야에를 기리는 대하드라마를 통해 이 지역사람들을 북돋아 주려는 의도가 있었던 것으로 알려졌다. 그러나 남편인 니지마 조와 함께 교토의 도시샤대학과 도시샤여자대학 설립 역사를 상세히 전하면서 오히려 근대교육의 이야기, 교토이야기가 주가 되었다. 주인공 야에 역을 맡은 여배우 아야세 하루카綾瀬はるか는 원래도 꽤 알려진 배우이지만 이 배역 이후 엄청나게 많은 광고에 출연할 정도로 더욱 유명해졌다.

추억과 회상은 단지 우리의 감성만을 자극하는 것일까, 다시 생각해본다. 개인의 회고로 가능한 시간 범위의 것도 있고, 역사기록의 도움을 받아야만 할 역사적 시간의 회상도 있다. 지난 시간의 자극은 단지 그 시간이 지닌 익숙한 반가움과 그리움만은 아닐 것이다. 거기에 숨어 있는 절절하게 아픈, 고통스러운 통한痛恨이 오히려 시간의 골을 타고 안개처럼 피어오르는 까닭이다. 역사의 회한은 대개 현재에 이르면 달고 단단한 귀감이 된다.

진부한 생각인지 모르겠으나 기억할 수 있는 만큼의 옛 것들은 아픈 가시는 걸러내고 향기와 잔영만으로 우리를 달래준다고 믿는다. 그토록 가슴 저리던 옛 사랑의 기억을 지금도 그때처럼 아프다고 할 이는 아무도 없기 때문이다. 1994년 그때가 한창이던 나, 아니 나보다는 더 어린 주인공들을 많이 기억한다. 이제 중견이 되어 세상을 책임지고자 나서는 나의 처음 제자들, 그 시절 모두 열혈 청년일 때였다. 그때의 고통만큼 큰 몸짓으로 오늘을 살아가기 바란다. 그리고 그때의 절절한 사랑을 결코 잊지 않기 바란다. 사람에 대한, 정의에 대한, 역사에 대한 목숨 같은 정열을 말이다.

한국은 20년 전의 이야기로 장안이 뜨거웠다면, 일본은 언제나 조용조용하지만 100년도 훨씬 더 된 이야기로 후쿠시마 사람들을 위로하고자 한다. 늘 생각하는 일이지만 사람으로 인한 상처는 사람으로 치유되어야 하고, 역사에서 잘못된 일은 역사로 바로잡아야 한다. 이런 생각에 황야 같은 11월의 마지막 날 주말이 간다.

일본의 전통 대중문화 라쿠고落語

어제 오늘은 참 바빴다. 어제 저녁 우리 대학 시로카네 캠퍼스에서 '이광수 공부회'가 있었다. 개교 150주년 기념 국제심포지엄 '이광수는 누구인가?'를 준비하는 과정에서 그 실행위원회 스태프들을 중심으로 우선 이광수에 대해 공부해나가자는 취지에서였다. 일본의 한국문학 전공자 중에서 이광수에 대해 가장 해박한 하타노 세츠코波田野節子 니가타新潟 현립대학 교수를 강사로 모셨다. 그녀는 '이광수 연구에 대하여'를 제목으로 발표했는데 그 치밀함과 해박함에 놀랄 수밖에 없었다. 나 역시 가을 국제심포지엄의 실행책임을 맡은 것은 물론, 논문도 발표해야 하는 입장에서 나름 큰 공부가 되었다. 몇몇 동료들과 하타노 교수와 함께 가진 뒤풀이에서도 이광수에 대한 주제는 물론 한국과 일본의 문학·예술 영역의 차이와 문화 비교론까지 화제가 끝도 없었다.

오늘부터는 우리대학 150주년 기념 축제기간이다. 저녁에 메이지가쿠인대학 동창회가 주최하고, 메이지가쿠인대학 '라쿠고落語'* 연구회가 협력하는 '라쿠고회'에 초청을 받아 다녀왔다. 그동안 간접적으로 텔레비전이나 라디오 등에서 라쿠고를 접한 적은 있어도 직접 공연에 참석하기는 나나 아내나 처음이다. 무엇보다 빠른 '템포'의 풍자, 해학, 유머의 깊은 이중삼중의 '뉘앙스'를 지닌 일본어를 얼마나 이해할 수 있느냐가 관건이다.

메이지가쿠인대학은 이 라쿠고 분야에서 전통이 강한 대학이고 최고 수준의 현역 인기 '라쿠고가'를 많이 배출했다. 오늘도 일본 현역을 대표하는 라쿠고가들이 여럿 참여한 큰 라쿠고회였다. 그렇지만 따라가기가 쉽지 않았다. 문화적 전승이 다 녹아든, 삶의 깊은 언저리에서 우러나는 해학 그리고 비유와 비틀음과 비꼼, 더구나 평상 언어의 두세 배 빠른 속도로 고저강약高低强弱을 타는 일본어이다. 아무튼 그런 차원의 외국어를 제대로 좇아간다는 것은 어려운 일이다. 더구나 적절한 국면에서 청중들과 함께 웃음을 터트려야 하는 '웃는 타이밍'을 잡는 것은 더더욱 쉬운 일이 아니었다. 결국 함께한 친구 교수의 반응을 기준으로 타이밍을 잡을 수밖에 없었다. 이때 언뜻 생각난 것이 외국인들이 우리 한국의 판소리나 창, 탈춤공연 등에서 '얼쑤~', '좋다!' 같은 추임새를 제대로 넣기가 얼마나 어려운 일인지 새삼 알았다는 점이다. 그래도 대강의 분위기를 좇을 수는 있었고 감동적인 공감도 일부 경험할 수 있었으니 좋은 기회였다.

문화적 전승과 양식이 다른 사람들 간에, 그 정서와 감정의 공감에서 우선 슬픈 정조는 그 전이가 상대적으로 더 쉬울 수 있다고 생각한

---

* 일본의 근세기에 생겨나 현재까지 계승되고 있는 전통적인 화술 기반의 예술 중 하나로, 일반적으로 음악 및 의상 등의 도구 대신에 '라쿠고카(落語家)'라 부르는 사람이 부채를 들고 무대 위에 앉아 청중들을 대상으로 이야기를 풀어가는 형식의 예술이다. 가부키나 노(能) 등과는 달리 라쿠고는 의상 및 도구, 음악 효과 등을 되도록 사용하지 않고, 부채와 손수건을 사용하여 혼자서 몸짓이나 말을 통해서 특정한 이야기를 풀어내는 방식을 취한다. —《위키백과》

다. 세계의 여러 문화권과 다양한 예술분야나 매개체를 통해서도 슬픔과 눈물을 나누는 것은 기본 공감대가 넓다. 그것이 어떤 장르 어떤 이야기든 간에 애상哀傷과 아픔, 눈물을 나누는 것은 웃음을 나누기보다 쉽다는 것이다. 그렇지만 '웃음'을 제대로 공감하고 나누기란 그보다 훨씬 난해한 일이다. 어쩌면 눈물은 가장 기본적이고 낮은 단계의 공감만으로도 함께 할 수 있지만, 웃음은 그 보다 훨씬 더 복잡한 과정이 필요해서인지 모르겠다. 물론 원초적인 자극만으로도 웃음을 자아낼 수 있는 낮은 차원도 있기는 하다. 하지만 웃음은 어느 문화에서든 민중화하고 기층화될 때 더 큰 패러독스가 담긴다. 그런 패러독스와 그 표현의 이중성을 포착하기 위해서는 막힘없는 삶의 공통 경험, 공통의 기억이 꼭 필요하고, 언어 역시도 세밀한 뉘앙스 심지어 발음과 인토네이션intonation의 정교한 차이까지도 체득하지 않으면 안 되는 면이 있다.

내 경험이며 생각이지만, 여러 사람이 함께 하는 '공통 웃음'의 단계는 훨씬 높은 차원의 공감이다. 그리고 웃음이야말로 서민과 민중의 삶에서 우러나온 것이 차원이 높다. 라쿠고는 일본 전통문화의 한 중요한 갈래임이 분명하며, 지금도 많은 일본 대중들의 애환 속에 스며들어 웃음의 패러독스와 카타르시스를 제공한다. 일본의 넓은 계층에서 그대로 계승하여 즐기는 전통 방식의 문화 양식 하나를 또 체험해 보았다. 내가 일본의 문화 현장에서, 그 돈독한 계승성 때문에 부러워하는 몇 가지 양식 중의 하나가 라쿠고이다. 오래 되어도 대중이 계속 즐기는 독특한 문화는 많을수록 바람직하고, 소중하다.

삶을 일깨우는 추억의 소리들

며칠 전 동네에, 봄날 치고는 참 드물게 '야키이모焼き芋'(군고구마) 장수가 지나갔다. 비록 녹음을 튼 것이기는 하지만 처연한 음조로 "야키이모~~~" 하는 소리에 왠지 모르게 슬퍼지고 가슴 한 편이 찡해졌다. 30년 전 유학 시절, 어둑어둑한 저녁 무렵 혼자 자취방 책상에 앉아 있을 때 들려오던 군고구마 장수의 '야키이모~~~' 소리에 느닷없이 밀려든 외로움으로 눈물이 찔끔 난 적도 있다. 요즘은 본 적이 없지만 그때는 단고団子(경단) 장수도 때때로 그렇게 손님을 부르며 다녔다.

이런 소리의 풍경은 한국에서 지낸 어린 시절의 기억에도 만만치 않게 남아 있다. 그중에서도 내가 유달리 기억하는 소리가 "채권이나 고장 난 시계 삽니다."라는 꽤나 묵직한 중년 사내들의 목소리이다. 지금도 나는, 그들이 유가증권有價證券 곧 일종의 '어음할인'이라 할 수 있는 채권 매입과 고장 난 시계 수집이라는 공산품 재활용업을 왜, 어떻게 겸업했는지 잘 모른다. 다만 그들의 점잖고도 독특한 음성이 귓가에 뱅뱅 맴돌 뿐이다. 그 무렵 겨울 저녁이면 영락없이 "메밀묵~~~ 찹쌀~~~ 떡!"을 부르짖던 청년들 목소리가 골목골목을 누볐다. 노랫소리처럼 들리던 그들의 청아한 호객소리를 어릴 적 나는 재미삼아 흉내 내곤 했다. 그리고 여름날 한낮이면 어디를 가나 아이들이 나무 상자를 둘러매고 아스—케키(ice cake인데 발음을 그렇게 하곤 했다)를 외쳤고, '아이스바ice bar'를 간단히 '하드hard(소프트 아이스크림soft ice cream의 반대 의미)'라고 외치며 다니곤 했다.

내 기억에, 그 시절의 호객소리는 그래도 운치가 있었는데 한국의 골목골목에 채소, 생선, 과일 트럭이 등장하고 확성기가 사용되면서 그 소리는 동네의 시끄러운 소음으로 변하고 만 것 같다. 물론 그들이 생업 현장에서 살기 위해 애쓰는 바에 대해서는 경의를 표하지만 말이다. 한편 일본이나 한국이나 마찬가지로 딸랑딸랑 종소리로 자신의 존재를 알리던 두부장수나, 막대기 두 개를 딱딱 두드리는 것으로 경고警告와 안심安心을 동시에 주던 밤거리 '야경꾼'(각 지역 단위의 방범순찰대)은 참으로 센스 있는 방식이며 아련한 추억이라고 생각한다. 일본이나 한국이나 슈퍼마켓에서 '반짝 할인'이나 '폭탄 세일'을 선전하는 마이크 목소리는 상당히 시끄럽지만, 한국의 재래시장 좌판 위에 올라서서 박수를 치며 "골라, 골라!"를 외치는 소리는 오히려 정겹다. 한국을 다녀온 일본 친구들에게도 참 인상적인 장면이며 목소리였던 것 같다. 그것을 흉내 내는 친구들도 더러 있으니.

지금도 슈퍼마켓 진열대에서 간혹 보이지만, 일본에서 예전에 가장 유행했던 음료수가 '라무네'[**]이다. 당시의 문학작품 등을 보면, 남녀가 '데이트'라도 할라치면 라무네 한 병씩 사고 단고나 화과자お菓子 하나씩을 준비하면 절로 신바람이 나는 것으로 되어 있다. 특히 라무네 병은 대개 병 안에 유리구슬이 들어 있어서 병째로 마실 때에는 "까릉 까

릉" 경쾌한 소리가 나고, 구슬이 병목을 완전히 막으면 내용물이 나오지 않기 때문에 요리조리 구슬을 움직여가며 마시는 재미를 더하는 음료수이다.

누구에게나 그때 그 시절을 기억케 하는 오감들이 있다. 거기에는 오늘 이야기처럼 오랫동안 귓전에 남아 맴도는 소리들도 있다. 친구들도 문득 기억나는 옛 소리들, 특히 가슴을 적시는 소리를 회상해 보았으면 한다. 여기에서 소리는 물론 음악은 아니다. 삶, 바로 그 현장의 소리이다.

** ramune, ラムネ는 일본에서 널리 사랑받았던 청량음료이다. 물에 설탕과 포도당 용액을 첨가하고, 라임이나 레몬 향을 첨가한 달콤한 탄산음료로 특정 업체의 상표가 아닌 다수의 업체에서 생산 판매하고 있는 음료다. 시원한 맛에 독특한 모습을 한 유리병에 담긴 '라무네'는 특히 여름에 많이 찾는 음료다. 일본 해군 함정에 승무원들의 기호품으로 공급하기 위해 '라무네'제조기를 설치했던 것에서도 알 수 있듯이 이전부터 서민에게 널리 알려졌었다. '라무네'라는 이름은 영국에서 유래된 레모네이드가 변한 것이며, 독특한 병 디자인도 이때 들어온 것이다. 메이지 유신 초기에 고베 구 거류지의 심상회가 일본에서 처음으로 제조와 판매를 하였다. 1872년 6월 9일에는 일본인에게 처음으로 '라무네'제조 허가가 내려졌고 이후 5월 4일을 '라무네의 날'로 지정하였다. 1995년에는 일본 '라무네'협회가 설립되었다. —《위키백과》

조금은 모자란 삶의 상쾌함

내가 일본에 살면서 일본인들의 문화에서 가장 높게 평가하는 것은 역설적으로 좀 모자란 듯한 면면이다. 결핍으로서의 충족이라고나 할까. 내 일본 친구들의 사는 방식을 간혹 들여다보아도, 그렇게 하지 않아도 될 정도인데 여러 면에서 모두가 조금씩은 옹색해 보인다고 아니 할 수 없다.

우리 한국에서 사람을 이를 때에 하는 말 가운데 참으로 좋지 않은 표현으로 '좀 모자란 사람'이라는 말이 있다. 물론 그 의미는 따로 있지만 말 자체에 이미 모자란 것은 좋지 않은, 바람직하지 않다는 뉘앙스가 깔려 있다. 나도 그렇게 생각하며 인생을 살아 온 것 같다. 절대로 모자라면 안 된다는, 넘치게 살고 남기는 한이 있더라도 혹 지나치면 지나쳤지 모자라면 안 된다고 생각하며 사는 것 말이다.

그러나 거두절미하고 요즘 내가 느끼는 넉넉함, 상쾌한 삶의 행복은 넘치거나 남거나 지나침에서 오는 충만함이 아니라 오히려 조금은 모자란 듯한, 어느 정도는 비거나 때로는 옹색한 듯한 가벼움에서 오는 것 같다. 당연히 아비의 땅을 떠나 남의 땅에서 나그네 인생을 사는 것이니 살림살이며 옷가지, 책 한권이라도 덜 가졌으면 가졌지 더 가질 수는 없는 터, 여기에도 오래 된 친구와 사람들 간의 깊은 나눔이 있지만 그리운 이들을 멀리 고국에 두고 때때로 외로움을 타야 하니 사람 관계도 말하자면 결핍이다. 더구나 지금 내가 사는 땅이 일본이니, 내 떠나 온 곳보다는 조금 덜 먹고 덜 마시고 덜 젠체하는 곳, 모자란 듯 모자란 듯 사는 곳이 바로 여기 아닌가 싶다.

돌아보면 나 또한 넘치고 지나치고 더하는 삶을 오랫동안 살았음이 분명하다. 새삼 주변과 역사를 돌아보면, 모자라고 덜하고 간혹 비하하듯이 말하는 '덜 떨어진 사람들' 때문에 세상이 피해를 보고 멍이 든 것이 아니다. 더 잘나고 넘치도록 똑똑하고 무언가 지나친 사람들 때문에 망가진 사연이 더 많다는 것을 절실히 깨닫지 않을 수 없다. 내가 만난, 내가 본, 수많은 가해자들은 다 그런 이들이었다. 오히려 모자란 사람들은 스스로가 피해자이거나 아니면 주위에 결코 해를 입히지 않은 맹물 같은 이들이었다. 역사도 넘치는 이들이 망가뜨렸고, 예수도 정작 신앙 깊은 이들이 죽였으며, 나라도 욕심 많은 이들이 팔아먹었다.

이제 나는 좀 모자란 사람의 행복을 살고 싶다. 공부도 좀 덜하고, 좋은 일에도 욕심을 줄이고, 되도록 적게 먹고, 사람도 많이 만나기보다는 꼭 만날 사람을 만나고, 책도 조금 덜 쓰고, 말도 되도록 덜하며 말이다. 곧 바로 그렇게 바뀔 수는 없을지 몰라도 차차 그렇게 살아갔으면 한다. 일본에서 살기 때문에 그것이 더 가능할지 모르겠다는 생각도 든다. 좀 모자란 이들의 좀 모자란 듯한 결핍, 그 청량함을 새삼 깨닫는다.

제자들에게 해주고 싶은 만큼 다 해주지 못한 선생으로서 회한을 밝히기도 했으나 오늘은 반대로 그런 여한으로 남는 모자람으로 그들을 만나고자 한다. 물론 이는 제자들에게 만이 아니라 따뜻한 친구들, 선후배들, 가족들에게도 같은 마음이다.

오늘 도쿄 도심에도 벚꽃이 피었다는 소식이지만 우리집 앞마당의 벚나무는 아직 수줍다. 마당 앞 풍광은 그야말로 모자란 봄, 덜 찬 봄날이다. 이런 결핍이 주는 새털 같은 쾌적함을 놓치지 않는 삶을 살고 싶다. 이 또한 지나친 열망이 아니기를.

지진과 부라쿠민

저녁 어스름에 간토[關東] 지역에 크게 느낄 수 있는 지진이 있었다. 나는 막 퇴근하여 옷을 갈아입고 있을 때였다. 흔들리는 유리 책장을 일단 강하게 잡고, 앉은 의자에 힘을 주었다. 부엌에서 저녁 준비를 하던 아내에게 속히 가스 불을 끄라고 했다. 진동은 3~4차례 이어졌으나 다행히 곧 안정되었다. 켜 있던 텔레비전 저녁 뉴스는 바로 지진 자막과 함께 속보를 내보냈다. 진원 지역에는 5 정도, 도쿄와 그 주변은 대개 3~4나 2 정도의 진동이었다. 그리고 이어서 내보내는 멘트가 "이 지진으로 쓰나미[津波]의 위험은 없습니다."였다. 지진에서 쓰나미가 얼마나 가공할 일인지는 지난 동일본대지진에서 확인된 바 있다. 이 정도의 진동은 드물지 않게 경험하는 일이어서 놀랐다기보다는 더 큰 진동이나 여진이 없기를 바라는 마음으로 저녁을 먹었다.

나는 이럴 때 자연재해만을 직접 생각하지 않고, 재난이 가해질 때 거기에 겹쳐지는 사회적, 경제적 약자들이 겪어야 할 참으로 불리한 실존적 조건을 생각하곤 한다. 인문사회 분야를 공부하는 나로서 하나의 버릇일지도 모를 일이다. 실제 현대문명에서 같은 자연재해의 조건에서도 심각한 가중 피해를 입는 이들은 사회적 약자들 곧 빈곤층, 소외계층이었음이 이미 증명되어 있다. 경제적 지표, 사회적 인프라의 조건에 따라 같은 자연재해에서도 수십, 수백 배의 희생 지수가 달라진다는 연구가 나와 있다.

같은 지진과 쓰나미에서도 지난 번 동남아시아, 특히 수년 전 인도네시아의 피해를 기억한다. 그리고 저 아이티의 가공할 지진 피해를 회상하지 않을 수 없다. 일본에서도 1995년 고베 대지진과 2011년 동일본대지진에서 사회적 약자 계층의 피해가 더 컸음은 주지의 사실이다. 일본의 대표적이고 전통적인 약자는 '부라쿠민部落民'(천민)이라고 부르는 '아웃 카스트Out Caste' 계층이다. 그들의 역사적 연원과 차별의 역사는 따로 살펴봐야 하겠지만, 여느 문명권의 천민계층 역사와 마찬가지로 이들의 계급 설정은 종교적인 '거룩한 경계'와 깊이 관련되어 있다.

인간의 종교적 경외감은 두려움, 기피 그리고 거리감을 설정해 나가는 심리적 단계에서 그 대상이 인간집단일 경우 억압, 차별, 격리로 이어지는 전통이 있는데 이것은 어디에서나 마찬가지이다. 지금은 사라졌지만 한국의 천민인 백정도 그렇고 인도의 아웃 카스트 곧 불가촉민들의 구성 성격도 마찬가지이다. 그래서 '부라쿠'를 비롯한 그들의 직업도 신사神社나 신전神殿 주변의 향료상, 동물의 피를 만지는 도살장이나 가죽 관련 직업과 광범위하게 연관되어 있다. 많이 달라졌지만 아직도 일본의 '부라쿠'는 사회적 차별의 약자로 존재하고 있다. 재일교포, 오키나와인, 아이누인 등과 함께 거론되던 대표적 차별계층이다. 오늘 문득 또 한 번의 지진 진동 체험 중에 큰 재해에서는 역시 그들 빈곤 차별 계층이 가장 심한 자연재해와 사회적 재해를 함께 받아

왔다는 역사가 떠오른다. 일본의 부라쿠는 신성神聖이 금기禁忌로 그리고 경원敬遠과 기피忌避로 이어지는 종교적 패러다임에서 발생한 것임을 다시금 생각한다.

장애인을 대하는 한 사회의 수준

어제 저녁 우리 학부의 교수와 조수, 교학보좌教學補佐 선생들의 '곤신카이懇親会'(일종의 친목회)가 있어서 '슈마이燒賣'(광둥식 만두 즉 딤섬의 일종)로 유명한 요코하마역 앞 기요켄崎陽軒 본점에 다녀왔다.

일본에서 전철이나 지하철을 가끔 이용하기는 하지만 대개 아내나 친구들, 아니면 동료교수 혹은 제자들과 함께 개인 휠체어를 가지고 이동하는 것이 보통이다. 그밖에 혼자 이동할 때는 거의 예외 없이 자동차를 운전한다. 그런데 어제는 혼자, 휠체어도 없이 우리 집 인근의 큰 역인 시나가와品川 역에서 요코하마까지 전철을 탔다. 우선 아내가 자동차를 운전하여 시나가와 역 앞에 나를 내려 주었다. 그런데 역시 클러치로 이동하기에는 출발역이나 도착역 내부가 너무 넓었다. 일단 표를 끊고, 역무원에게 말했다. 양쪽 역에서 모두 휠체어 제공과 도움을 받고 싶다고. 담당 역무원은 깍듯하고, 친절하게 바로 움직였다. 출발역에서 휠체어를 제공하여 역무원이 밀고 홈까지 이동했다. 승차할 열차가 도착하자 정중히 부축하여 승차하게 하고 자리 잡아 안전하게 앉는 것까지 확인했다. 그리고 나서 출발역의 역무원은 인사하고 열차에서 내렸다. 물론 도착역에 이미 연락을 취하여 휠체어를 가지고 마중 나오도록 했으니 안심하라는 당부를 잊지 않았다. 쾌속을 탔기 때문에 17분 만에 요코하마 역에 도착했다. 역시 내가 내릴 열차 차량 문 앞에 도착역의 담당역무원이 휠체어를 가지고 나와 있었다. 홈에서 휠체어로 이동하며 혹 다른 열차로 갈아탈 필요는 없느냐, 행선지는 어디냐고 질문했다. 갈아 탈 필요가 없고 바로 동쪽 출구 쪽의 기요켄 본점이 행선지라고 일렀다. 잘 알았다고 대답하며 바쁘게 움직였다. 표를 내고 나온 후 약 300여 미터 떨어진 해당 건물 입구까지 휠체어로 데려다 주었다. 너무 고맙다고 인사했더니, 당연히 모셔야 될 도리를 다 한 것뿐이라고 겸양해 했다.

예상은 했지만 휠체어 없이 일본에서 전철 이동하는 데는 아무런 불편도 어려움도 없었다. 가끔 장거리를 이동하는 신칸센을 탈 때 이처럼 역에 비치된 휠체어를 이용한 적은 있지만 단거리 이동에서는 거의 사용한 적이 없었다. 어제 나의 이동은 바로 한 번에 가는 행선지였지만 참고로 세 번, 네 번을 갈아타는 노선도, 혹 JR 이외의 다른 여러 전철회사의 열차로 바꾸어 타야 하는 경우에도 확실한 인수인계를 통해 먼 거리 보행이 어려운 이용자에게 전혀 불편이 없도록 배려한다. 거의 100퍼센트 엘리베이터가 설치되어 있지만 드물게 시골의 간이역 같은 경우에는 미리 여러 명의 역무원이 동원되어서 인력으로 휠체어를 들고 옮기는 한이 있어도, 여행을 포기하지 않도록 돕는다.

나는 어제도 그랬지만 저들의 저토록 친절한 도움이 진심에서일까 생각해보았다. 그러나 생각해보면 그것이 진심이든 아니든 크게 괘념할 필요가 없다고 여겼다. 만약 그들이 직무상의 성실함 자체만으로 그렇게 한다고 해도 불편한 이의 사회생활에는 아무 지장이 없는 일이니 말이다. 거기에 규정과 직무상 원칙으로 성실한 도움을 주는 대개의 서비스 종사자들의 태도와 표정은 혹 그것이 그렇게 훈련된 것이라 할지라도 절대적 친절과 진심을 담은 듯한 깍듯함이 있다. 간혹 비교하지만, 미국을 여러 차례 여행할 때 보면 시스템으로는 일본을 훨씬 앞지를 정도로 도움체계가 잘 되어 있다. 그러나 나만의 느낌일까, 도움을 주는 이들의 표정과 태도, 무뚝뚝한 직무 수행 방식은 좀 심한 표현일지 몰라도 꼭 '내가 만일 널 돕지 않으면 법에 걸리니 할 수 없이 한다'는 그런 속내로 하는 것 같은 느낌을 받은 적이 적지 않다. 그런 면에서 일본의 이른바 '다테마에建前'***(표면적인 태도)는 어떤 면에서 참으로 서로를 편안하게 하는 부분도 있다.

휠체어 없이 혼자 이동하는 전철 여행으로 오히려 기분이 무척 좋아진 상태에서, 곤신카이에 참석했다. 그래서 그런지 모임의 분위기도 훨씬 화기애애하게 느껴졌다. 마침 학부장 나가노 교수의 생일을 맞아 모임 중간에 깜짝 생일 파티도 열었다. 특히 생일 케이크는 그 유명한 요코하마의 명물 슈마이였다. 기요켄은 바로 그 슈마이가 유명한 집이다(横浜名物 シウマイの崎陽軒).

모임 이후 몇몇 동료 교수들과 자리를 옮겨 각자의 전공 관련 학술 내용에서부터, 내가 있으니 역시 한일관韓日觀 그리고 역사인식, 정치적 입장 결국에는 교육관에 이르기까지 밤늦도록 토론했다. 기분 좋은 하루였다. 돌아오는 전철타기도 같은 방법이었던 것은 물론이다.

*** 속마음과 달리 예의 혹은 인간관계를 생각하여 겉으로 다르게(좋게) 표현하는 태도

평등하지 않아 오히려 공정한 규칙, 핸디론handicap theory

요즘 좀 바쁘게 지냈는지 몸의 컨디션이 좋지 않다. 아내는 한국에서 하던 수영을 일본에서 중단한 것이 컨디션 조절에 영향이 있는 것 같다고 한다. 며칠 전 내가 출근한 뒤 후쿠오카에 사는 큰딸과 상의하고 가까운 스포츠센터를 검색해서 수영장 후보를 몇 곳 자료로 정리해 놓았다. 나 역시 당장은 아니어도 머지않은 시일 내에 수영을 다시 시작해 볼까 하는 마음에서 전화로 몇 군데 문의를 해보았다.

스포츠센터 상담담당자들 대부분의 반응은 '풀'이 장애인 시설을 별도로 만들기보다는 일반인 수영애호 함께 어울려 수영하는 것을 더 배려하다보니, 실질적으로 관련시설이 간혹 불편할 수 있다는 것에 먼저 양해를 구했다. 그래서 꼭 직접 방문하여 모든 시설항목을 확인하고, 본인이 판단하여 최종 선택했으면 좋겠다는 의견이었다. 물론 공공 스포츠센터의 경우 장애인 본인과 보호자 한 사람은 무료로 매일이라도 이용할 수 있는 것은 물론이다(그 이후 현재까지 가장 적절한 시스템의 구립 수영장을 택해 매주 한두 차례 수영을 해오고 있다).

나는 아주 어려서부터 장애를 입고 살지만 성장시절부터 의식적으로 장애인 자각이나 열패감 없이 살아가려고 무진 애를 썼다. 대개는 숨이 턱에 닿도록 최선을 다해 초인적으로 극복하고 살아가고자 했지 그것을 내세워 무얼 좀 봐달라는 입장은 내게 결코 용납되지 않는 삶이었다. 그래서 나름 이겨내고 때로는 쟁취해낸 것도 꽤 있다. 대학의 장애인불합격을 싸워서 합격으로 바꾼 것은 물론 자동차운전, 취직, 스포츠, 여행, 인생 대부분에서 미리 포기한 적은 없다.

그러나 일본 유학 이후 나는 좀 변했다. 거의 대부분 이른바 '장애인 핸디handicap theory'를 요구하며 산다. 내가 이를 악물고 같은 조건으로 버티고 뛰어봐야 나는 물론 내 주변의 사람들에게도 그것이 결코 편안하거나 유쾌한 일이 아니라는 생각이 들어서이다. 장애가 없는 친구와 내가 100미터를 같은 스타트라인에 서서 뛰어 경주를 해봐야 어차피 내가 질 것은 명확한 일이고, 그렇게 날 이겨봐야 그 친구 또한 기분이 좋겠는가? 이런 시합은 지켜보는 사람들도 에이 하고 야유나 퍼부을 것이 뻔한 일이다. 그렇다고 친구와 내가 100미터 달리기 시합 한 번 못한다면 그 또한 재미없는 인생 아니겠는가. 그래서 나는 언제부터인가 당당히 주장한다. 내가 90미터를 먼저 가 있겠다고. 친구는 원래의 출발선에서 뛰고 나는 90미터 앞서 간 지점에서 동시에 출발하면, 누가 이기든 아슬아슬하게 골인해서 이긴 사람은 환호하고 진 사람은 아쉬워하지 않겠느냐고. 그래야 구경하는 사람들도 진심으로 박수를 치지 않겠느냐 하는 것이다. 내가 100미터 경주에서 90미터를 먼저 가서 출발하는 것이 과연 '평등'에 어긋나는 일인가.

일본에서(한국에서도 이제 일부는 적용되지만) 장애인 수당지급(장애인 수당과 의료비 이중 할인 등의 혜택은 장애인의 연수입과 세금납

부 상황의 기준에 따라 지급이 안 되는 경우도 있다), 자동차세 면제(자동차세 역시 일정 레벨 이상의 고급자동차의 경우는 제외하고, 평균 수준의 자동차세에 해당하는 금액만 할인하는 방식으로 적용한다), 고속도로 통행료, 신칸센, 국내선항공료 반값, 지하철 무료, 전철과 택시비 할인, 공영주차장 무료, 휘발유 값 보조, 줄서기 면제…. 대학에서도 강의 때 내 연구실에서 최단거리의 특별교실 배정, 행정직원의 사무배달 서비스, 도서관 대출대행, 우천 시 우산 씌워주기, 모든 건물 앞의 내 자동차 주차 허용, 그리고 임용된 이후 내가 주로 사용하는 건물의 현관문의 자동문화 공사, 장애인 전용 화장실의 추가 설치 등등 이루 다 헤아리기 어려운 혜택이다. 이를 나는 다 내가 먼저 가는 90미터의 하나라고 생각하며, 대단히 뻔뻔하게(?) 산다. 가끔 이렇게 미안한 마음도 없이 너무 당당하게 요구하고 큰 소리 뻥뻥 치며 살아도 될까 생각할 때도 있다. 혹 역무원 등이 더 잘 해드리지 못해 미안하다며 허리를 굽혀 조아릴 때(물론 그것이 속마음 그대로인지 훈련된 복무규정에 따른 것인지는 모르겠으나 그것까지 내가 상관할 바는 아니고) '거만'하게 괜찮다면서, 앞으로는 시스템이나 시설에 더 개선하는 모습을 보여 달라고 '훈시'를 할 때 가끔은 켕기는 마음이 솔직히 없지도 않다. 차비도 아예 안내거나 반값만 낸 주제에 말이다. 그러나 나는 내가 그 90미터를 확실히 찾아 먹어야 이 세상이 더 좋은 세상이 되는 것이라고 생각하기 때문에 되도록 계속 뻔뻔하고자 노력한다.

오늘 한국의 뉴스 하나에 내 피가 거꾸로 솟았다. 1급 시각장애인이 안내견을 데리고 버스를 타려 하는데 내려라, 그것이 규정에 어긋난다면 벌금을 내겠다, 앞으로 '개새끼'랑 같이 타려면 상자에 가두어

들고 타라…. 운전사의 말이었단다. 돌아오는 길은 아예 태우지도 않고 출발… 정말 언제까지 이래야 하나. 다른 것 잘 고치고, 바꾸고, 민주주의가 어떻고 주장하면 무엇하나. 장애인들을 다른 이들과 똑같은 선상에 세워 놓고 뜀박질하게 하고는 그들이 뒤쳐졌다고 조롱하는 사회에서 '인권'이 무엇이고, '평등'이 무엇이며, '정의'란 과연 무엇인가. 진정 잘 산다는 것이 무엇일까.

일본도 아직 시스템 상으로나 시설 차원에서 완벽한 이상 상태에 다다랐다고 할 수는 없으나 그 부족한 부분을 사람들이 채워간다. 이 사람들의 이른바 '다테마에[建前]'인지는 몰라도 대개는 장애인 앞에서 그렇게 친절하고 부드러울 수가 없다. 물론 일본 싫어하고 비난해야 할 일이 많지만, 이런 건 우선 좀 배워야 할 것 같다. 이것이 기본이다.

인권 박물관, 리버티 오사카

내 책의 출판기념회를 위해 떠난 여행 중에 잠시 짬을 내어 의미 있는 곳을 먼저 다녀왔다. 오사카에 있는 '인권박물관人權博物館, human rights museum' 이다. 이곳을 보통은 '리버티 오사카リバティ-おおさか'라고도 부른다. 차별 받는 소수자들의 역사, 그 정체성, 증언, 그들에 대한 이해, 지향점들을 소박하게 그러나 진지하고 애정 있게 정리해 놓은 명소이다. 이 지역의 역사 안에서 함께 숨결을 나눈 소수자들에게 주의 깊은 관심을 기울였다는 것만으로도 의의가 깊다. 그 주제는 역시 '함께 사는 세상'이다. '재일한국인', 일본의 천민계급인 '부라쿠민', '장애인', 일본의 원주민인 '아이누アイヌ', '오키나와'인, '성性 소수자'들…. 그 대상 항목은 대개 예상 가능한 테마였지만 보는 이들의 사고 지평을 넓히고자 정성을 다한 노력이 잘 느껴졌다.

토요일 오전 내내 이곳에 머물며 나는 생각했다. 역사 안에서 쉽게 떠오르는 문제는 '소수'의 '다수'에 대한 핍박과 압제의 문제였다. 소수의 권력을 가진 자, 부를 독식한자, 지식을 독점한 자 그리고 전통적으로 종교 권위를 장악한 고위 성직자 계급의 '다수'에 대한 지배와 착취는 가장 고전적인 역사 문제이고, 그것은 지금도 지역에 따라 다를지언정 여전히 해결되지 못한 과제일 수밖에 없다. 대개 이를 해결하는 격렬한 방법은 혁명이다. 특히 민중혁명은 다수의 민중이 의식화되어 소수 지배자에게 항거하고 그 흐름을 역류시키는 것이다. 인류 역사상 여러 번의 민중혁명이 있었고 그것은 다수에게 선택의 추[樞]가 넘어가는 과정이기도 했다. 그러한 혁명의 한 절정이 사회주의혁명이었다. 그러나 혁명은 또 다른 힘을 지닌 소수를 반복적으로 생산하는 프로세스로 전락하고 말았다. 이를 원만히 극복하는 방법으로 창출된 고전적이고, 안정적인 명제가 민주주의이다. 민주주의는 다수결을 바탕으로 한다. 적어도 이 방법은 다수가 투표나 의사표현의 방법을 통해, 권력에 실효성 있게 대항할 수 있는 가치적이고 제도적인 장치이다. 이는 소수의 다수 지배를 제도적으로 부정하고 거역할 수 있다는 기본 방식이고, 지금도 그 가치를 향해 투쟁하는 지역이 곳곳에 있다. 곧 '민주화운동'의 과정에 있는 지역을 의미한다. 이는 '위'와 '아래'라고 하는 종적 갈등 현상에 대한 역사적 반응이고 그 해결책이다.

그러나 인간 사회에는 더욱 집요하고 처절한 절망이 있다. 사회 안의 같은 선상 위에, 즉 횡적 관계에 함께 존재하면서 진행되는 '소수에 대한 다수의 폭압'이다. 인종적, 역사 문화적, 직업적, 신체 조건적, 지역적 문제 등으로 정당한 대우를 받을 수 없는 그들 소수자, 변방의 사람들 곧 마이너리티들은 폭압적 차별을 견뎌오지 않으면 안 되었다. 소수자의 지배에서 겪는 압제가 갈등의 몇몇 접점에서 이루어지는 압제라고 한다면, 차별적인 다수가 행하는 횡적 폭압은 일상적이며 지속적이다. 이를 해결하는 방법도 혁명과 같은 급전[急轉]의 방법은 거의 불가능하다. 오직 다수자의 인식 전환을 가져올 수 있는 끊임없고 점진적인 노력만이 어느 정도의 성과를 기대할 수 있을 뿐이다. 물론 법적으로 기본적인 차별금지를 방지하는 기초적 조치는 항상 필요하다.

나는 이 다수가 소수에게 행하는 차별을 극복하는 두 가지 이론을 항상 생각하고 있다. 그 첫째는 '만인동일차별론萬人同一差別論'이며, 둘째는, 함께 사는 실천 방법론인 '핸디론handicap theory'이다. 인간의 역사와 사회에 존재하는 종적 체계로서 소수의 다수 지배와 횡적 체계로서 다수의 소수 차별은 꼭 종횡 선의 십자가처럼 역사적 고난의 상징체계이다. 십자가는 그토록 처절하다.

원전 사고와 방사능 문제

한국의 일부 '인터넷 여론'에서 단기 여행도 절대로 가서는 안 되는 곳이 일본이라는 말이 퍼지고 있는 판에 도쿄에 사는 내가 이 문제에 대해 이야기하는 것이 합당한지 잘 모르겠다. 가까운 후배이자 페이스북 친구 중에 일본 원전사고 이후에 대한 미디어의 보도, 학술 정보 등을 지속적으로 제공하고 이에 대한 정부 부문의 실책, 민간의 대안적 움직임에 대해 SNS 상에서 소통을 소임으로 하는 이가 있다. 정말 고맙게 생각하며, 주위에도 그 내용을 소개하고 있다. 그리고 그러한 각성이 일본이든, 한국이든, 세계인들의 원자력 문제 인식에 도움이 되기를 바란다.

한편 사실 여부를 떠나 극단적인 내용의 논지도 SNS 상에서 한국발로 자주 등장한다. 그 내용은 한 마디로 일본은 완전히 망하고 다 끝났다는 것이다. 일본 국토의 거의 전체, 그곳에 사는 대부분의 사람들은 내외부적으로 완전히 피폭되었고, 이를 심각하게 인식하는 능력 있는 일본인들은 모두 일본을 영원히 떠나고 있다는 내용이다. 한국인들은 단기 여행이라도 일본에 가면 절대로 안 되고, 일본에서 생산된 모든 것은 지극히 위험하니 먹지도, 만지지도 말라는 것이다.

일본에 사는 나는 물론, 여기 사는 일본의 보통사람 모두가 원전사고의 뒷수습, 다시는 일어나지 말아야 할 원전사고의 재발방지에 왜 관심이 없겠는가. 더욱 적극적으로 탈핵, 반핵의 길로 가야 함은 당연지사이다. 그런데 일본이 방사능으로 완전히 망하고 다 끝난다면 지척의 한국은 어떻게 되겠는가. 일본여행 절대 하지 않고, 일본을 쳐다보지도 않는 것으로 과연 무얼 해결할 것인가. 일본이 그렇다면 현재 한국에서 무리하게 돌아가고 있는 낡은 원전, 새롭게 건설하고자 하는 원전 문제는 어쩔 것인가. 외국에 원전을 팔고 그 조건으로 감당하기로 되어 있다는 핵폐기물은 어떻게 할 것인가. 과연 한국은 방사능에서 자유로운가. 그리고 그 이웃 중국의 상황은 또한 어떤가.

현재 일본이 3.11 대지진, 후쿠시마 원전사고 이후 최일선의 방사능 위험지역이라는 것은 사실이다. 이 문제는 일본만이 아니라 전 세계, 특히 이웃나라 모두가 힘을 합쳐 극복해 나가야 할 과제임에 분명하다. 어느 특정한 한 나라, 민족, 지역의 문제가 결코 아니기 때문이다.

나는 정치적으로, 이념적으로, 혹은 역사적인 인식과 기억으로서의 민족주의는 인정한다. 그리고 특별히 역사적인 피해를 가혹하게 입은 민족으로서의 상처와, 더더구나 역사적 반성이 없는 가해자에 대한 응분의 비판과 경고는 내 스스로도 적극적으로 하고 있다.

그러나 내가 꼭 강조하고 싶은 것은 인간 생명의 존중, 지구 자연환경 보전, 전쟁 반대와 평화, 소수 약자들의 인권, 정의 등등의 지고한 기본 가치에서는 '민족주의'가 없다는 것이다. 이 같은 인간의 근본 가치에 종교나 이데올로기, 인종이나 성별 더구나 민족 구분을 이입한다면 그건 돌이킬 수 없는 또 다른 증오와 갈등의 역사를 만드는 일이다. 다른 일이지만, 나는 지금 팔레스타인에서 벌어지고 있는 이스라엘의 학살행위를 결코 용납할 수 없고 적극적으로 비판한다. 거기에는 유대 민족주의도, 아랍과 이스라엘의 인종, 종교 문제도 결코 명분도, 의미도, 전제도 되어서는 안 된다는 입장인 것과 같은 맥락이다.

일본의 방사능이 정말 염려된다면 함께 걱정하고 함께 극복해낼 수 있는 지혜를 모아야 한다. 역사와 민족 문제는 준엄하게 별도로 이야기한다 하더라도, 사회의 기층基層에서 자연재해와 인재人災의 최대 희생자가 될 수밖에 없는 수많은 약자들의 고난을 다 같이 염려해나가야 하지 않을까 생각한다. 같이 견디고, 이기고, 함께 살아나가지 않는다면 역사적 책임도, 화해도, 새로운 미래도 의미가 없을 것이다.

오늘도 나는 일본 슈퍼마켓에서 '국내산'이라고 표시된 쌀을 사서 일본의 물로 밥을 짓고, 일본의 바다 어딘가에서 잡았을 생선으로 반찬을 해 아침을 먹었다. 그리고 방사능이 가득히 깔려 있다는 도쿄의 길을 달려 출근하고, 일본산 차를 마시며, 온 힘을 다해 일본의 대학생들에게 한국과 아시아에 대한 일본의 역사적 책임을 소리 높여 강조할 것이다. 그러나 방사능으로 일본이 완전히 망하고 그 결과 한국이 행복해지는 일은 결코 일어나지 않는다는 것 역시 나는 잘 안다.

내 친구들은 내가 이곳에 있어서 그런지 예전보다 더 자주 일본여행을 오는 편인데, 이를 말려야 하는지 말아야 하는지 모르겠다.

3.11 동일본 대지진과 그 후유증

나는 일본의 대학 강의실이나 강연에서 가끔 일본의 현대사를 3.11 이전과 이후로 나누어 보는 역사인식이 필요하다고 강조한다. 또한 이와 비교해 미국의 최근 현대사를 9.11 사건 이전과 이후로 보는 인식과도 연결해서 생각한다. 이른바 초超 현대문명을 건설하고 향유한 두 나라에서 발생한 공교롭게도 같은 '11 사건'은 우리가 지구 차원의 현대사를 깊이 사유해야 함을 알려주는 중요한 단초이다. 미국의 사건이 더욱 정치적, 국제적, 인문적, 인위적 재앙이라면 일본의 것은 거기에 비해 자연적, 불가항력적 재앙이었다고 할 수 있다. 그러나 3.11 대지진은 후쿠시마 원자력발전소 사고로 이어지면서 이 또한 인간의 문제 이른바 인재로서의 성격이 드러나기도 했다.

3.11을 맞는 일본 국가사회의 시각, 입장, 인식을 내 나름으로 살펴보면 우선 실망스럽다. 물론 아직도 그 고난을 고스란히 뒤집어쓰고 자연과 역사의 희생자로 살아가는 수많은 일본인들에 대해서는 깊은 공감과 연민을 더하지 않을 수 없다. 그리고 어떻게든 이를 빨리 극복하여 슬픔과 고난을 딛고 일어서려는 피해지역과 관련 민관民官 단체들

의 노력에도 경의와 지지를 보낸다. 그렇지만 내가 일본의 최근 현대사를 3.11 이전과 이후로 보아야 한다고 강조한 역사인식의 주제는 독단, 독선, 자존, 선두先頭 의식으로부터 연대, 협력, 개방, 상호공존, 평화의 가치로 일본 전체를 전환하는 노력의 기점을 의미한다. 물론 미국의 경우도 같은 맥락으로서 9.11 전환점을 강조한 바 있으나, 그 역시 형편없을 정도로 실망스러웠던 점은 다르지 않다. 9.11 이후의 미국은 오히려 더 폐쇄적이고 자기 보호적이며 보기에 따라서는 국제사회에서 더욱 자국이익 중심의 노선에 선 것으로 보인다. 그것은 그런 큰 사건 앞에서 쉽게 드러나기 쉬운 피해의식의 집단 발로일 수 있다. 그러나 역사를 대승적으로 극복하고, 진전된 세계를 위한 책임을 수행하기 위해서는 더욱 열린 자세가 필요하지 않았을까. 테러에 대한 보복과 방지도 중요하지만 그러한 테러의 배경과 더욱 근원적인 문제에 주목해야 하지 않을까 하는 생각이다.

일본의 3.11은 경우가 좀 다르긴 하지만, 이를 역사적인 전환점으로 사고하려는 적극적인 분위기는 여전히 유약幼弱하고, 오히려 역행의 측면도 보인다. 내가 바라는 일본 국가사회의 역할은 3.11 이후 일본의 미래를 3.11 이전 또는 그보다 더 이전의 강한 일본으로 하루 속히 돌려놓는 것이 아니라 전혀 새로운 일본, 열린 일본, 주변의 여러 아시아 국가 및 세계와 공존하고 병진하며 함께 번영을 나누는 평화로운 새로운 일본이다. 이러한 바람이 쉬 이루어지지는 않을 것이라는 어두운 예상 중에도 나는 아직 모든 것을 실망하고 포기하기에는 이르다고 생각한다. 구체적으로 수난 중의 민중이 좀 더 나은 상황으로 속히 생활의 질을 회복하는 일은 누구나 바라는 일이다. 그리고 아직도 수많은 위험에 노출되어 있는 원자력 발전소를 온 지혜를 모아 속히 해결해야 할 것이다. 그래서 일본은 물론 주변국과 세계에 신뢰를 더해 야 할 것이다. 구체적으로 이제는 일본이 앞장서서 '탈핵'을 천명하고 솔선해야 한다. 핵은 결코 안전하지 않고, 인류가 추구하지 말았어야 할 것이었음을, 일본이 희생적으로 체험한 역사적 사실들을 귀감 삼아 '탈핵'의 새로운 발걸음을 선도하지 않으면 안 될 것이다. 이러한 움직임이 곧바로 강력하게 실행되지 않는 것이 바로 3.11 이후 일본에서 가장 실망스러운 부분이다.

역사를 보면 위기를 맞은 사회가 보수적 경향을 견지하는 것을 자주 발견한다. 그러나 그것은 역사의 위기를 적극적으로 극복하는 자세가 결코 아니다. 이런 맥락에서 3.11 이후 더욱 강화되어 온 일본의 우경화 경향을 이해 못 할 바는 아니지만, 이는 결코 새로운 일본의 미래에 보탬을 주는 것이 아님 역시 강조하지 않을 수 없다. 물론 아직 일본의 현대사가 어느 방향으로 전개될지 확정하기에는 이른 시간이지만 모든 가능성을 열어두지 않으면 안 될 시점이다.

그런데 여기서 한 가지 덧붙이고 싶은 생각은 3.11의 재앙을 살아가고 있는 일본에 대한 고국의 일부 여론이다. 혹시 일본이 망했으면 하는, 역사의 뒤편으로 아주 사라져 버렸으면 하는, 원자력 사고도 되도록이면 재기불능의 상태로 악화되었으면 하는, 일본과 교류를 끊고 일본여행이나 유학도 금하며, 멀리서 조롱하고 고소해 하는 유아적 발상과 표현들을 질책하고자 한다. 일본의 위험과 위기를 알리고, 염려하며, 어떤 방법으로든 도움을 주고 그 개선을 토론하는 것은 필요할지 모르지만 그토록 소아적이며 보복적인 언사[言事]와 사고전개는 역사문제에서 일본에 대한 준엄한 우리의 지적을 오히려 약화시키거나 의의가 없게 만드는 태도가 아닐 수 없다. 이는 3.1 독립선언서, "日本의 無信을 罪하려 안이 하노라…. 日本의 少義함을 責하려 안이 하노라… 他의 怨尤를 暇치 못하노라. …宿昔의 懲辨을 暇치 못하노라. …決코 他의 破壞에 在치 안이 하도다"의 정신에도 한참 못 미치는 소의가 아닐 수 없다.

일본은 분명, 3.11 이후의 역사를 새로 써나가지 않으면 안 된다. 9.11 이후의 역사를 새롭게 정립하지 못한 미국의 실패를 거울삼아야 한다. 다만 새로운 일본 현대사의 전개에 한국과 중국은 더욱 성숙한 태도와 대승적 협력의 모범을 보여야 한다. 3.11은 일본에서 8.15(종전) 이상의 역사적 의의가 있는 전환점임을 일본의 국가사회는 통절히 자각해야 한다.

다시 강조하지만, 3.11은 일본의 현재를 읽는 중요한 숫자이다. 모든 것이 원상회복된 듯한 모습이지만, 사실 찬찬히 이 사회 안을 들여다보면 그렇지가 않다. 한동안 여러 분야에서 모든 화제의 중심에 있던 '동일본대지진'의 그날이 이제는 언급을 금기시하는 듯한 느낌을 받는다. 그렇게 열심히 재건과 복구 의지를 외치며 현장을 다루던 매스컴도 조용해졌다. 정부와 자치단체의 움직임도 이젠 낱낱이 보도하지 않는다. 역사의 망각작용인가…. 재해 현장과 연계된 각 대학과 시민단체의 봉사활동만이 어느 정도 지속성을 보이며 움직일 뿐이다. 사회 분위기, 일상의 분위기도 겉으로만 보면 3.11 이전의 일본 상황으로 어느 정도 회복되어 있는 것 같아 보인다.

그러나 나는 이 일본 사회의 기저에 3.11 콤플렉스가 아직도 깊은 상처로 각인되어 있음을 예민하게 감지한다. 이것은 일본이 안고 있는 원초적인 문제로, 여기에는 아주 깊은 심연의 좌절이 있다. 그동안 나는 일본의 친구들에게 한 가지 부러움이 있었다. 겉으로 그렇게 겸손하고 심지어는 소심해 보이기까지 하는 그들에게 항상 스며 있던 커다란 자신감이다. 역사적 과정을 논의하면서도, 언제나 역사를 다시 세울 수 있으리라는 의지 같은 것도 찾을 수 있었다. 때로 일본의 역사적 과오를 말할 때에도 그 고백과 죄책을 넘어 언제든지 바르게 다시 설 수 있다는 일말의 자존감을 느끼기도 했다. 그것은 좌우 이데올로기의 구분을 불문하고 있는 일본의 자존심이다. 그래서 나는 일본이 역사적 청산을 좀 더 확실하게 못 하는 것도 그들에게 깔려 있는 일종의 이 자존심, 자신감 때문이 아닌가 생각했다.

3.11은 자연재해이다. 일본의 역사, 사회, 문화, 종교마저도 감히 어찌할 수 없는 불가항력적인 자연의 힘이 그 안에 깔려 있다. 물론 '원자력 사고'와 같은 것은 일부분 정책적, 정치적 결단과 관련된 일련의 '인재'라고 볼 수도 있으나, 그 또한 선택의 폭은 그렇게 넓지 않다. 3.11은 일본의 좌절이다. 가장 불리한 극한의 경험을 금세기에 처절히 체험한 것이다. 그리고 이제 또한 도쿄 주변 지역의 직하대지진의 가능성을 되뇌면서, 처음으로 일본이 '안 되는 것'을 이야기하였다. 그리고 그 좌절을 이기는 방식으로 이제 다시 3.11에 대해 침묵하기 시작한다. 거기에는 '극복의 침묵'이 아닌 '좌절의 침묵'이 있다.

나는 일본의 친구들에게 말한다. 그것이 불가항력의 것이라 해도 거듭 말하고 직시해야 한다고…. '잘 안 된 것'은 '더 갖추어 잘 하면 되는 것'이 아니라 '완전히 다시 해야 한다'는 방향으로 기운을 모아야 할 것이다. 그들이 그동안 역사를 항상 '조금 더'로 보아 왔다면 이제는 '완전히 새로운', '전혀 달리', '무에서 유'라는 결단의 사고를 행하는 시점으로서만 3.11은 의미가 있다. 그래서 내게 일본의 3.11은 자연변화의 기점이 아니라 역사변화의 한 기점으로 보인다. 그것을 가까운 친구들에게 지속적으로 말하고 있다. 그런데 언제부터인가 그들은 3.11을 더 이상 말하려 하지 않고, 그것도 좀 더 잘했으면 잘 되었을 일이라고 생각하는 듯하다. 친구로서 염려하지 않을 수 없다. 3.11은 일본의 '전적 전환을 요구하는 새로운 기점'이다. 이를 종교적 단상으로 바꾸어보면, 일본의 늘상 있는 그런 종교적 패러다임으로는 답이 없다. 전적으로 전환이 가능한 '종말론적 응답'이 필요하다.

둘

캠퍼스에서

바이러스가 앗아간 캠퍼스

—온라인 대학 교수가 된 요즈음

언제까지일지 모르지만 현재의 나는 일본 메이지가쿠인 '온라인' 대학 교수이다. 캠퍼스도, 학생들의 숨결도, 그들의 환한 얼굴과 생기 있는 재잘거림도 접할 수 없는 교수이다. 매일 노트북과 태블릿PC 앞에서 리포트를 읽고 코멘트 하며 질문에 응답한다. 그리고 영상 라이브로 학생들을 불러 모으거나 유튜브로 강의도 한다. 그러나 거기에는 싱그러운 봄 학기의 5월 신록도, 바람소리도, 햇살에 빛나는 캠퍼스의 향기로운 라일락 냄새도 없다. 배경 없는 그림과 바탕이 없는 존재란 허무하기 이를 데 없다. 나 스스로도, 잡동사니로 둘러싸인 캠퍼스의 독립국 그 작은 영토에 머물러 있을 때 진정 자유로운 사고 주권을 지닌 교수가 될 수 있을 뿐이다.

내 인문학적 깨우침에는 공간이 지닌 잠재적 교육 작용, 간접 소통 구조를 누구보다 높이 치는 방향성이 있다. 나는 대학 자체는 물론 그 교정校庭과 주변의 대학가까지 하나가 되어 잠재적 교육을 담당한다고 믿는다. 그래서 한국의 모교에 재직할 때도 캠퍼스와 신촌의 거리가 나를 가르쳤고 나와 함께 내 제자들을 교육하고 있다고 믿고, 그렇게 말해왔다.

나는 고교 시절부터 대학 캠퍼스를 주 무대로 생활했다. 이화대학교 사범대학 부속고등학교가 내 모교이다. 고등학교의 교실과 교정이 이대 캠퍼스에 연이어 있을 뿐 아니라 매주 채플은 이대 대강당에서 진행했고, 학교의 백일장, 사생대회, 음악회와 연중 가장 큰 행사인 유엔데이의 모의올림픽 등등 크고 작은 행사는 거의 다 이대 캠퍼스에서 했다. 여름에 열흘 가까이 실시하던 해양캠핑도 충남 서천의 비인에 있던 이화대학의 하계캠핑 시설을 이용했다.

그밖에도 당시에는 어느 정도 금남의 구역으로 여기던 이대 캠퍼스에 고교 남학생들이 자유롭게 활보할 수 있다는 으쓱함에 별다른 용무 없이도 친구들과 이대 캠퍼스에서 많은 시간을 보냈다. 이대 캠퍼스는 그 내용은 불문하고 사춘기의 내게 많은 잠재적 가르침을 주었다. 모교인 연세대에 진학한 이후에는 누구보다 오랜 시간을 캠퍼스에서 보냈다. 강의를 듣는 시간은 그중의 일부였다. 도서관에도 열심히 갔으나 솔직히 그곳에만 파묻혀 있던 열혈 학구파는 아니었다. 서클 활동, 데모, 아르바이트, 친구들과 사사로운 놀이 심지어 연애마저 전부 캠퍼스와 신촌의 거리가 무대였다. 캠퍼스와 그 주변은 나를 기르고 가르치는 공간 그 자체였다. 그 시절의 캠퍼스와 신촌 거리의 빛깔, 바람과 냄새, 계절마다 다른 공기의 온습도를 나는 지금도 몸으로 기억한다.

그 시절 그곳의 음악소리, 눈에 잔영으로 남아 있는 풍광, 먹고 마신 모든 것들의 맛과 내음 그리고 마주 앉았던 친구들의 목소리와 분위기, 목청을 높였던 토론의 어젠다도 거의 대부분 기억한다. 이런 습성은 유학시절도 마찬가지였다. 일본 교토의 도시샤대학 캠퍼스와 교토의 거리거리, 낡았지만 고상한 분위기와 냄새, 독특한 정경은 그대로 내 생각과 사유의 바탕으로 흘러들었다.

한국으로 돌아가 시간강사와 연구 기간을 거쳐 모교의 전임교수가 되었다. 전임교수로서 신분과 수입의 안정성, 제자들을 기르는 기쁜 보람으로 가득했을 때 철이 없는 내게 또 다른 기쁨이 하나 더 있었으니 바로 연구실이다.

처음 모교에 부임했을 때 내 연구실은 연대 신촌 캠퍼스의 고색창연한 역사적 건물 중 한 곳인 아펜젤러관 한가운데 창가의 연구실이었다. 햇살 따사롭고 대학의 숨결이 가득 밀려드는 작은 영토였다. 그곳에서 부지런히 논문과 책을 쓰고 강의 준비를 했다. 당시 나는 하루 24시간 중 반 이상을 연구실에 머물렀다.

한국과 일본에서 대학 교수로 재직하면서 국내외의 학회와 컨퍼런스에 많이 참여했다. 특히 내 전공이 역사 관련이어서 다른 전문분야에 비해 답사나 필드워크가 많은 편이다. 대부분의 학회나 컨퍼런스 장소는 대학 캠퍼스이다. 혹 그렇지 않더라도 나는 어느 나라 어느 낯선 도시를 방문하면 다른 목적지에 앞서 대학 캠퍼스 투어를 꼭 했다. 어림잡아도 고국에서는 서울과 지방을 불문하고 100곳 이상의 캠퍼스를 방문했던 것 같다. 일본에서도 특별한 용무, 소속 학회의 순회 개최, 필드워크, 강연 초청 등등으로 50곳 이상의 국공립과 사립 대학 캠퍼스를 방문했다. 그리고 십 수 년 전에는 연구 프로젝트의 일환으로 두 차례에 걸쳐 미국의 이른바 아이비리그 대학 대부분과 전통 있는 대학, 캐나다의 유명 대학 등등을 순례하기도 했다. 그밖에도 중국의 남북 지역 여러 도시들과 홍콩, 타이완, 동남아시아 등등에 나갈 때도 그 도시의 대표적인 대학 캠퍼스는 필수적으로 방문했다. 이를 나는 직업병이요, 캠퍼스 중독이라고도 말했다. 캠퍼스는 그 자체로 놀라운 교육과 연구 작용을 한다는 것이 내 생각이고 신념인 까닭이다.

일본의 코비드19 긴급조치 발령으로 일시적이나마 캠퍼스의 영토를 잃어버린 허전함에 되돌아보고 쓴 소회이다.

비대면 시대 '리버럴 아츠' 교육

오늘 오후 내내 영상회의를 했다. 우리 학부의 강의 부문 관련과목 담당자 회의로 전임교수는 물론 다른 비상근 강사 선생님들까지 다 참여하는 회의이다. 한 번도 경험해보지 못한 비상한 상황에서 수강 학생들의 얼굴 한 번 직접 못 보고 진행한 봄 학기를 되돌아보며, 가을 학기를 준비하는 모임이다. 교수와 강사들의 경험들이 서로 공유되었다.

강의 전체를 줌이나 팀스를 이용해서 온라인 라이브로 하는 강의에서부터 완전히 강의자료 제시, 텍스트 읽히기, 리포트만으로 진행한 수업 등 다양한 방법들이 소개되었다. 대체적 결론은 이와 같은 온라인 수업의 결과가 우리가 처음 예상한 것보다는 높게 나타났다는 점이다. 학생들의 반응과 과제물, 대응 능력과 커뮤니케이션 모두에서 놀라울 정도의 반향 예들이 제시되었다. 새로운 시대, 새로운 방식에 적응하는 젊은 세대의 가능성에 나도 놀라고 있는 요즈음이다.

내 경우는 대부분의 수업이 인문학적 방식의 사고 진작을 위한 글읽기, 강의 자료인 파워포인트를 놓고 자습하며 자료 속 키워드를 찾아 스스로 조사, 검색, 관련 자료 읽기로 지식 정보 정리, 그 후 내 유튜브 강의를 세 시간 듣고 강의내용 요약정리와 자신의 의견·질문 정리, 그리고 마지막으로 학부생으로는 소화하기 버거울 수도 있는 본격적인 학술 논문을 읽고, 이해한 만큼 요약하고 스스로 코멘트하는 기말 리포트를 작성하는 방식으로 진행했다.

물론 소수 인원의 세미나식 수업은 영상 라이브 강의도 진행했다. 나 역시 지금 기말 리포트를 읽고 있는데 깜짝 놀라고 있다. 간단하게 이야기하면 별로 가르쳐준 것도 없는 듯한 학기인데 학생들의 리포트 수준은 매주 대면 강의할 때의 과제물을 훨씬 넘어서는 수준이라는 점이다. 분석컨대 스스로 생각하고, 조사하고, 성찰하는 능력이 확장된 것이 아닌가 싶다. 강의식 수업에서 타성적으로 교수의 설명을 듣던 때와 달리 스스로 생각하고, 학습의 주도권을 쥐지 않으면 과제를 해결하지 못할 것이라는 긴장감이 그들의 지적 유영游泳을 성장시킨 것이 아닌가 하는 생각이다. 학생 간의 차이는 있지만 다른 교수들의 경우에도 대체로 비슷하게 나타난 결과인 것 같다. 여전히 온라인 수업이 지닌 문제점이 없는 것은 아니나 이 위기의 시대는 우리에게 교육과 학습, 지식과 가치 전달의 방식에서 새로운 도전을 새롭게 보여주고 있다.

오늘도 나는 평소의 지론을 폈다. 인문학 교육, 리버럴 아츠의 진작이란 무엇보다도 많이 읽고 쓰게 하는 데에 단순 명쾌한 승부처가 있다고. 결국 온라인 수업 시대, 내 경우만 예를 들어도 평소 학기의 서너 배 이상의 글을 읽고 그 서너 배 이상의 아카데믹 에세이를 쓰는 셈이 되었다. 이 시대가 지나더라도 좋은 점은 좋은 점대로 살려 나가야 할 것이라는 결론이다.

그러나 여전히 대학의 공간적 장소가 제공하는 잠재적 교육 작용의 부재는 큰 상실이다. 우리 대학에 입학한 신입생들 가운데 아직 정식으로 학교에 등교해보지 않은 학생들이 부지기수이다. 그들은 자신의 대학이 지닌 역사와 향기를 지금으로서는 도무지 알 길이 없다.

권위 혹은 가치에 대한 생각

파시즘 절정기의 일본 종교 상황을 강의하면서 본질적 권위보다 더 위에 편재되었던 시대적 권위에 대한 복종의 문제를 논의했다. "예수가 높으냐, 천황이 높으냐." 참으로 유치한 질문이 당시 '천황제 이데올로기' 강제 상황의 명제命題였다. 이런 질문이 도대체 가능한 일인가 하는 의문으로 우리는 지금 그 시대를 비판하고 있다. 역사, 특히 종교나 사상의 역사는 끊임없이 새로운 권위를 창출해 왔다. 본질적인 권위가 존재함에도 끊임없이 새로운 권위를 만들어 대비하고자 하는 흐름이다. 간단하게 말하면, 국가주의적 그리스도교란 국가가 그리스도보다 현실적으로 우위에 있는 그리스도교일지도 모른다. 민족주의적 그리스도교란 민족이, 주체주의적 그리스도교란 주체사상이 새로운 권위가 되어 본질적 권위를 제압하는 흐름이다.

역사는 참으로 어색하고도 옹색한 실존이어서 작은 가치가 큰 가치를, 특수한 가치가 보편 가치를 항상 제한하고 수식修飾하는 것을 통해 구체적으로 존재한다고 생각한다. 역사에서는 '한국 그리스도교'나 '일본 그리스도교' 혹은 '미국 그리스도교'가 존재했거나 존재하고 있을지라도 그리스도교 자체는 한 번도 실재한 적이 없다는 의미이다. 한국이나 일본보다 훨씬 더 보편 가치인 그리스도교는 그보다 특수하고 제한적 가치인 한국, 일본 등으로 수식하거나 제한하지 않고는 실제로 존재할 수 없다는 것이 나의 종교사적 이해이다.

이러한 현상, 즉 특수한 가치와 범주가 보편적 범위와 개념을 제한하는 것은 일단 쉽게 이해할 수 있다. 콘텍스트context, 환경, 시대적 이데올로기 등등이 역사를 구성하는 바탕이라는 의미이다.

일시적 가치는 항상 본질적 가치를 되돌아보며 거기에 얼마나 저촉되었는지를 판단하는 것으로 그 정체성을 확인해 나간다. 또한 본질적 가치는 특수한 가치가 끊임없는 도전을 함에도 불구하고 그 자리에 그대로 있을 수 있는 것이다. 특수한 가치란 일시적이고 도상적途上的 가치인 까닭이다. 이렇듯 그 가치, 권위들 간의 역동적인 관계만 잘 설정되어 있다면 그들이 동시에 존재하는 역사 이해는 충분히 가능하다.

구체적으로 학생들과 대화중에 이단異端 문제가 등장했다. 예를 들면 그리스도교에서 이단의 기준이 어디에 있느냐는 질문이다. 사실 이를 신학적으로, 교리적으로 따지고 들면 간단하게 정리하고 넘어가기 어려운 주제이지만 할 수 없이 평소의 내 기준대로 정리해 주었다. 그리스도교에서라면, 예수보다 더 귀한 것이 그 해당 공동체에 공감대적으로 존재하는지 아닌지 판별하면 된다고 설명했다. 가치의 근거나 권위의 본체를 통해 판별하는 이단준거異端準據이다. 자주 거론하는 그리스도교 이단 집단을 들여다보면, 그들이 공개적으로 말하든 않든 그들에게는 이미 예수 그리스도보다 더 귀한 무엇이 존재하고 있음을 발견할 수 있다.

나는 개인적으로 탈권위주의를 좋아한다. 특히 지나친 정치적 카리스마나 권력 지향의 권위주의는 철저히 배격하고 싶어한다. 관습적, 답습적 혹은 형식적 권위주의 등은 모두 창조적 사고와 밝은 변화, 미래를 향한 진취적 행위를 제한하는 고루한 형틀로 생각한다. 그렇다고 모든 권위, 본질 가치를 수반한 권위 모두를 거부한다고 가르치지는 않는다.

한 종교의 가르침을 이어갈 수 있는 최소한의 본질적 권위, 즉 앞서 예로 든 바와 같이 그리스도교에서는 그리스도의 권위, 불교라면 부처의 근본 가르침 같은 것이다. 그것이 이데올로기, 예를 들어 사회주의라면 적어도 집중된 부와 자본의 만능이 아닌 다수 대중과 공유하는 분배가치 같은 것이다. 그리고 민주주의라고 한다면 역시 민의, 하늘의 뜻에도 비유되는 다수 민중의 의견이 존중되고 반영되는 가치와 제도일 것이다. 그리고 또 하나, 결코 양보할 수 없는 나의 본질적 권위와 가치가 있다. 작고 미미해 보이지만 우주의 권위와도 같은 한 인간의 '인권人權'이다. 앞서 말한 그 어떤 대단한 권위도, 종교도, 이데올로기도 한 인간의 기본 인권을 무시하거나 짓밟는다면 그것은 그 어떤 정당성도 부여받지 못할 것이다. 내가 지금까지 생각해 온 바에 따르면 어떤 인간도, 어떤 집단이나 공동체도 혹은 사상공동체나 국가사회도 한 인간의 생명, 인간다운 존엄성을 유린할 자격과 명분은 없다. 그렇게 할 수 있는 권한도 이유도 있을 수 없다. 정치도, 사회적 공감대도, 경제적 목표도 그리고 제일 염려하는 바로 그 어떤 종교적 가치마저도 한 인간의 가장 기본적인 인권을 하늘처럼 여기지 않는다면, 공허한 공론에 지나지 않을 것이다. 국가의 이름으로도, 사회 공익의 이름으로도, 다수의 편의便宜와 사회적 효율 혹은 경제적 효용과 지표상의 성장을 이유로도, 그 어떤 신의神意의 이름으로도 가장 미약하고 가장자리로 떠밀린 한 인간의 소외된 존재의 절규를 외면한다면, 그것은 출발부터 어떤 의의도 지닌 것이 아니리라. 인간의 기본 권리가 가장 큰 권위이며 가치이다.

성적처리의 어려움

교수들은 제일 힘든 일 가운데 하나가 성적成績 내는 일이라고 하면 대개 공감한다. 특히 한국에서 힘들었던 것은 학부 성적 평가가 대개 '상대평가'라는 점이었다. 다들 잘했고 다들 열심히 했는데 그것을 규정에 따라 A는 30%, B는 35% 등으로 기계적으로 정해야 했다. 왜 그렇게 하지 않으면 안 되는지도 행정을 맡아 본 적이 있는 나는 잘 안다. 참으로 어려운 일이 아닐 수 없었다. 때로는 다 좋은 점수를 주어야 할 때가 있고 때로는 그 반대의 경우도 있으니 말이다.

2008년 연세대 재직 당시 연구년으로 지금의 우리 대학에 초빙교수로 와 1년 간 가르쳤을 때에도 경험했지만, 일본에서는 대학에 따라 조금씩 차이는 있어도 거의 대부분이 절대평가 원칙을 유지한다. 그야말로 내게 딱 맞는 스타일이다. 심지어 동료 교수 한 분은 이렇게도 말했다. "우리 대학은 성적평가에서만큼은 교수가 거의 '덴노天皇'입니다." 그런데 막상 성적내기에 들어가니 그렇게 좋다던 절대평가가 생각보다 쉽지가 않았다. 이 녀석은 이래서 잘 했고, 저 녀석은 저래서 잘 했고 도대체 내 눈에는 다 '슈퍼 A'이다. 마음을 야무지게 다잡아먹고 나름 단단한 기준에 따라 되도록 짜게 점수를 주리라 다짐했다. 그러나 이게 그렇게 마음처럼 되지 않았다. 리포트를 촘촘히 써넣느라 밤을 새웠을 녀석들의 얼굴, 두 눈을 반짝이며 내 강의를 듣던 녀석들의 눈망울이 떠오르는 것을 어쩌랴. 결국은 전체적으로 좀 후한 점수가 되고 말았다. 그러나 성실치 못한 결과를 낸 녀석들은 물론 가차 없다. 절대평가, 이거 만만하게 좋아할 것만은 아니다. 그렇지만 나는 여전히 '절대평가주의자'이다. 절대평가를 할 때 교수는 역시 교수다워지는 까닭이다.

성적 이야기를 하다 보니 문득 떠오르는 기억이 하나 있다. 연세대학 재직 시절이다. 한 청년이 연구실로 나를 찾아왔다. 자기는 지금 오랫동안 기도원에서 금식기도를 하고 내려오는 길이라고 했다. 그것이 사실인 듯 얼굴은 초췌하고 눈은 풀려 있었으나, 온 몸에서 열기가 확확 느껴지는 그야말로 '은혜'받은 청년임이 분명했다. 말하기를, 자신은 확실히 '계시啓示'를 받고 왔단다. 이 대학 대학원에서 꼭 서 아무개 교수 밑에서 지도를 받으며 공부를 하라는 확실한 '음성'을 들었다는 것이다. 그래서 곧 있을 대학원 입시에서 자신에게 최고 점수를 주어 합격시켜야 한다고 했다. 그것이 하느님의 뜻이라는 것이다. 난감했다. 그렇게 확고한 기도의 응답을 받고 왔다는데 말도 안 되는 소리하지 말고 나가라고 내칠 수는 없는 노릇이었다. 자칫하면 신앙 없는 신학자요, 하느님을 두려워할 줄 모르는 자라고 비난을 받을 수도 있는 터였다. 우선 어느 대학에서 무슨 전공으로 공부하고 졸업했느냐, 대학원에 오면 무엇을 공부하고 싶으냐고 면접하듯이 물었다. 그 청년은 그런 질문에 대해서는 대충 대답을 하는 둥 마는 둥 하면서 그런 것이

뭐 중요하냐는 투였다. '계시'를 받은 마당에 말이다. 그런데 그때 내게도 살짝 계시가 왔다. 그 청년을 돌려세울 수 있는 지혜의 계시였다. 그대를 대학원에 합격시켜서 더구나 내 제자로 삼아 지도해야 하는 것이 하느님의 뜻이라면, 그 계시가 내게도 와야 하지 않겠느냐고 물었다. 머뭇거리더니 그가 그렇다고 말했다. 바로 그거라고 했다. 그대에게 계시가 오듯이 내게도 같은 계시가 오면 두 말 않고 그대를 부를 터이니 돌아가서 기다리라고. 아직은 내게 그 계시가 오지 않았다고 했다. 청년은 천천히 일어나더니 알았노라고, 교수님이 어서 계시를 받기를 바란다며 내 방을 나갔다. 물론 그 이후에도 내게 그 계시는 오지 않았다. 내가 그 청년보다 신앙심이 모자라서인지는 모르겠다.

성적을 내면서 갑자기 떠오른 기억인데, 요즘도 한국 그리스도교는 대개 그 청년처럼 '기도'하고 그렇게 '계시'를 받고 있지는 않은지 반추해봐야 하지 않을까 싶다. 그 청년과 같은 그리스도교 신앙 양태를 하도 많이 봐와서 하는 말이다. A냐 B냐 하는 과목점수 정도라면 계시까지 받았다는데 까짓것 그렇게 해주고 싶은 심정이 들 수도 있겠다. 혹 내 강의 과목에도 벌써 점수를 '계시'받은 녀석이 있는 건 아닌지 모르겠다.

아무튼 마지막 수업 후 나오면서 학생들에게 이 말만큼은 해두었다. "성적이 궁금하니? 너희들 자신이 이미 자신의 공부한 수준은 다 알고 있지 않아? 스스로 자기 점수 내는 것이 가장 정확한 것 알지?"

아마 이 말을 들으면, 한국 연세대학의 학부과정에서 내게 공부했던 제자들 중에 스스로 자신의 리포트나 시험 답안지를 채점해서 제출했던 경험을 기억하는 친구들도 많을 것이다. 사실 그때 내 기억에는 학생들 스스로가 매긴 점수가 거의 틀림없었다. 다만 내가 너무 '직무유기'를 하는 것은 아닌가 싶어 미안했지만 말이다. 성적을 내는 것도 교수의 일이니 그것을 학생들에게 맡긴다면 봉급을 감해야 하는 일이 아닌가 싶다. 다음 학기나 내년에는 일본에서도 한 번 그렇게 해봐야겠다. 유쾌한 직무전가職務轉嫁.

언어에 대한 아마추어적 단상

지난 번 교토 강연 여행 중 도시샤대학의 선배 하라 마코토原誠 교수와 한담을 나눌 시간이 있었다. 우연히 한글과 일본어 표기 차이에 대한 이야기가 나왔고, 한국 한자교육의 변천에 대한 화제로 한참을 대화했다. 나는 어학이나 언어 전문가는 아니지만 일본어로 강의하고 토론하는 과정에서 언어와 의식구조, 사고의 전개에 대한 여러 가지 생각을 하고 있다. 상식적인 논의인지는 모르지만, 표의문자表意文字는 그림으로 형상과 개념을 표현하는 것으로서 미술에 해당한다. 표음문자表音文字는 소리로 개념과 사물을 표현하는 것으로 음악에 해당한다. '한글'과 '알파벳'과 일본어의 '가나'는 표음문자이며, '한자漢字'는 대표적인 표의문자이다. 형상으로 의미를 이해하는 표의문자가 인간의 사고를 더욱 촉진하고 자극할 수 있을까 아니면 음가를 내어서 그 소리기호의 언어로 의미를 표현하는 표음문자가 사유의 전개에 더 요긴할까.

여기에 대해서는 얼마든지 서로 다른 이론이 있을 수 있고 토론의 여지도 있다. 곧 음악과 미술의 예술적 가치와 그 작용의 우위를 논쟁하는 것과 같을 것이다. 나는 요즘 이 둘의 적절한 상호 자극이 대단히 중요하다고 생각하는 문자론에 서 있다. 이에 따르면 오직 소리로만 구성된 알파벳 문자권은 사고의 시각적인 측면의 경직성을 우려할 수 있다. 반면 지나치게 형상기호에 의존하는 한자 문자권은 소리의 조합에 의한 다양성을 논할 수 있는 청각적인 면의 증진을 약화시킬 수 있다. 이는 지나치게 단순화한 구분일지 모른다.

나는 일본어 문자생활을 하면서 우선 발음의 부족 특히 종성 곧 받침이 없는 발음 폭의 한계 등과 형용사의 단순함에는 답답함을 느낀다. 그러나 한편으로는 한자와 가나, 그것도 '히라가나'와 '가타가나'의 다양한 병용이 풍부한 편이어서 이를 적절히 섞으며 시각적 문자와 청각적 문자를 공통으로 동시에 사용하는, 풍부한 사고자극을 한층 더 경험한다. 즉 좋은 음악을 들으면서 그림을 그리고 있는 느낌이랄까.

일찍이 한국의 문자생활도 이 동시성이 완벽하게 갖추어질 수 있었다. 즉 철저한 표의문자 곧 미술적 문자생활에서 한글의 창조는 표음의 세계로서, 언어의 음악적 문자생활을 첨가하기에 이르렀다. 이는 세계관과 사고구조의 변혁이며 지평확장일지도 모른다. 만일 한국의 문자생활에서 한글과 한자의 적절한 병용 교육과 동시 사용을 추진한다면, 가장 훌륭한 고전음악을 들으며 최고의 명화名畵를 감상하는 조화가 일어날지도 모른다는 생각이다. 한글은 그대로 최고의 표음문자이고, 한자는 그대로 최고의 표의문자라고 확신하기 때문이다. 그런 면에서 지금 일본의 문자생활은 아주 적절한 사고조화의 한 모범이며, 한자 세계인 중국은 이른바 사성四聲 발음이라는 독특한 발음과 인토네이션으로 그 표음성을 보강하고 있는지도 모른다.

전공도 아닌 언어학 영역에 대한 참으로 아마추어적인 단상이다. 내가 제기한 주제와 차이가 있지만, 일본 학계에서 주목을 받은 노마 히데키野間秀樹 교수의 『ハングルの誕生한글의 탄생』(平凡親書, 2010, 2011년 한국어 번역판 간행)은 한글에 대한 깊은 이해를 잘 보여 준다.

말의 여운

요즘은 왠지 평생 써오던 논문 투의 글쓰기가 싫어진다. 무언가 딱딱하고 갑갑한 느낌이다. 문장의 전개가 논리적이고, 논지를 구성해 도출하고자 하는 결론으로 끌고 가려는 의도가 짙어서인 탓도 있다. 그러나 사실은 논문에서 사용하는 어휘 대부분이 말의 여운이나 음영이 서린 촉촉한 맛이 없어서 그렇지 않은가 싶다.

방금 전 페이스북 절친이자 한때는 모교에서 함께 재직하기도 한 K교수가 올린 글을 읽었다. 강연 차 가서 만난 대선배인 교육학계의 원로 L교수와 두 분이 오랜만에 주고받은 이야기이다. L교수는 내게도 같은 대학 대선배이며 잘 아는 사이인데 K교수와는 아마 고향인 경기도 양주의 시골 초등학교 선후배 사이이기도 한 모양이다. 다른 건 다 생략한다.

고능말, 윗가래비, 겨르매기, 턱골, 소사고개, 느르미고개… 경기도 양주 백석 초등학교 주변의 마을과 지명 이름들이다. 아, 얼마나 고즈넉하고, 따뜻하며, 가슴이 덩실한 이름들인가.

나도 길지는 않지만, 어린 시절 경험한 시골 생활 중 기억에 남는 지명과 마을 이름들이 머릿속을 스친다. 안골, 장다리, 넙적다리골, 귀신바위, 토끼바위…. 서울도 만만치 않다. 다들 알고 있는 모래내, 가재울은 기본이다. 여의도는 잉화섬이고 지금 우리 서울집이 있는 호박골, 포방터, 이웃의 새절 그밖에도 그 유명한 경기도의 두물머리… 아마 밤을 새워 헤아려야 할지 모른다. 최근에는 이런 옛 지명을 되살리려는 노력도 있다 하는데, 그래도 내게는 참으로 아쉬운 마음이 여전하다.

일본에서 일본어를 사용하며 한 가지 부러운 것이 있다면 같은 한자 문화권이면서도 우리와 달리 끝까지 한자의 훈과 음으로 표현하려는 뜻과 소리를 고스란히 살려 함께 사용한다는 점이다. 그것이 일본어를 공부하는 과정에서는 참으로 넘어서기 어려운 벽이긴 해도 이것이야말로 일본어의 옛말, 특히 고유 명사의 옛 향기를 고스란히 지켜내는 힘이라는 점이다.

가까운 우리 동네 지명만 예로 들어보자. 우리집에서 가까운 역이 메구로目黒인데 뜻 그대로 검은눈동자골 즈음 된다. 정식 주소는 카미오사키上大崎인데 뉘앙스는 윗뫼큰고개이다. 우리 대학 도쿄 캠퍼스는 시로가네다이白金台인데 백금언덕이다. 그리고 가까이에 오이마치大井町 곧 큰우물골이 있고, 내가 외부 출강을 다니던 릿쿄대학이 있는 동네는 이케부쿠로池袋 즉 연못주머니이다. 곧 볼일이 있을 것 같은 와세다대학이 있는 동네 이름은 다카다노바바高田馬場 즉 윗세마긋간마을 정도의 뜻일 것 같다. 한자로 표기했음에도 읽기를 옛 일본어 그대로 읽으니 그 뜻이 살아 내려온다는 뜻이다. 이런 용례에서 한국어와 일본어의 한자 사용 차이를 비교하면 이렇다.

우리에게 대전광역시는 있는데 한밭은 잊은 지 오래이다. 대전에 한밭중학교라는 학교 이름 정도가 남아 있을까. 그러나 도쿄의 23개 구 중에는 오타大田 구가 있다. 한자는 한국의 대전과 똑같다.

그런데 그 발음이 큰 밭, 한국어 식으로 하면 한밭구라고 지금도 부르고 대전이라는 한자가 그렇게 읽히고 있는 것이다. 즉 일본어는 한자의 음(발음)만을 빌려 쓰는 말도 많지만 인명, 지명 등의 고유명사에서는 음이 아니라 거의 뜻으로 읽는 체계라는 점이다. 이것으로 전통 일본어, 고운 옛말을 지켜온 것이 부럽다는 의미이다. 우리말도 그런 방식이었다면 예스러운 아름다운 지명과 고유한 이름들을 좀 더 보전하지 않았을까 하는 개인 의견이다. 산과 뫼, 강과 가람 등등이 함께 살았다면 하는 이야기이다.

이제 와서 우리 한국어의 한자 표기를 그렇게 두 가지 이상으로 혼란스럽게 하기는 어렵고, 그 또한 단점이 있다. 그런데 우리에게는 한글이 있지 않은가. 지금이라도 우리 옛 지명을 한글로, 옛 그대로 쓰고 부르는 운동을 했으면 한다. 오늘 K교수가 고향마을 이름을 고능말, 겨르메기, 느르미고개라고 쓰고 불렀듯이 말이다. 이런 예스러운 지명, 고유 명사 하나로 나는 충분히 문학적 정감과 상상력이 풍만해진다.

서울 우리집이 있는 동네는 서대문구 홍은동이 아니라 세검정 옆 포방터, 호박골이다. 그리고 도쿄 집은 백금언덕과 검은눈동자골과 붙은 윗뫼큰고개에 있다.

나의 아시아 의식

시로카네 캠퍼스의 오후 강의를 마친 뒤 저녁 직전에 퇴근했다. 월요일 강의는 비교적 학생 수가 적어서 더 편안하게 진행하는 편이다. 대학의 강의는 되도록 그 규모가 작은 것이 좋다. 이렇게 얘기하고 보니, 등록 수강생이 몇 명 이하면 강의가 폐강되는 내규 때문에 새 학기마다 마음을 졸이며 내 방을 찾아와 한숨짓곤 하던 한국의 후배 강사들 얼굴이 갑자기 떠올라 마음이 아프다.

오늘 강의에서도 언급한 이야기이지만, 최근에 나는 '아시아' 생각을 참 많이 한다. 솔직히 고백하면 나는 오랫동안, 학자로서 어느 정도 관록을 쌓을 즈음까지도 아시아에 대한 인식이 일천했다. 사실 우리 시대 한국의 신학, 역사학, 인문학에서 아시아는 대개 시야 밖이었다. 1985년 내가 처음으로 한 해외여행이 타이완이었다는 것 이외에는 특별한 관심이 없었다. 우리 분야의 연구도, 아예 서구 아니면 그 반동으로 한국이었다. 나 역시 늘 '한국'만 말했다.

따지고 보면 한국은 아시아에 대한 무시와 경원敬遠의 시대가 길었다. 스스로 현대사에서 아시아의 극빈국極貧國, 아시아의 대표적 전쟁국,

불행한 분단국이었으면서도 말이다. 일본 식민지시대에는 일본이 보는 아시아 인식에 덩달아 따라갔는지도 모른다. 그 이후에는 미국의 아시아 인식이나 그 정책에 묻어갔는지도 모른다. 나중에 안 사실이지만, 6.25 전쟁의 UN참전국이자 당시에는 한국보다 훨씬 잘 살던 나라 필리핀이 지원한 원조로 장충체육관을 지었다는 사실은 아는 이는 별로 없다. 베트남전쟁 중에는 미국의 '용병'인 측면이 있으면서도 그들에게 큰 시혜를 베푸는 자유수호국으로 자처한 측면도 있다. 물론 그 전쟁에서 희생되고, 고통을 감수한 우리 '삼촌 세대'의 참전 용사들을 폄하할 의도는 없다. 그러나 어느 순간 아시아에서 가장 잘 사는 그룹으로 급상승한 경제수준으로 아시아 여러 나라의 노동자가 한국에 공식·비공식으로 다수 입국하고, '사장님 좋아요', '사장님 나빠요'를 부르짖는 선진 산업국으로서 그들과 관계를 맺었다. 그뿐인가, 아시아의 가난한 신부新婦들이 한국 노총각들의 배우자로 입국하여 —행복하게 사는 신데렐라도 있지만— 또 다른 차별 계층으로 온갖 인권박탈의 사각지대에 놓여 있는 경우가 허다하다. 그런데도 한국의 인문학 혹은 사회학은 서구 아니면 한국이었지 아시아를 조명하지 않았다. 또 하나 한국의 잘나가는 그리스도교는 아시아를 선교의 목장으로 삼은 것까지는 좋았지만 우리가 반성하지 않으면 안 되는 '제국주의 선교'를 그대로 답습하기까지 했다.

일본은 어떤가. 사실 근대 이후 일본은 아시아 의식을 버렸다. 이른바 '탈아입구脫亞入歐'가 제일목표였다. 사실 지금도 그런 기조는 그대로인 듯하다. 일본은 전쟁에서도 아시아에는 져본 적이 없다는 생각을 갖고 있다. 못난 나 자신도 내 학문에서 아시아를 잘 고려하지 못한다.

그나마 내가 아시아를 조금이라도 의식한 것은 일본 유학 이후이다.

내 선생 도히 아키오가 처음 들려준 이야기가 '아시아 충격'이라는 것이다. 자신이 젊은 연구자로서 미국 뉴욕의 유니온 신학교에 유학 갔을 때 자신은 아우구스티누스Augustinus를 공부할 요량이었다고 한다. 그런데 그곳의 교수와 동료들이 물었단다. 그대는 아시아 출신인데 아시아의 그리스도교를 아느냐고. 적어도 네 조국인 일본의 그리스도교는 얼마나 아느냐는 질문이었다. 충격을 받은 선생은 그때부터 우선 자신의 조국 일본의 그리스도교사를 공부하기 시작했다. 그리고 마침내 1963년 싱가포르에서 아시아 그리스도교사학자들의 모임에 참석하면서 아시아 의식을 갖기 시작했다는 이야기이다. 나는 그때 처음으로 아시아를 조금 생각하기 시작했다. 그리고 그 후 역시 도히 선생의 제자이자 내게는 대선배인 하라 마코토 교수가 결정적으로 아시아를 가르쳐 주었다. 그는 거의 30년 가까이 타이와 인도네시아 등지를 학생들과 필드워크field work하며 아시아에 집중했다. 그와 함께 내게 아시아 자극을 준 이는 한국의 가까운 선배 김흥수 교수이다. 김 교수는 마지막 연구년을 아시아 순회 연구 여행에 집중하여 동남아시아 전체, 일본과 홍콩, 인도까지 끈질기게 돌았다. 그리고 아시아와 그리스도교를 집요하게 천착했다. 그 한 결산으로 '아시아기독교사학회'를 결성하고 회장을 맡았다.

이 모든 영향을 바탕으로 나도, 연세대 재직 시절 딱 한차례 대학원에서 아시아그리스도교사 과목을 개설한 것이 전부였던 경력을 뛰어 넘었다. 2008년에는 하라 선배를 좇아 도시샤대학의 아시아 필드워크에 참여해 태국에 비교적 길게 다녀오기도 했다. 이번에 일본에 오자마자 동지 선후배, 제자들과 '동아시아 그리스도교 교류사 연구회'를 조직하여 활동을 시작했다. 그리고 이미 세 학기에 걸쳐 '아시아와 그리스도교' 과목을 개설하고 있다. 이제 내게는 아시아가 한일을 넘어 새로운 연구와 비전, 관심의 한 중심임을 부인할 수 없게 되었다. 아시아는 우리의 정체성과 깊이 관련되어 있다.

별쇄본 소회

내 강의 요일이 화요일이어서인지 이번 학기 외부 출강의 도쿄여대 개강은 좀 늦은 듯하다. 따뜻한 봄날이다 못해 늦봄에 들어선 것이 아닌가 싶은 날에 첫 강의를 시작했다. 햇살 속을 달려 도쿄여대로 가서 늘 쓰던 연구실에 자료를 풀었다. 10시 55분 강의 시간, 상당히 넓은 특강용 강의실이 가득하다. 백 명은 훨씬 넘어 보이는 학생들. 야단이구나, 저 녀석들 성적을 어떻게 내나 하는 생각이 먼저 든다. 나도 참, 교수라는 이가 학생들 모인 것 보고 성적내기 걱정부터 하다니, 반성을 하면서 교탁에 자리를 잡았다. 작년에 내 과목을 들은 몇몇 친구가 연거푸 신청한 경우를 빼고는 다들 새로운 얼굴이다. 그런데 오늘 내 기분이 그런 것일까, 새 친구들 얼굴이 다 맑고 환하다. 그런 마음으로 보았으리라.

점심은 도쿄여대 교수인 친구 고히야마 루이小檜山ルイ와 함께 했다. 오랜 친구는 역시 좋다. 닷새 정도 '아메리카역사학회'발표로 샌프란시스코에 다녀왔다며 맛있는 초콜릿과 캔디를 선물로 준다. 이런 저런 일상을 말하며 즐겁게 식사했다.

퇴근길, 언뜻 별쇄본에 관한 단상들이 떠올랐다. 아직은 그렇게 길지 않은 이번 일본 연구생활 중에도 논문을 몇 편 썼다. 그래서인지 많은 별쇄본이 생겼다. 그런데 나는 한국에서 하던 버릇 때문인지 별쇄본을 동료 교수나 친구들에게 주는 것을 잊었다. 주변에서 별쇄본 논문을 계속 받으면서도 내 것은 줄 줄을 몰랐다. 그래서 연구실과 집에 별쇄본이 그대로 가득 쌓여 있다. 아마 내가 막 학자로 입문하여 소논문이나 아티클article을 쓰기 시작할 무렵에는 별쇄본으로 인쇄된 것을 몇 번 따로 받은 적이 있는 것 같다. 그러나 언제부터인가 한국에서는 거의 별쇄본이 사라졌다. 학회의 전문학술지이건 잡지나 일반 논문집 또는 무크지이건 이제 한국에서 별쇄본을 따로 인쇄하여 주변에 돌리는 습관은 사라진 것 같다. 내 생각에는 복사複寫 문화, 더 나아가 일찍부터 발달(?)한 '해적판海賊版'문화가 그 원인이 아닐까 싶다. 언제부터인가 복사기가 편리하게 보급된 이후에는, 어디에 필요한 논문이나 자료가 있다는 것만 확인되면 부분은 물론 전체를 다 복사하고 제본까지 해버리는 습성이 들었다. 물론 우리도 예전에는, 그러니까 내가 처음 논문을 쓰기 시작할 무렵의 복사 곧 냄새 지독한 감광지 복사 정도의 수준일 때는 어느 정도 별쇄본의 습관이 유지되고 있었다. 그때는 복사 자체가 무척 어려운 시절이었으니까.

그런데 일본은 아직도 별쇄본이 상식으로 되어 있다. 어느 잡지나 논문집에 논문이 실리면, 편집자는 당연히 저자에게 별쇄본을 따로 인쇄하여 건넨다. 물론 좀 더 필요할 경우에는 저자 측의 요청으로 추가할 수도 있다. 그 이유 중의 하나는 역시 일본의 책값이 한국과 달리 비교적 비싼 까닭이다. 논문집 한 권, 단행본 한 권을 사는 값은 한국과 일본의 '원엔[圓円]'의 가치 차이, 환율 그리고 물가까지 다 감안해도 역시 비교가 안 된다. 한국에서 가장 싼 물건은 역시 책값이라고 나는 생각한다. 물론 최근에 좀 오르기는 했지만, 아직 한국에서 지식이나 창작은 값싼 물건이라는 생각이 좀 씁쓸하다.

별쇄본 이야기로 다시 돌아오면, 일본이라고 왜 복사기 —일본에서 쓰는 말로 카피 머신[copy machin]—가 발달하지 않았겠는가. 이 부분 세계 최고의 기계는 아직도 일제이다. 그런데 별쇄본이 여전하다니. 일본 학자들은 아직도 어느 학자의 논문을 통째로 복사한다는 것을 대단히 어려워한다. 더구나 논문집, 자료집, 단행본 전체를 복사해 제본까지 한다는 것은 불가능에 가까운 일로 여기고 있다. 간혹 한국자료를 다루는 동료 연구자들이 한국에서 그렇게 자료를 구한 후 내게 여러 차례 물은 적이 있다. 정말 괜찮은 거냐고. 나로서야 저작권 관련 문제가 없는 경우에는 다들 그렇게 한다고 대답할 수밖에.

갑자기 떠오른 별쇄본에 대한 소회가 한국 학계, 교계[教界] 심지어 그야말로 웃기는 정계, 연예계까지 퍼졌던 '표절 문제'와 함께 연상되는 것은 나의 과민일까. 모조리 복사해 버리면 되는 문화에서는 별쇄본은 오히려 귀찮은 물건이다. 그런데 아니 그래서 한국에서 '표절'이 더 많은 것인지도 모른다는 생각이 든다.

오랜만에 강의에서 언성을 높이다

나는 한국에서나 일본의 대학에서나 학생들을 자주 나무라는 편은 아니라고 생각한다. 이걸 읽는 내 옛 제자들이 '에이' 하고 부정한다면 하는 수 없는 노릇이지만 내 생각으로는 그렇다. 혹 강의 중에 열을 내고 언성을 높일 때는 대개 어떤 역사 현상이나 세상의 현실에 대한 공분公憤의 차원이지 학생들이 무얼 잘못했다고 직접 나무라는 경우는 손꼽을 정도였다. 물론 꼭 주의를 주어야 할 일이 생기면 개인적으로 부르거나 같은 일에 해당하는 몇 사람만 있는 곳에서 나무라곤 했다. 중, 고등학교 학급의 교사나 대학의 교수가 전체 클래스를 대상으로 언성을 높이는 일은, 과거 학창 시절을 돌이켜보면 참 옳지 않았던 기억이 강한 터여서 내 스스로는 그런 것에 더 조심했는지도 모른다.

그런데 오늘 재직하는 일본 대학의 강의에서 다소간 언성을 높였다. 출석이 아주 부진한 몇 친구가 강의 시작 전에 찾아와서 숙제를 더 길게 쓰거나, 과제를 더해 부족한 출석에 대한 불리한 상황을 보충 받고 점수를 잘 받을 길이 없겠냐는 제안을 하면서 내 비위가 좀 상했다. 물론 여러 사정으로, 특히 고학년에게 자주 있는 갖가지 실습, 인턴 근무, 취직활동 등으로 출석이 좀 불량해질 수도 있다. 그리고 그것을 사전이나 사후에 교수와 진지하게 상의한다면 내 정도 아량(?) 있는 교수라면 얼마든지 좋은 해결책을 함께 만들 수도 있다. 그런데 오늘 몇 녀석이 이야기를 하는 방식이 벌써 약간(물론 딴에는 좋은 의미이겠지만) 내게 거래하는 듯한 말투로, 제안하는 데서 기분이 좀 어긋난 것 같다. 게다가 지난주에 제출한 몇 친구의 숙제 내용은 급히 정리해 갈겨 쓴 것이 뻔히 드러날 정도로 성의가 부족했다. 그래서 오늘이 마치 일부러 잡은 날처럼 되고 말았다.

인문학적 주제의 종교나 철학, 역사 관련 과목이 대학교육에서 지닌 중요성이 무엇일까 하는 것으로부터, 삶의 가치가 전공과목의 전문적 지식만으로 세워질 것 같으냐는 질문으로 강하게 이어졌다. 대학, 대학원을 마친 엘리트라는 자들의 수준이 전문 지식나부랭이 몇 개 더 있는지 없는지로 결판날 것 같으냐, 대학의 문턱도 넘어보지 못한 수많은 지식 소외 계층, 사회적 약자들이 그대들에게 기대하는 것이 겨우 알량한 전공지식 몇 줄일 것 같으냐로 이야기가 이어졌다.

도대체 대학의 고학년인 그대들은 한 달에 몇 권이나 책을 읽고, 도서관에는 일주일에 몇 차례 몇 시간이나 틀어박혀 있는가, 스마트폰을 손에 들고 게임 앱에 접속하는 시간과 독서하는 시간의 비율이 어떻게 되느냐고 따졌다. 그리고 지금 세계 여러 곳의, 그대들과 같은 나이의 대학생들이 일주일에 읽고 써대는 에세이의 양이 얼마나 되는지 생각해 보았냐고 물었다. 내가 한국에서 대학 교수일 때는 한국의 내 제자들에게 가끔 같은 나이의 일본이나 중국 대학생들과 비교하여 그대들의 독서량과 에세이 쓰기가 비교나 될 것 같으냐고 늘 나무랐는데, 이제 보니 일본의 대학생들도 별거 아닌 듯하다고 다그쳤다. 그런데, 사실 이 부분은 나무라면서도 좀 켕기긴 했다. 수년 간 일본 대학생들이 숙제로 내는 에세이를 읽으면서 일본 사회 전체의 기본적이고 절대적인 독서량, 특히 어릴 때부터 쌓은 독서 훈련이 한국보다 확실히 앞서는 것은 부정할 수 없는 사실임을 확인했기 때문이다. 그리고 도서관에 대한 친근성도. 물론 이 때의 도서관 효용성이란 독서실 같은 개념이 아니라 콘텐츠를 충분히 활용하는 명실상부한 도서관을 의미한다. 그 도서관 활용도가 대단한 편인 것 또한 사실이다.

그래도 마구 몰아붙였다. 인문학 관련 책을 더 많이 읽어라, 생각을 더욱 더 많이 해라. 전문지식에만 사로잡혀 현실의 유용성만 찾지 말고 무엇이 가치 있는 삶이고, 무엇이 인간다움이며, 어떻게 생각하고 살아야 인류가 더 아름다워질 수 있는지 젊음과 지성, 열정을 걸으라고 강조했다.

대부분의 학생들은 잘 하고 있는데 공연히 꾸중을 들은 격이었다. 사실 내가 가장 싫어하는 단체 기합을 준 것이다. 마음이 편치 않았다. 본래의 강의 내용으로 들어가기 전 학생들에게 사과했다. 모두에게 다 해당되는 이야기는 아니다, 미안했노라고. 그랬더니 학생들이 오히려 당황해 했다. 자신들이 꼭 유념해야 할 말씀이었다고, 고맙다고 했다. 사실 다 착한 녀석들이다.

비 내린 후 퇴근길, 스스로 한 말들을 복기하며 반성한다. 선생은 항상 반성도 해야 한다. 내 꾸중 아닌 꾸중을 들으며 검은 눈망울을 불안불안 껌벅이고 있던 녀석들 표정이 차창에 어른거린다. 이래서 나는 오늘 또 속된 말로 그야말로 '꼰대'가 된 것이다.

교수란 어떤 존재인가

간간히 날리는 빗방울 속에 일찍 연구실로 출근했다. 봄이면 빛나는 햇살 사이로 흩날리는 꽃이파리를 생각하는데 그 운치 못지않은 오늘 풍광이다. 아, 그렇구나. 이렇듯 교교한 봄비도 있었구나. 아직 본격적인 개학이 아니어서 조용한 캠퍼스는 수묵화 같다. 화려한 빛깔의 꽃들도 숨을 죽이고, 흐린 하늘의 담채淡彩에 몸을 맡기고 있다.

내 직업은 옛일을 회상하기가 쉬운 조건이다. 우선 전공이 역사학의 흐름이니 정곡正鵠에 바로 갈 수가 있다. 그리고 옛날 그 시절 나 같은 젊은이들과 함께 여전히 캠퍼스에서 살고 있으니, 또한 그렇다. '라떼는 말이야~'처럼 대개 그때 그 시절을 말하는 중늙은이들의 레퍼토리는 그때가 좋았다는 것이다. 그때는 그래도 낭만이 있었고, 인간미가 있었으며, 끈끈하고 따뜻한 정이 있었다고들 한다. 비록 가난하고 힘든 시절이었지만 그래도 무언가 아름다웠다고. 다 맞는 말이고 그렇게들 진정으로 생각할 것이다. 나도 그렇게 느끼거나 말할 때가 흔하다.

그러나 사실 그때 그 시절 이야기를 가끔 써내려가며 곰곰이 생각해보니 그게 아니었다. 그 시절은 그렇게 행복하지도 낭만적이지도 인간적이지도 않았다. 아니 처절하리만치 치열한 삶이었고 고통이었고 숨이 막힐 만큼 암담한 시절이었다. 우리의 추억이나 회고가 지닌 마력을 우리는 잘 안다. 고운 물감으로 덧칠하기도 하고 은근한 '실루엣'으로 착각하기도 하며 때로는 훅 번지는 향기 같은 행복감으로 과장하기도 하지만 그러면 어떠랴. 그게 무어 그리 문제일까. 그것마저 없다면 그 시절 우리를 어떻게 정당하게 되새기란 말인가. 그건 그대로 귀한 허풍이며 고운 허영虛榮이다.

그중 내 직업에 대한 반성처럼 '교수의 멋'이라는 것에 대해 슬쩍 따져본다. 정치사회적 상황으로 대학이 휴교를 하고, 최루탄 연기 속에 학교가 감옥이 되던 외부 여건은 차치하자. 그와 별개로 개강을 정해진 날짜에 바로 하거나 학기 도중에 종강을 하지 않는 교수는 멋이 없거나 권위가 없는 교수였다. 강의 준비를 철저히 하여, 주어진 학습 과제에 몰두하는 교수는 꽉 막힌 교수로 취급받았다. 수업시간 한 시간이면 그 중 반절 이상은 엉뚱한 이야기, 신변잡기, 자기 자랑, 수업내용과는 거의 상관없는 세상 돌아가는 이야기로 시간을 보내다가, 강의 끝날 즈음에 몇 마디 본론을 꺼내면 그것이야말로 진정 권위 있는 강의라고 여기는 이도 있었다. 강의실에 들어올 때 자신도 다 읽지 못한 그 많은 '원서原書'곧 영문이나 독문, 불문으로 된 책을 잔뜩 들고 들어와야 권위가 있다고 여겼다. 그리고 개강부터 대개 수 주 동안은 칠판 가득 그 책들의 목록을 적어야 한다. 사실 모모 교수들이 그렇게 적어 준 책들 이른바 '원서'들 가운데 그 학기는 물론 나중에라도 제대로 읽은 책이 도대체 몇 권이나 있는지 돌아본 적이 있다. 거의 읽지 못한 것 같다. 그리고 좀 지난 후에라도 몇 권 찾아보니 이미 다 그 분야에서 '올드패션'이 되어 더 이상 논할 가치도 없는 김빠진 책들도 상당수였다. 그리고 어쩌다 학생이 좀 엉뚱한 질문이라도 할라치면 세상에 그렇게 무안을 줄 수가 없었다. 더구나 교수의 논리에 조금이라도 반하는 의견을 내었다가는 경을 칠 것을 각오해야 하는 것이 보통이었다. 어디 감히 '하늘같은 교수'의 권위에 도전을 한다는 말인가.

나는 교수가 되었을 때 그때 그 시절의 교수를 본받아 흉내 내기보다는 결코 그렇게는 하지 않겠다는 생각을 더 많이 했다. 가르치는 학생들에게 내가 겪었던 그 황당함을 경험케 해주고 싶지 않은 심정이 더 컸다. 그러나 절대로 오해는 없기 바란다. 나라고 왜 좋은 선생님, 멋진 교수의 롤 모델이 없었겠는가. 그때 그 시절의 교수라 해도 모두가 다 그렇지는 않았다. 시대를 넘어서 참 선생님은 언제 어디에든 계셨다.

개인 차는 있겠지만, 지금의 캠퍼스는 한국이나 일본이나 학생들의 자유가 넘친다. 물론 오늘날에도 시대의 억압, 미래의 불투명, 개인 가치관의 방황으로 인한 젊음의 고통, 좌절의 실존이 왜 없겠느냐만 그들을 억압하는 절대 권위 그 상당수는 사라졌다. 그때 그 시절에는 시대 권위, 정치적 억압, 문화적 독선뿐만 아니라 캠퍼스 안에서도 —극히 일부의 사표師表가 되는 참 스승 이외에는— 다수의 교수들이 억압적 권위로 군림했었다. 나는 그런 교수가 되지 않으려 한 것이 지표指標였다. 그러나 여전히 부끄럽고, 모자란다. 내 학생들이 나로 인해 더 자유롭기를 꿈꿀 뿐이다.

정교분리에 대한 이해

인문학 계통, 즉 세상이 어떻게 돌아가고 인간들이 무얼 생각하며 역사의 시말始末이 여차했다는 주제로 강의하는 수업에서는 바로 주변에서 일어나는 이야기들을 양념 삼아 설명하지 않으면 안 될 때가 많다. 나와 내 강의가 가장 관심을 가질 수밖에 없는 한국과 일본의 뉴스는 단연 한국에서는 '대통령 사퇴하라'는 문제이고, 일본에서는 이른바 '비밀법안'을 밀어붙이는 정부 여당의 문제이다.

한국 그리스도교의 민주화운동 역사와 거기에 협력한 일본 그리스도인들의 관계를 말해야 할 순서인데, 내친 김에 전문적이지는 않지만 '교회와 국가론'을 설명하지 않을 수 없었다. 종교와 정치, 역사적으로 정교일치시대, 종교국가시대, 국가종교(국교)의 경우, 종교자유와 정교분리의 근대사상을 우선 교과서처럼 잘 설명하고, 결국은 '정교분리' 주제에 집중하게 되었다.

촛불정국에서 한국의 가톨릭교회 '정의구현사제단'을 필두로 개신교, 불교, 원불교, 천도교까지 대통령사퇴 요구를 비롯한 이른바 정치문제에 나서고 있는 상황은, 알만한 이들은 일본에서도 다 아는 상황이다. 그리고 일본 뉴스는 며칠밖에 남지 않은 의회 회기 내에 중의원에서 밀어붙인 이른바 '비밀법안'을 참의원까지 끝내버리려는 보수여당의 잰걸음으로 도배가 되었다. 이에 대해 의회 안팎에서 반대하는 목소리도 만만치가 않다. 격렬한 데모 장면을 오랜만에 본다. 물론 종교계 그리고 종교와 관련 있는 시민단체도 이 반대운동의 대오에 참여하고 있는 것으로 안다(이 글 '정교분리에 대한 이해'는 수년 전 한국의 '촛불시민혁명' 정국과 일본의 이른바 '비밀법안' 강행에 대한 시민들의 반대시위 상황에서 작성한 글이다).

학생들과 토론했다. 이거 정말 분리가 아니지 않은가. "교수님, 도대체 정교분리라는 게 무슨 뜻입니까? 여기나 저기나 종교 쪽 사람들도 다 정치 얘기하고, 정치도 종교에 간섭 많이 합니다. 종교단체 수사하는 것도 많이 보았습니다. 이런 것하고 분리하고 어떻게 이해해야 합니까?" 역시 어디나 똑똑한 녀석들 몇은 꼭 있게 마련이다. 그런 질문 안 나오면 어떡하나 했는데 비슷하게 나왔다. 그런데 이런 거 대답할 때 어렵게 종교학, 정치학의 이론 여러 학자들의 견해 따져가며 이론적으로 설명하기 시작하면 영락없이 실패다. 특히 신학분야에서 잘 쓰는 성서구절 대며 따지고 들면 강의 문 닫을 지경이 된다. 이때는 바로 '애드립' 곧 순발력을 발휘해야 한다. 가장 구체적인 예를 들어 설명해야 하는데 로마에서는 로마의 예를 들어야 한다. 잘 되었다.

우선 먼저 국가권력이 당연히 종교문제에 간섭하고 관여해야 하는 이유를 '옴진리교'로 파고들었다. '옴진리교 사건'은 일본에서 공통의 고통 기억이고, 괴로운 회상이지만 그 효과는 만점이다. 아사하라 쇼고麻原彰晃 같은 말도 안 되게 너절한 종교인이 추종자들을 모아 종교결사를 꾸미고 후지산 어디쯤 터를 잡고 모여서 이러저러한 주문을 외우거나 요상한 의식儀式을 치러도 국가권력은 개입하면 안 된다. 너희 종교는 도무지 격이 떨어져서 도대체 봐줄 수가 없다, 좀 고상할 수 없느냐, 저 교주는 왜 저토록 꾀죄죄해 보이고 몰골이 엉망이냐는 이유로 그 종교를 해산하거나, 그들 일에 간섭할 수는 없다. 종교의 자유가 있고 정교분리인 까닭이다. 그러나 그들 옴진리교 집단이 말도 안 되는 범죄를 꾸미고, 도쿄 시내 한복판 지하철에서 사린가스를 터트려 선량한 사람들 다수를 살상하는 사건이 일어났다. 이들의 행위는 종교 본연의 행위를 벗어나 사회 전체의 안전을 심각히 위협하는 사안이 되었다. 이때는 국가권력이 법에 의거해서 그 종교집단을 수사하고 문제가 있을 때에는 강제해산도 할 수 있으며, 관계자를 처벌할 수도 있다. 이에 대해서는 그 누구도 정교분리에 위배 된다거나 국가권력이 종교를 탄압했다고 이의를 제기하지 않을 것이다.

반대로 종교는 종교 나름의 정당한 종교 활동과 그에 합당한 행위가 있다. 종교 활동과 행위는 교당에서 기도하고 예식하는 것만이 아니다. 각 종교는 종교 나름대로 자신들이 설정한 선한 가치의 구현과 윤리실천의 명제가 있다. 예를 들면 정의, 공의, 평화, 인권존중, 생명 중시 등을 설파하고 그 향상을 위해 적극 활동하는 것이다. 그런데 만일 국가권력이 옳지 못하여 정의를 그르치고, 공의를 폐기하며, 전쟁을 일삼을 때 혹은 생명을 경시하고, 한 사람 한 사람 특히 약하고 힘없는 이들의 인권을 유린할 때 종교는 종교인의 양심과 윤리에 입각하여 용감하게 이의를 제기하고, 그 시정을 촉구해야 하는 것이다. 이것은 정당한 종교 행위이고 활동이다. 그것을 정교분리에 위배된다고 비판한다면 그 자체가 부당한 정치적 의도와 목적이다.

한국에서 벌어지는 옳지 않은 정치적 문제에 대한 종교계의 비판과 관여, 일본에서 국가권력의 일방적인 비밀법안 추진에 대한 종교계의 반대운동 등은 정당한 종교 활동의 일환이 아닐 수 없다. '정교분리'라는 것은 정치와 종교 간 상호존중이라는 기본 원론을 표현하는 말이다. 그리고 정교분리 사상의 출발은 현실적인 힘을 쥔 국가권력이 종교의 정당한 자유를 제한하는 것을 방지하고자 하는 정신에서 출발한 개념이다. 그렇기 때문에 종교가 정치의 불의한 전개에 대해 '예언자적 발언과 실천'을 하는 것은 지극히 정당한 것이 아닐 수 없다고 설명했다. 학생들은 대부분 고개를 끄덕였다. 뜬금없이 정교분리 개념을 함부로 써먹는 이들도 오늘 내 강의에 들어와서 공부도 하고, 질문을 좀 했으면 하는 생각을 문득했다.

여기서 정교분리와 정교유착에 대한 문제를 좀 더 부언해 보자. 나는 정교분리의 의미를 이렇게도 이해하고 있고 그렇게 가르치기도 한다. 반대 의미로 '정교유착'을 정해놓는 이해방식이다. 역사를 찬찬히 살펴보면, 종교가 가장 형편없을 때 그리고 밥맛없을 때가 언제냐 하면 정치나 국가권력에 징그러울 정도로 유착되어 아부하고 종속되어 꼬리 칠 때이다. 쉽게 이것을 정교유착 상태라고 보면 된다. 예를 들면 대부분의 국가주의 교회나 어용교회, 정치의 시녀로서의 종교들이 거기에 해당한다. 나치즘에 추종했던 독일 국가교회, 국가기관인 것처럼 종속되었으나 결코 국가권력의 권위를 넘어서지 못했던 파시즘 치하의 일본교회가 그들이다. 아픈 이야기이지만, 제1공화국 이승만 독재정권 하의 한국교회 그리고 군사정권 이후에도 늘 그 언저리에 빌붙어

떡고물이라도 바랐던 한국교회 다수가 모두 정교유착의 전형들이다. 이럴 경우 국가권력은 철저히 자신들의 권력에 종사하고 추종하는 종교에 대해 선심 쓰듯 알량한 특혜나 편의를 던져주기도 하고, 세상의 둘도 없는 파트너인양 선전해 주기도 한다. 그리고 정치, 특히 선거나 민심무마용으로 종교를 철저히 이용하는 것은 물론이다. 이런 유착상태의 종교는 실낱같은 세상 권력에 눈이 먼 것인지 이권에만 연연한 것인지 모르지만, 국가권력에 대해 그저 옳습니다, 지당합니다, 라며 권력의 눈치를 보며 두 손바닥을 손금이 지워질 정도로 비비는 것이다. 그들이 믿는 신이 그 정권을 선택한 것으로 초점을 맞추어 놓고 말이다. 생각만 해도 역겨운 일이 아닐 수 없다.

상대를 제대로 살피고 그 잘잘못을 파악하기 위해서는 일정한 거리가 필요하다. 서로 조금은 떨어진 지점에서 상대를 뜯어보지 않으면 그 전모[全貌]를 볼 수 없는 것도 사실이다. 국가도, 종교를 어느 정도 거리를 두고 살펴야 그 종교에 반사회적이거나 반인륜적인 행태가 있지는 않은지 혹 그들이 혹세무민하거나 특히 종교적 카리스마를 가지고 신도를 억압하거나 위협하고 있지는 않은지 파악할 수 있는 것이다. 때로는 종교인의 범죄나 비리도 살펴야 하는 것은 물론이다. 그렇게 제대로 살피다가 그것이 선량한 시민을 나락에 떨어트리고 법률에 심각하게 저촉될 경우가 있으면 법의 절차에 따라 그 책임을 물어야 한다. 반면, 종교 역시 일정한 거리를 유지하고 국가권력을 살펴야 그 정권의 옳고 그름을 파악할 수 있다. 그래야 종교의 신앙신조와 실천윤리에 입각하여 이른바 '예언자'로서의 사명과 책임을 발할 수 있는 것이다.

이렇듯 정교분리는 서로가 서로에 대한 책임과 역할을 다할 수 있는 최소한의 거리를 의미한다. 서로 완전히 담 쌓고 너는 너대로 나는 나대로 막 간다는 무관계, 무관심, 무상관의 절벽관계를 의미하는 것이 결코 아니다. 정교분리는 서로의 역할을 더 잘 감당하기 위해 멀찌감치 떨어져 서로 똑바로 바라보고, 여차하면 행동해야 하는 그런 개념이다. 그래서 정교분리의 반대말은 정교유착이다.

표현의 정형화가 가져다주는 진정성

나처럼 반복을 싫어하는 사람도 드물 거라고 생각한다. 강의도 세미나도 모두 그렇다. 대학은 대개 해마다 혹은 매 학기 단위로 과목을 새로 개설하지만, 한 교수의 담당분야에서 몇 년 간의 사이클이 돌아오면 같은 제목, 같은 교과과정을 반복해서 개설해야 하는 경우가 많다. 그럴 때 가장 편한 방식은, 몇 학기 전이든 간에 지난번에 개설했던 같은 과목의 실라부스syllabus(교수요목)를 채용하고, 거기에 약간의 새로운 내용을 더하고 빼서 강의하는 방법이다. 그러나 나는 성격상 그렇게 하지를 못한다. 오랫동안 대학원 석·박사과정에서 심지어는 십년 이상을 공부한 내 제자들이 몇 있는데, 그들이 늘 말하듯이 내 강의나 세미나는 같은 제목의 것이라도 매번 부제가 바뀌었고, 내용은 완전히 새로운 것만 했다.

그렇다고 내가 항상 새롭게 공부하고 준비하는, 참으로 부지런한 교수라고 자화자찬 자랑하고 있는 것은 아니다. 무엇보다도 나는 하나의 긴 호흡으로서의 표현, 논지, 한 권의 책이 될 수도 있는 강의가, 시공간적 콘텍스트를 달리하는 전혀 새로운 것으로 다시 태어날 때는 다른 내용과 표현을 담아내지 않으면 안 될 것이라는 강박증이 강하다. 곧 결벽증에 가까운 생각 때문이라는 것을 고백하는 것이다. 그래서 학창 시절 내 스승들의 대단한 권위였던 낡은 대학노트에 촘촘히 적은 강의록, 읽고 또 읽어 너덜너덜해진 그런 강의록이 내게는 없다. 최근 들어서는 '인문학적 사고'는 '인문학적 슬로우 메소드'에 담아야 한다는 생각으로 대부분 폐기해버린 '파워포인트' 자료도 이제 거의 없다.

그런데 오늘 새벽에 잠이 깨어 생일을 맞은 제자와 페이스북 친구들에게 생일축하 인사를 하면서 곰곰이 생각해보니 지금까지의 이야기와는 달리 내가 늘 쓰던 틀에 박힌 표현을 쓰고 있다는 생각이 들었다. 나는 특별한 사정이 없는 한 블로그나 페이스북 친구들에게 생일 인사를 꼭 하는데, 대개의 정해진 문구는 이렇다. "생일을 축하합니다, 기쁜, 혹은 행복한 생일 맞으세요."이다. 그러나 개인적으로 사제관계의 인연이 깊은 제자들에게는 이렇게 축하 메시지를 보낸다. "아무개야, 세상에 와주어서 고맙다. 내 제자가 되어주어서 더욱 고맙다. 행복한 생일날 보내렴."

그리고 이 나이가 되어 고운 제자들이 적지 않다보니, 지금까지 한 열쌍 정도의 주례를 서야 했다. 그들은 다 기억할 것이다. 내 주례사는 물론 각자의 특성과 상황에 따라 다른 메시지가 포함되기도 하지만 다음과 같은 짧은 메시지는 단 한 번도 빠지지 않고 들어갔다는 것을, 벌써 정형화되어 있는 것이다.

"주례자인 나는 지금 이 순간의 그대들은 결코 염려하지 않습니다.

그대들의 가슴은 깊고 큰 사랑으로 가득 차 있고 코끝에는 꽃향기,

눈앞에는 무지개가 가득하기 때문입니다. 그러나 이제 살아가노라면 때로 빛은 사라지고, 비바람 눈보라가 휘몰아치며, 좌절과 고통의 파도가 몰아칠 날도 분명 있을 것입니다. 그런 눈물의 날에도 오늘의 맹세와 사랑으로 함께 손잡고, 어둠의 때를 거뜬히 넘어서기를 간절히 바랍니다."

이렇게 말하고는 그 약속의 정표로 모든 하객 앞에서 꼭 서원의 입맞춤을 하도록 한다. 부모님과 선생님, 친구들 앞에서 부끄럽기도 하지만 내게 주례를 받으려면 꼭 그걸 하겠노라고 약속해야 하는 것도 정형화된 조건이다. 대단한 말도, 특별한 말도 아니지만, 모든 신랑 신부에게 꼭 같이 해주는 말로 정형화되었다.

나는 한때 가톨릭교회나 성공회 혹은 정교회 등의 정형화된 기도문을 비판적으로 생각했던 적이 있다. 도대체 형식화된 기도로 무슨 영적 변화와 생명력이 솟겠는가라는 취지였다. 그런데 점점 나이가 들어가는 것인지 아니면 조금 더 깨우침이 늘어가는 것인지 모르겠으나 요즘은 오히려 개신교의 지나치게 자유로운 설교, 마음대로 지껄이는 기도, 중언부언하는 주례사 등이 오히려 난삽하고, 빈 꽹과리 소리처럼 들리기도 한다.

기본적으로 나는 표현의 자유로움, 다양함 그때그때에 따른 새로운 감성과 언어를 숭상한다. 그러나 한편에서는 어떤 특별한 의미를 기려야 하고 관계를 확인해야 하며, 가장 핵심적인 메시지를 전달해야 할 때는 오히려 정해놓은 절제된 말, 정교한 함축을 늘 일관해서 사용하는 것이 더욱 중요하다는 생각을 한다. 새로운 말을 새로운 세계에 창조해 내는 것도 좋지만 그대로 가슴에 담을 수 있는, 오래 된 전승으로 그 의의가 올올이 다시 살아 숨 쉴 수 있는 말부터 정해진 표현으로 뜻을 전하는 것이 더욱 정갈할 수 있다는 생각이다.

물론 다른 경우도 있겠지만, 일요일 온 교회에서 거칠게 울려 퍼지고 난무할 언어들을 생각한다. 설교가 무언지도 모르고 하는 설교도 있을 것이고, 기도를 어떻게 하는 것인지도 모르는 기도도 있을 것이다. 그냥 성서 한 구절 읽고 주기도문만 외우는 예배가 가끔 그립다. 거칠고 험한 시대에는 더욱 그렇다.

고통의 중첩重疊

—김하일 『혀로 읽는 시』를 생각하며

오늘 강의 중 사회적 약자에 대한 주제가 나왔다. 그러고는 생각을 진전시켜 이중 삼중으로 고통 받은 역사 속의 실존들에 대한 토론을 했다. 강의 후 다시 조용히 생각을 다듬었다. 고난은 하나의 요소로 집중되는 경우도 있지만, 한 사람의 실존에 중첩적으로 닥치는 경우도 있다. 예를 들어 장애를 입고 고통 속에 살아간 사람들 중에서 우리는 상징적으로 헬렌 켈러Helen Adams Keller의 경우를 가장 대표적으로 말하곤 한다. 시각과 청각을 모두 잃은 그녀는 중복, 중첩 장애인이었다. 그의 입지전적인 장애 극복을 인간승리의 귀감으로 여기는 데 우리는 주저하지 않는다. 나 역시 그녀의 삶과 장애 극복 이야기에 어린 시절부터 큰 용기를 얻었음은 두말 할 나위 없다. 그런데 중복, 중첩의 고난은 동일 부문, 즉 만약 신체장애라고 한다면 어느 한 부분에서만 발생하는 것이 아니다. 그러한 신체장애에 사회적, 정치적, 경제적, 가정적 고난이 겹쳐 전혀 다른 종류의 고통이 중첩되는 경우도 있다. 그것은 동일 부분의 고통 중복보다 더욱 치명적인 아픔을 안겨주는 경우가 많다.

생각이 이어져 20여 년 전 한 재일교포 한센병 수필가의 에세이를 한글로 출판하는 일에 직간접적으로 관여했던 일이 떠오른다. 김하일의 책 『혀로 읽는 시』(1993, 기독교문사 발행)이다.

김하일은 재일교포이다. 재일교포는 일본사회의 대표적인 사회적 약자이다. 지금은 어느 정도 분위기가 달라지기는 했지만 그럼에도 결코 차별 자체가 사라졌다고는 할 수 없다. 그러니 그의 시대에는 더 말할 것도 없다. 그런데 그는 그 와중에 한센병에 걸렸다. 지금은 한센병에 대한 사회의 인식도 많이 달라진 편이지만 과거에는 사회적 차별, 병의 정도와 그 후유증에 따라서는 사회로부터 강제 격리되거나 자기 스스로 사회를 등지고 마는 참혹한 병이었음에 틀림이 없다. 발병 후 제때 적절한 치료를 받지 못함으로써 병이 심각하게 진행되었을 때 그 병증으로 나타나는 장애는, 이 병의 사회적 공존 문제를 심각하게 만든다. 외모가 모두 변하고 특히 손, 발, 팔다리가 마비 혹은 상실되는데 가장 심각한 경우에는 시각, 혹은 청각마저 잃거나 약해지는 단계까지 갈 수도 있다.

김하일은 재일교포로서 최고 진행 단계의 한센병 중첩장애 그 중에서도 손발과 시력마저 완전히 잃는 단계에 이르렀다. 언젠가 얘기했지만 인간의 장애에는 지체, 시각, 청각 그 밖의 전신장애 혹은 정신장애 등 여러 유형이 있는데 인류 공통으로 장애고통지수 평가에서 가장 고통스러운 장애는 단연 시각장애라는 연구결과가 있다. 다만 특정한 종교문화의 전통사회에서는 시각장애보다 '오른손 장애'가 더욱 고통스럽다는 예외도 있기는 하지만 그것은 (종교문화의 전통이 오른손으로만 예배와 식사 등 거룩하고 깨끗한 일을 해야 한다는 특정 종교의 관습 때문) 특정 지역권의 예외이다. 아무튼 시각장애가 그 재활과정도 가장 난해한 편이다.

시각장애인이 정보를 습득하고, 독서를 하며, 자기표현을 할 수 있는 매개는 예민한 청각과 주로 손가락 촉각觸覺을 통한 '점자點字'이다. 그러나 재일교포 김하일은 한센병 진행 후유증으로 눈을 잃었을 뿐만 아니라 그 눈을 대신할 손가락도 모두 잃었다. 손가락 정도가 아니라 손발에 남은 피부 자체가 거의 없거나 있어도 감각이 전부 무뎌졌다. 그래서 그가 촉감으로 유일하게 사용할 수 있는 민완한 피부는 입 안의 혀뿐이었다. 그는 혀로 점자를 배웠다. 더구나 그 혀로 점자 중에서 모국어인 한국어 점자를 배웠다. 그는 결국 혀로 모국어 시를 읽었고 그 감동으로 자신의 작품, 자신의 이야기를 표현했다. 담담한 그의 에세이는 결코 정서적 격랑激浪이나 극단적 절망絶望, 혹은 비원悲願을 말하지 않는다. 아주 담백하게 자신의 좌절과 고통의 경험, 그리고 작은 행복과 보람까지 침착하게 기록했다. 절제된 그의 에세이는 더욱 우리의 가슴을 에인다.

오늘 문득 기억하게 된 김하일 생각에 갑자기 눈물이 가득 고이고 가슴이 먹먹하다. 그는 하필 재일교포였고 그리고 하필 그 몹쓸, 정말 가혹한 한센병의 중증을 앓았다. 그리고 하필 진행 후유증이 중하고 제때 적절한 치료도 받지 못해 수족을 다 잃었다. 게다가 하필 장애 중의 장애라고 하는 눈까지 잃었다. 그는 글 한 줄 읽을 빛조차 모두 잃었던 것이다. 뿐만 아니라 대부분의 시각장애인들이 눈을 대신하여 자신의 장애를 극복하는 손가락의 촉각마저 잃었기에 정상적인 점자 읽기도 불가능했다. 남은 것은 입 안에 감추어져 그래도 살아 움직이는 혀밖에 없었다. 그는 그 마지막 끈을 놓지 않았다. 혀로 점자를 핥았다. 점자가 침에 뭉그러져 금방 못 읽게 되었다. 그래서 한두 번의 핥기로 내용을 빠르게 이해하거나 기억해야 했다, 그 감동까지도. 늘 점자책을 핥는 그의 혀는 어떻게 되었겠는가. 상처, 침 마름, 혓바늘, 구내염, 음식을 제대로 삼키기 어려운 상태가 한두 번이 아니었다. 그가 책을 읽는 일은, 시를 핥는 일은 치열하다 못해 목숨을 거는 일에 가까웠다. 그러나 그는 끝까지 마지막 혀의 민완함이 남아 있어 그 감촉으로 그리운 모국어를 익힐 수 있었고, 모국어 점자로 시를 읽을 수 있었고, 그 감동을 느낄 수 있는, 그에게 남은 마지막 행복을 기뻐하는 삶을 살았다.

오늘 사회적 약자 그리고 중첩의 수난자, 사회적 고통과 개인적 수난에 대해 강의하고 혼자 생각하다가 한동안 잊고 있었던 재일교포 김하일이 갑자기 떠올라 실성한 사람처럼 웃고, 울고 하였다.

셋

사람의 향기

'난 아직 모르잖아요'를 좋아하던 일본인 선배

가을이 깊다. 이맘때면 늘 생각나는 선배가 있다. 벌써 세상을 뜬 지 20년이 넘은 형, 구라타 마사히코藏田雅彦.

사람이 이렇게 저렇게 따지기 시작한다면 한정이 없는 일이겠지만, 그가 한국의 연세대학으로 느지막이 유학을 오지 않았다면 내가 과연 일본을 주목하게 되었을까. 그와 나눈 깊은 우정이 없었다면 내가 일본으로 유학을 왔을까. 그의 도움과 진한 형제애가 없었다면 내가 일본을 공부하며, 일본전공자가 될 수 있었을까. 중간과정이 길고, 여러 고비 굽이굽이가 있기는 했지만 구라타 형과의 관계가 아니었으면 내가 과연 일본의 대학에 몸을 담고 도쿄살이를 할 수 있었을까. 쓸쓸한 초상처럼, 한창 나이에 그만 속절없는 병으로 훌쩍 세상을 떠난 그 형을 이 가을 한가운데에서 다시 진하게 그리워한다.

구라타 형은 유독 한국 노래 한 곡을 집요할 정도로 좋아했다. 1987년 서울에 유학을 왔는데, 당시 유행하던 아니 조금 유행이 지났을까 싶은 이문세의 '난 아직 모르잖아요'를 그렇게 좋아했다. 나는 이 노래를 알기는 했어도 완창할 정도는 아니었는데, 형이 막무가내로 졸랐다. 자기가 이 노래를 잘 부르고 싶으니 같이 부르잔다. 젊은 시절, 아일랜드까지 건너가 학생운동에 참가하고 거리에서 기타를 치며 저항 팝송을 부를 정도였던 노래 실력파 구라타 형은 결국 이 노래를 자신의 18번으로 만들었다. 덕분에 나도 옛날식 카세트테이프로 자동차에서 이 노래를 들으며, 그 시절 형과 같이 서울 거리를 쏘다닌 기억이 진하다.

1989년 봄 일본 오사카 모모야마桃山 가쿠인 대학 교수로 부임한 형, 바로 그해 가을 교토 도시샤대학으로 유학온 나. 일본에서 타고 다니던 내 차에 이 노래 테이프를 넣고 아이들처럼 목소리를 합하여 큰 소리를 내질러 부르며 —오사카 교외의 형네 집과 우리 집이 있는 교토를 왕래하는— 한신阪神 고속도로를 달리던 기억에 가슴이 먹먹하다.

올 가을은 내게 일본을 진지하게 그리고 객관적으로 철저히 공부하도록 촉구한 한국전문가 구라타 마사히코 그가 특히 그립다. 그 형, '난 아직 모르잖아요' 이 노래만큼은 이문세보다 더 잘 불렀다.

도히 아키오 선생 추억 1 첫인사

종일 연구실에서 이 책 저 책 뒤적이는 중 자꾸 옛 생각이 나니 나도 나이가 드는가보다. 누가 그랬던가, 학자가 나이 들면 논문은 말고 회고록이나 쓰라고. 아무튼 선배들의 옛 이야기가 젊은 후배들에게 단단한 자양분이 된다는 것은 바람직한 일임에 분명하다. 아침부터 몇 선배의 회고담을 페이스 북으로 읽은 탓도 있으리라.

내가 교토의 도시샤 대학에서 도히 아키오土肥昭夫 교수의 지도로 '일본'을 공부하기로 하고 단신 도일渡日했던 것이 1989년 10월이다. 당시 나와 도히 선생의 연구실에 처음 함께 간 이는 지금은 고인이 된 구라타 마사히코蔵田雅彦 선배였다. 그러나 사실은 그 몇해 전인 1985년 1월에 몇몇 선배들과 타이완을 먼저 여행한 후 처음으로 일본에 다니러 왔을 때 잠시 도히 선생을 만나 인사드린 적이 있으니 그 때가 두 번째 만남이었던 셈이다.

그러나 부끄럽게도 도히 선생의 제자가 되겠다고 찾아간 나는 일본어를 한 마디도 제대로 할 수 없을 때였다. 첫인사마저 영어로 한 후 돌부처처럼 앉아 있었다. 물론 선생도 사전에, 내가 그때부터 수개월간 별도의 일본어 코스에서 공부를 할 것이고 1990년 봄 학기부터 자신의 세미나에 참가한다는 것을 알고 있었다. 나를 안내한 구라타 형은 어떻게든 도히 선생이 나에 대해 좋은 인상을 갖도록 열심히 통역을 해가며, 나와 도히 선생 간의 커뮤니케이션을 도왔다. 그러나 당시 내가 겪은 좌절감, 이건 도무지 선생에 대한 도리가 아니라는 자괴감 같은 심정은 말로 다 할 수가 없었다. 도대체 선생의 말을 알아들을 수 없는 주제에 무슨 공부를 하며 제자가 되겠다는 것인가. 결국 선생과 제자로서 첫 만남은 긴 시간을 가질 수 없었다. 선배 통역사를 사이에 두고 무슨 이야기를 오래할 수 있겠는가.

그날 저녁 구라타 선배는 오사카 자신의 집으로 돌아가지 않고, 나의 속성 일본어공부 대책을 세워가며 하룻밤을 내가 머무는 숙소에서 지냈다. 밤늦도록 내 일본어 코스의 교과서 거의 전부를 빈 테이프에 녹음하고, 당시 유행하던 일본 노래도 한 곡 녹음해 주었다.

그 이후 내 일과는 아침 9시부터 12시까지 일본어 수업, 점심을 도시샤대학 식당에서 해결한 후 도서관에서 어두워질 때까지 다시 일본어만 공부했다. 기초 문법도 잘 모르는 상태였지만 교과서, 참고서 모든 일본어 어학교재를 통째로 외워버렸다. 그리고 숙소에 돌아가서는 구라타 형의 음성으로 녹음된 교과서를 소리 내어 따라 읽었다. 다행히 그 얼마 후에는 어학코스의 담임 선생님 배려로 우정 깊은 오후 과외도 받을 수 있었다.

도히 선생께 인사드린 후 두 달이 채 안 된 어느 날, 아마 50여 일이 지난 후로 기억한다. 크리스마스 전에 잠시 서울을 다녀올까 하던 차에 그래도 선생께 보고를 드리고 다녀올 요량으로 전화를 드렸다. 선생께는 내 첫 일본어로, 그것도 전화로 어느 날 몇 시에 연구실을 방문하면 좋겠냐고 여쭈었다. 무척 당황한 듯한 선생의 목소리가 저편으로 느껴졌다. 아무튼 더듬더듬 약속을 잡았다. 이어 구라타 형도 마침 약속한 날 교토에 볼일이 있다는 연락이 와서 도히 선생을 다시 함께 방문하기로 했다.

1989년 12월 초순 바로 이맘때였다. 선생의 연구실에 들어서면서 나는, 조금은 자신감도 생기고 선생께 일본어 자랑도 할 겸 밝은 목소리와 표정으로 인사를 건넸다. 그런데 선생의 반응은 영 아니었다. 조금은 어둡고 화가 난 것 같기도 한 표정이었다. 나는 넘겨짚어 짐작을 했다. 아, 내가 너무 무심하게 공부만 했구나. 두 달이 다 되어가도록 선생을 찾아오지 않고 어학공부만 했구나, 내 딴에는 일본어가 좀 되면 오려고 하루에 평균 17시간을 일본어 공부만 했는데… 실수였구나. 이에 몇 차례 선생께 그동안 찾아뵙지 못해 죄송하다고 사죄를 드렸다. 그래도 선생의 안색에서 어두운 기색이 가시지 않았다. 비로소 선생이 속내를 말했다.

"나는 서정민 씨가 이토록 정직하지 않은 사람인 줄 몰랐습니다. 도대체 이렇게 일본어가 유창하면서, 지난번 처음 만났을 때는 전혀 모르는 채 인사도 영어로 하고 말입니다. 역사가는 우선 정직해야 합니다."

아니, 이게 도대체 무슨 말씀인가. 나보다 더 당황한 사람은 같이 간 구라타 선배였다. 구라타 선배가 나섰다.

"이 사람은 정말 두 달 전까지 일본어를 전혀 못했습니다. 몇 차례나 제가 가르쳐 준 '스미마센[すみません]'이라는 일본어를 사용한다는 것이 영어의 '미스테이크mistake'와 혼돈을 일으켜서 '미스마센みすません'이라고 할 정도로 한심한 초보였습니다."

구라타 형의 말을 찬찬히 듣던 도히 선생의 눈가가 촉촉해지며 드디어 환한 미소를 보였다. 그리고 의자에서 일어나더니 내게 다가와 악수를 청하고 어깨를 따뜻이 감싸주었다. 그럼 두 달 동안에 일본어를 이만큼하려고 (물론 지금 생각하면 그때의 내 일본어라는 것은 형편없는 단계였지만) 밤잠을 안 자고 혼신을 다했단 말이냐고… 고맙다고. 그날 이후 나와 도히 아키오 선생의 사제관계는 참으로 돈독해졌다.

도히 아키오 선생 추억 2 무엇을, 어떻게 할 것인가

선생의 대학원 제미ゼミ*에 출석을 시작했으나 처음에는 동료들의 발표와 선생의 코멘트를 반도 채 못 알아들었다. 한 마디도 놓치지 않으려고 연필을 움켜쥐고 뜻 모르는 낱말은 그 발음이라도 노트에 적어 나갔다. 몇 시간 지속되는 수업을 마칠 때 즈음이면 등골과 이마는 물론 두 손에서도 땀이 흐르고 긴장한 탓인지 가끔 팔다리에 쥐가 나기도 했다. 1990년 봄 학기 시작 후 한두 달이 제일 힘들었다.

학기 시작 후 한 달 정도가 흐른 어느 날 선생이 나를 연구실로 불렀다. 이제 남의 발표만 들을 것이 아니라 자신의 연구 테마를 정해야 할 것이라고, 한번 생각해보라고 했다. 나는 이제야 무얼 좀 정식으로 공부할 성 싶어 은근히 신이 났다. 선생을 다시 만나기 전에 '한일 그리스도교 관계사'라고 큰 제목을 정한 후, 그동안의 내 지식을 총동원하여 전체 주제에 관계된 거의 모든 소제목을 망라하여 목차만 다섯 페이지 정도를 꾸며 선생의 연구실로 찾아 갔다.

선생은 찬찬히 살펴보더니, 그대 어린 딸이 둘 있는 것으로 들었는

* 일본에서는 한 교수의 학부와 대학원 과목 제자 그룹을 '누구누구의 제미'라고 부른다.

데 대를 이어 이 주제로 공부를 시킬 작정이냐고 물었다. 최소한 3대는 연구가 세습되어야 이 주제가 완성될 것 같다고 했다. 그러고는 다짜고짜 우선 일본의 근대 이후 그리스도교 종교 사상가 중에 아는 이름 몇을 대보라고 했다. 우치무라 간조內村鑑三, 가가와 도요히코賀川豊彦, 기타모리 가조北森嘉藏 등을 꼽아 나갔다. 선생은 오케이, 제일 먼저 이름을 댄 우치무라 간조를 한번 공부해보면 어떤가, 했다. 이유는 자신이 일본의 근대 종교사상사를 공부하기 시작할 때 처음 우치무라 간조에 집중했다는 것이다. 이미 뒤통수를 한 대 맞은 터에 나는 무조건 좋다고 했다. 그럼 시간을 좀 줄 터이니 우치무라 간조의 저작 자료 목록, 그에 대한 연구목록 등을 조사해 보라고 했다.

당장 그날 오후부터 나는 도시샤대학 중앙도서관, 신학부 도서관 그리고 인문과학연구소의 자료실을 오가며 우치무라만 생각했다. 어느 정도 목록이 전산으로 정리되어 있는 것은 인문과학연구소에서 프린터를 했다. 그러나 1990년 봄 당시, 그렇게라도 프린트 할 수 있는 자료는 별로 없었다. 도서관의 도서카드를 통째로 가져다 놓고 손으로 노트에 하나하나 목록을 적어 나갔다. 그리고 중심 연구로 보이는 논문을 빌려 그 참고문헌을 비교해가며 다시 2차 자료에서 목록을 추적해 나갔다. 2주 정도 작업 후에 정리하여 선생께 가져간 우치무라 저작목록, 연구목록은 천 단위가 훨씬 넘었다. 주제를 이만큼 줄이고 줄였으니, 이제 죽으나 사나 우치무라 간조를 연구해야 한다는 생각에 나는 앞으로 내 연구 테마를 '우치무라 간조 연구'로 해보겠다고 말했다.

선생은 수고했다며 다시 빙긋이 웃더니 내게 이 자료들을 다 읽을 수 있겠냐고 물었다. 줄이고 줄여 테마가 우치무라 간조로 정해지기는 했어도 내 손으로 조사한 자료, 연구 목록이 천 단위가 훨씬 넘으니 그 것을 무슨 수로 다 읽는단 말인가. 고개를 갸우뚱거리며 머리만 긁적 였다.

선생은 이때 자신의 뉴욕 유니언신학교 시절 이야기를 했다. 어거스틴Aurelius Augustinus 연구를 하려고 유학을 갔는데 교수도, 동료들도 자신에게 질문하는 것은 일본그리스도교이더라는 것이다. 마찬가지로 자신도, '제미'의 동료들도 우치무라 자체에 대해서는 내게 묻지 않을 것이라고 했다. 우치무라가 한국과 어떤 관계가 있는지만 물을 것이라고 했다. 내가 가져간 천 단위의 자료 목록과 연구목록 중에서 한국과 관계된 것만 찾아보라고 했다. 우선 조선문제를 다룬 우치무라의 논설로 제1차 자료 몇 편 그리고 우치무라와 한국 관련을 다룬 연구로는 소논문 딱 두 편이 있었다.

그제야 선생은 유쾌하게 웃으면서, 이 두 편의 소논문만 넘어서면 그대의 연구는 이 분야 최고가 되는 것이라고 했다. 결국 3년 가까운 도시샤 시절의 내 연구테마는 '우치무라 간조와 한국'이었다. 그 과정에서 근대사 속의 한일관계, 한일의 그리스도교 관계사는 다 손에 잡힐 듯 했다.

'도히 제미'에서 발표한, 우치무라와 한국 관련 주제의 발제들이 결국 소논문이 되어 일본의 모모야마桃山 학원대학의 논문집에 한 편, 한국 《기독교사상》에 연이어 세 편의 아티클article이 되었다. 결국 학자로서 내 첫 학술논문들이다.

도히 아키오 선생이 내게 제일 먼저 가르쳐 준 것은 작은 구멍으로 세상을 본다는 것이다. 그리고 그것은 자신과 깊이 연관된 콘텍스트context 쪽의 구멍이 되어야 한다는 것이다. 결국 선생의 가르침으로 나는 우치무라 간조 연구가 아닌 '우치무라 간조와 한국'연구의 전문가가 되었다. 그것을 시작으로 한국의 김교신金敎臣을 비롯한 우치무라 제자들과 그 시대 한국과 일본이 시야에 들어왔고, 내 중심연구가 된 '한일관계사'의 중요한 단초를 풀어갈 수 있었다.

도히 아키오 선생 추억 3 눈물로 한 설교와 눈물의 통역

1990년 2월에 사와 마사히코澤正彦 제1주기 추모기념 한일그리스도교역사 세미나가 도쿄 도미사카富坂 그리스도교센터에서 열렸다. 여기에 내 평생의 동지들인 한국의 '한국기독교역사연구소'(당시는 '한국기독교사연구회')의 선후배 다수가 참여했다. 나도 도히 아키오 선생을 모시고 도쿄 프로그램에 참석했으며, 선생은 기조강연을 했다.

그 답례 성격이었을까, 그 다음해인 1991년 8월에 한국기독교역사연구소는 연구소로 그 조직을 발전시킨 1주년 기념도 할 겸 서울에서 한일기독교사 국제심포지엄을 열었다. 역시 나는 통역을 겸해서 선생을 모시고 서울로 갔다. 이것이 도히 아키오 선생의 첫 한국방문이었다. 사모님도 동행한 한국 여행길이었다.

지금도 일본의 개신교 역사서로 가장 널리 읽히는 도히 아키오 선생의 책 『日本プロテスタント・キリスト教史일본 프로테스탄트 그리스도교사』(新教出版社)에는 독립적인 한 장으로 한국식민지와 일본그리스도교 관계사가 서술되어 있다. 선생의 문하에서 공부하기 시작한 얼마 후 내가 불쑥 이 부분 쓰실 때 한국은 한번 다녀오셨냐고 여쭈었더니 얼굴이 발개지시면

서, 그것이 자신이 가장 부끄러워하는 일이라고 말씀하신 것을 기억한다.

선생의 첫 한국 방문은 선생에게나 내게 대단히 흥분되는 일이었다. 일본의 근대사, 특히 일본 그리스도교 역사를 가장 비판적으로 연구하는 학자, 그래서 한국에 대한 역사적 책임의식을 깊이 인식하던 역사가의 첫 한국방문이었던 까닭이다. 초청의 핵심이었던 한국기독교역사연구소 국제심포지엄의 기조발제 이외에도 여러 경험을 하게 해드리고 싶었으나, 비교적 일정이 짧았던 것이 아쉬웠다.

우선 우거寓居지만 우리집에 선생 부부를 초대하여, 한국에서는 귀한 손님을 대접할 때 이렇게 한다는, 아주 기본적인 맛보기를 보여드렸다. 이 때문에 우리집 양가 어른들도 다 참여하고, 특히 아내는 물론 장모님이 무척 고생을 하셨다. 그리고 선생과 내가 심포지엄에 참석할 동안 아내와 우리 어린 딸들은 사모님을 모시고 용인민속촌을 비롯한 관광길에 나섰다. 그런데 당시 일본어를 전혀 할 줄 모르던 아내는 통역으로 친정아버지를 모시고 함께 길을 나서기도 했다.

공식행사가 끝나고 나서 나는 선생 부부를 남산의 안중근기념관, 효창동의 백범회관 그리고 몇몇 대학 캠퍼스 등으로 안내했다. 그러나 선생의 한국일정 중 하이라이트는 일본으로 돌아가기 바로 전날인 일요일, 공교롭게도 8.15 기념 주일에 연세대학교회 주일대예배에서 설교를 한 일이다. 선생을 어떻게 하든 내 모교의 프로그램에 한번 참여하게 해드리고 싶었는데, 당시 연세대학교 교목실은 도히 아키오 선생의 한국방문의 큰 의의를 잘 이해했다. 그러나 선생의 설교 스트레스는 이만저만이 아니었다.

구약성서 역대 하 36장 22-23절 "바사의 고레스 왕 원년에 여호와께서 예레미야의 입으로 하신 말씀을 이루시려고 여호와께서 바사의 고레스 왕의 마음을 감동시키시매 그가 온 나라에 공포도 하고 조서도 내려 이르되 바사 왕 고레스가 이같이 말하노니 하늘의 신 여호와께서 세상 만국을 내게 주셨고 나에게 명령하여 유다 예루살렘에 성전을 건축하라 하셨나니 너희 중에 그의 백성 된 자는 다 올라갈지어다. 너희 하나님 여호와께서 함께 하시기를 원하노라 하였더라."를 본문으로 한 설교였던 것으로 기억하는데, 선생은 설교 원고가 다 닳도록 읽고 또 읽었다. 덩달아 통역을 해야 하는 나 역시 한국어 번역문을 거의 외울 정도로 읽지 않을 수 없었다.

드디어 1991년 8월 11일 주일 당일 선생과 나는 연세대학교회 루스채플의 연단에 나란히 섰다. 사회자가 선생을 소개하면서, 연세대학교회의 역사에서는 물론 한국교회 해방 이후 역사에서 8.15 기념 주일에 일본인 역사신학자가 설교자로 나선 일은 아마 처음일 것이라고 덧붙였다.

설교단에 나와 함께 올라 선 선생은 경륜 깊은 노학자가 아니었다. 설교 원고를 펼치는 손이 눈에 띄게 떨리며, 마른기침을 연거푸 하는 걸로 보아 무척 긴장한 것이 분명했다. 사전에 통역은 한 단락 한 단락 나누어 하기로 약속하고 나는 선생의 첫 일성을 기다리고 있었다. 물론 떨리는 것은 통역자인 나 역시 마찬가지였다. 그런데 시간을 측정하기 위해 내가 손목에서 풀어 강대상 위에 세워 놓은 손목시계로 1분, 2분, 3분 정확히 3분이 흐르도록 선생의 목소리는 아무런 음성도 내지를 못하고 있었다. 안타까운 마음에 옆으로 훔쳐 본 선생의 안경 안쪽 눈에는 눈물이 가득 고였고, 그것이 볼을 타고 쉴 새 없이 흘러내리고 있었다. 선생의 가슴을 누구보다 잘 이해할 수 있었던 나 역시 눈물을 주체할 수가 없었다. 예배에 참석한 이들도 왜 설교를 안 하지가 아니라 지금 눈물의 설교를 하고 있다는 것을 알아차리는 데 그리 오랜 시간이 걸리지 않았다. 선생이 마음을 가다듬고 설교를 시작하기 직전, 울음 섞인 내 첫 통역이 마이크를 탔다.

"여러분 눈물로 하는 말씀의 통역은 눈물밖에 없습니다."

그 이후 행한 선생의 구약 본문 설교가 솔직히 그렇게 감동적인 내용은 아니었다고 생각한다. 그러나 이미 도히 아키오 선생은 설교 시작 전 3분 가까운 눈물의 설교, 역사적 사죄의 눈물로 자신이 전하고자 한 모든 메시지를 다 전한 것이나 다름없었다. 나 역시 통역자로서 눈물은 눈물로밖에 통역할 수 없음을 그대로 보여주었다.

이날의 설교에 대해서는 이후 내가 모교 교수로 재직할 시에 —벌써 시간이 많이 흐른 이전의 일이었지만— 당시 참석자들로부터 그 감동을 기억하는 이야기를 여러 차례 전해들은 바 있다. 물론 선생은 그 이후 이런 저런 프로그램으로 여러 차례 한국을 다시 방문했지만, 늘 이 첫 방문의 경험 그 중에서도 그날의 설교를 잊을 수가 없다고 했다.

도히 아키오 선생 추억 4

선생과 함께 한 일상들

유학 시절, 아내와 어린 딸들을 모두 서울에 두고 교토에서 혼자 생활했다. 몸도 불편한 내가 혼자 의식주를 해결해 나가는 것이 선생에게는 늘 마음에 걸리는 일이었다. 평균 일주일에 한 번 이상은 아침 일찍 내 숙소로 전화를 하셨다. 사모님이 오늘도 주특기인 샌드위치를 넉넉히 만들었다, 어제 향 좋은 커피가 새로 들어왔다, 다른 약속 없으면 연구실로 오라, 점심같이 하자. 세미나 시간에는 상당히 엄격하고 가차 없는 선생이었으나, 평소의 선생은 아버지와 같았다.

'도히 제미'는 수업 이외에도 자주 모였다. 대학 밖의 식당이나 교외의 캠프장 등에서 먹고 마시며 모여 끝없이 토론을 계속하는 경우도 많았지만, 교토 사쿄구左京区의 선생 댁에서도 자주 모임을 가졌다. 모일 때는 그럴 형편이 되거나, 가족이 있는 친구들은 무언가 한 가지씩 요리를 만들어 와서 사모님이 만든 음식과 함께 나누어 먹으며 세미나 겸 파티 겸 그런 기회가 많은 편이었다. 물론 나는 요리 가져오는 의무를 거의 면제 받았고, 그것이 늘 미안하기 그지없었다.

유학 다음해인 1990년 여름에 방학을 맞아, 처 역시 근무처인 학교가 방학을 하자 어린 두 딸과 장인장모까지 모시고 교토로 다니러 왔다. 도착 다음날 처와 아이들을 데리고 선생 댁으로 인사를 갔다. 아이들을 무척 좋아하던 선생은 손녀를 새로 맞은 양 그렇게 기뻐할 수가 없었다. 그 이후 언제나 선생은 우리 두 딸의 이름을 기억하고, 큰딸 작은딸 이름을 부르며 안부를 묻고는 했다. 그런데 바로 그 여름방학의 종강파티가 다시 선생의 댁에서 열렸을 때, 처와 장모님이 마음먹고 만든 한국 음식으로 전, 잡채, 김치 등을 가득 들고 가서 그동안 '도히 제미' 모임에 입만 가지고 가던 미안함을 덜었고, 선생님 부부와 친구들에게 어깨를 펼 수 있는 오랜만의 기회도 있었다.

선생은 조그만 스쿠터를 타고 출퇴근을 했다. 주차며 이동이 간단하다는 취지였다. 그러나 늘 위험해 보이기는 했다. 어느 날 사모님으로부터 전화를 받았다. 선생님이 사고로 입원했다는 것이다. 한걸음에 병실로 달려가 보니 발목이 골절되어 깁스를 하신 채 누워 계셨다. 크게 염려하는 내게 빙긋이 웃으시며 병실 한쪽에 세워져 있는 쌍지팡이를 가리켰다. 내가 아마 서정민을 제대로 이해할 수 있는 기회를 얻은 모양이라고 했다. 다행히 큰 부상은 아니어서 바로 퇴원은 할 수 있었으나 당분간 깁스를 한 채 클러치를 짚고 움직이지 않으면 안 되는 상황이었다.

당시 나는 대학의 특별 허가를 받아서 내 작은 자동차를 주차장은 아니지만 신학관과 국제센터 사이 화단 옆에 주차할 수 있었다. 거의 매일 선생 댁으로 자동차를 가지고 갔다. 그리고 선생을 모시고 연구실 건물 바로 앞까지 모셔다 드렸다. 둘 다 쌍 지팡이를 짚고 차에서 내리며 선생과 나는 서로 바라보면서 껄껄 웃곤 했다. 그때 선생과 일생 더 가까워지는 느낌이었다.

선생과 어느 정도 스스럼이 없어질 무렵부터 나는 선생에게 졸랐다. 내가 방학 때 서울에 가면 나무판에 '윤동주 시인이 공부 한 곳'이라고 예쁘게 새겨올 터이니, 도시샤대학 캠퍼스 화단 어디에라도 꽂을 수 있도록 도와달라고. 선생은 늘 안경을 올렸다 내렸다 하며 연구해 보자고 하셨다. 일본의 대학 체제가 교수 한 사람의 노력으로 그런 일이 쉽게 결정되지는 않을 거라는 걸 잘 알고 있었다. 아무튼 이 일로도 선생은 나와 함께 고민했고, 윤동주 시비 건립에 가장 큰 힘이 된 분 즉 선생의 선배이자 친구인 한석희韓皙義 선생과 이 일로 여러 번 상의를 나눈 것을 나중에 알게 되었다. 서정민이 그 일을 그렇게 하고 싶어 하는데, 방법을 찾아보자고 했다는 것이다. 한석희 선생은 재일교포 실업인이자 내 유학시절 후견인과 같은 역할을 한 분이다.

도히 선생은 내게 학문적으로는 무척 엄격했으나, 인간적으로는 한없이 따뜻한 분이었다.

도히 아키오 선생 추억 5 하늘로 '하나미花見' 가시다

내가 한국으로 돌아간 후에도 거의 해마다 선생님을 만났다. 도시샤 대학에서 정년퇴직한 후에도 선생의 연구에는 정년 같은 것이 없었다. 내 보기에는 현직에서 제자들을 기를 때보다 더 왕성해졌다. 내가 연세대학에 재직할 때 한국으로 한번 모실 기회가 있었고, 그 전후로 나는 거의 매년 교토에 심포지엄이나 학회 등의 볼 일이 있었다. 그때마다 선생의 댁을 찾았다. 늘 정정하셨고 늘 따뜻했다.

2008년 연세대학 안식년에, 지금 재직하고 있는 도쿄의 메이지가쿠인대학에서 초빙교수로 초청을 받았다. 그리고 그해 마침 나는 도시샤대학으로부터 학술 박사학위를 다시 받았다. 선생의 기쁨은 하늘 높았다. 그해 3월 26일 내 학위수여식이 있었고, 이튿날인 3월 27일 저녁에 교토에서 선생님 부부 그리고 처와 나, 내 학위논문 심사위원장이었던 하라 마코토原誠 교수 등이 모여 조촐한 축하회를 열었다. 선생은 어린아이처럼 기뻐하시며 내 학위기를 읽고 또 읽었다. 그리고 잘 안 하시는 반주도 한 잔 하실 정도로 마냥 기뻐하시는 것이 역력했다. 그 동안 제자로 더 편안하게 못 해드린 것이 마음에 걸렸다.

그날 밤 나는 '신칸센'으로 도쿄로 돌아왔다. 메이지가쿠인대학에서 새로 개설한 강의가 곧 개강이어서 일정이 빡빡했다. 개강 후 조금 여유가 생기면, 더구나 올 한 해는 한국이 아니라 같은 일본의 도쿄 교토 간이니 하루 이틀이라도 다시 시간을 내어 몇 차례고 다녀가겠노라, 선생께 약속을 했다. 그런데 내가 도쿄로 돌아온 지 3일 후, 바로 3월 그믐날이었다. 늦은 저녁 교토의 후배에게서 전화가 왔다. 선생님이 돌아가셨다는 전갈이었다. 도무지 믿어지지도, 믿고 싶지도 않았다. 바로 며칠 전 만찬 자리에서 선생님이 보여주셨던 그렇게 상기되었던 밝고, 붉은 동안같이 정정한 얼굴이 눈에 생생한데, 돌아가시다니.

그 밤을 뜬눈으로 새고 다음날 아침 이른 신칸센으로 교토로 향했다. 선생님을 모신 교회당에 망연히 앉았다. 사모님 손을 붙잡고 소리 없이 한참을 울었다. 내게는 한 분의 어버이가 또 가신 것이다. 전야前夜 예배를 드린 교회당, 마당에 차려진 방명록에 슬픔을 억누르고 한 글자 쓰려고 붓 펜을 들었다. 바로 그때 선생의 숨결이런가, 한 줄기 바람이 훅 불더니 만개한 사쿠라(벚꽃) 꽃잎이 후루룩 날려 방명록 백지 위에 툭 떨어졌다. 난 이렇게 썼다. "선생님! 어찌 '하나미花見(꽃구경)'를 천국으로 가셨나이까." 그 몇 자 적은 글씨 위로 내 눈물과 사쿠라 꽃잎이 또 내려앉았다.

그날 저녁 고별예배에서 꽃으로 단장한 선생님 얼굴을 직접 뵈었다. 내 볼을 선생님 얼굴에 갖다 대자 섬뜩한 냉기가 전해졌다. 그 차가움은 20년을 내게 주었던 선생님 마음의 온기를 역으로 확인해주는 것이기도 했다. 4월 초순의 교토는 현란하다 못해 몽환적인 꽃 나라이다. 바로 그런 계절에 선생님의 육신을 불로 보내드리고, 무거운 걸음으로 도쿄로 올라왔다. 그날의 기억이 지금도 생생하다.

오늘 도쿄에 드디어 벚꽃이 만개했다. 잠시 메구로[目黑] 역까지 외출했는데 온 동네가 벚꽃 천지이다. 제법 강한 바람에 후두둑 꽃잎이 흩어지기도 한다. 그러나 핀 지 얼마 되지 않은 젊은 꽃송이는 비록 흔들릴지언정 떨어지지는 않는다. 일본과 일본인들은 이 계절에 가장 센티멘털해지는 듯하다. 고향도, 부모형제도, 옛 친구도 이 계절에 가장 많이 생각하는 것 같다. 꽃바람 속을 오가는 사람들 표정이 그렇다. 물론 이 또한 비교적 오랜 '일본살이'에서 느낀 것이다. 어느 나라 어느 문화가 꽃바람에 무심하리오만 일본은 특히 이 사쿠라[桜]에 살고 지는 나라이다. 그렇게 모질던 군국주의도, 그 강고하던 전쟁의 화신들도 대개 사쿠라에 피고 사쿠라에 졌다. 젊은 목숨들이 덧없이 흩어져 간 가미가제[神風] 특공대를 이 사쿠라 꽃잎에 비유하는 것은 가장 처절한 극단의 예라 하겠다. 그들을 흩어지는 꽃잎 같은 청춘으로 내몬 파시즘의 광기가 가증스럽기 그지없다.

일본에서 이 하나미의 계절은 가장 화려한 낭만과 풍류가 있는 때이고 여행이라도 다닐라 치면 이 계절처럼 좋은 때가 없다. 넉넉한 인심이 있고, 사람들도 잔잔하고 가벼운 흥분상태이다. 혹 예기치 않게 귀한 친구를 만날 수도 있고, 청춘들은 고운 인연도 맺기 쉬운 때일지 모른다. 그러나 내게는 하나미의 화려하고 교교한 이 계절이 가장 슬픈 기억으로 가득하다. 내 선생 도히 아키오를 보낸 계절이기 때문이다.

그날 그 기억 이후, 벚꽃이 만개하는 3월 하순이 오면 내겐 곱고 아름다운 꽃구경이 오히려 아프고 저린, 슬픈 회상[回想]이 되었다. 혹 아름다움이 있다면 그것은 비애미悲哀美일 것이다. 이런 현란한 계절에 나를 끔찍이 아끼시던 선생은 그렇게 꽃구경 가듯이 훌쩍 가셨다. 내게 이제 일본의 사쿠라는 선생과의 이별 기억이다

그해 5월, 도시샤대학에서 다시 선생님 추도예배가 열렸다. 다행히 내가 일본에 있을 때여서 참석이 가능했다. 선생을 회고하는 순서를 맡아서 몇 마디 하다가 몇 차례 울다가 곧 자리를 내려왔다. 그리고 한참을 다시 서럽게 울어야 했다. 추도예배에 참석한 한 선배가 내 손을 잡고 이렇게 말했다. "도히 선생께서, 우리 서 박사 도시샤대학에서 박사학위 받을 때까지 기다리셨나봐, 아니 당신이 도쿄에 와 있을 때를 맞추어서 가신 듯해…." 선배의 목소리는 내게 위로인지 슬픈 독백인지 분간이 안 되었다. 사모님 말씀은, 돌아가신 날 오후에 여전히 그 스쿠터를 타고 단골 원두커피 전문점에서 좋아하는 커피를 한 봉지 사오시고, 저녁 들기 전에 목욕을 하신다고 욕탕에 들어가신 후 욕조에 앉으신 채 그렇게 조용히 우리 모두와 이별을 하신 것이라고 했다.

선생님의 추도예배를 마치고 도쿄로 돌아와서도 내 허전한 마음을 평정하는 데는 상당한 기간이 필요했다. 그리고 그해 11월. 당시로서는 초빙교수로 있던 메이지가쿠인대학에서 특별기획 세미나를 열었다. 도히 아키오의 역사관을 조명하는 학술모임이었다. 내게 발제 임무가 맡겨졌고, 특별히 교토의 사모님을 대학에서 초청해 주었다. 몇 차례 사양하고 다른 제자들 중에서 적임자를 찾고자 했으나 마땅치 않아 결국 내가 감히 선생의 역사관을 요약하였다.

"생애, 인간적 측면, 선생의 역사서술 방법론 문제, 일본적 의미의 '민중사관', 천황제 이데올로기와 일본기독교역사, 한일기독교관계사론

등등"의 큰 제목으로 선생의 평생 연구를 정리했다. 그리고 원근에서 모인 그의 직간접의 제자들과 한판 토론마당을 벌였다.

선생의 직접 제자는 아닌 한 참석자가 작심한 듯 내게 질문을 했다. "항간에는 '차가운 도히'라고 하는 선생의 별칭이 있을 정도입니다. 도히 선생은 아무래도 자신의 나라 일본의 기독교 역사를 지나치게 비판적으로, 그야말로 차갑게 평가했는데, 그에 대한 서정민 선생의 의견은 어떻습니까."

내 대답은 간단했다. "진정한 역사가의 눈으로 볼 경우 그렇게 보였고, 그렇게 고백적 비판을 아니 할 수 없었을 것입니다."

질문자는 더불어 내게도 한 가닥을 걸었다. "그렇다면 선생도 자신의 나라의 역사를 필요하면 그렇게 비판적으로 평가할 수 있습니까."

"물론입니다. 필요하다면 그렇게 해야지요. 저는 도히 아키오의 제자이니까요."

결국 그날 토론에서 일부 참석자에게는 나 역시 '차가운 서 아무개'가 되고 말았다. 따뜻한 마음으로 인간을 보되, 역사적 사실에 대해서는 냉혹할 정도로 치밀하게 검토해 나가는 자세가 선생에게 배운 역사가의 자세가 아닐 수 없다. 선생이 떠난 지도 여러 해가 흘렀다. 그 동안 나는 연구와 교육의 임지를 일본으로 옮겼고, 일본의 역사이든 한국의 역사이든 그 역사를 차갑게 지적하며 가르치고 있다. 그러나 또한 선생처럼 모든 사람을, 그리고 역사의 인물을 한편으로는 따뜻한 온기로 대하고 싶은 것이 진심이다.

딸들의 어린 시절 추억

몇 차례 그때 그 시절 이야기를 한 적이 있는데 딸들 보고 싶은 김에 딸들 어릴 적 이야기도 몇 차례 할까 한다. 오늘도 출근하여 종일 학생들 에세이를 읽었으니, 머리도 쉴 겸 말이다.

딸들의 자전거

지난 번 큰딸 내외가 도쿄에 왔을 때 사위가 불쑥 내게 말했다. "아버님, 이 사람은 자전거를 못 타기 때문에 자동차 운전은 필수적으로 해야 합니다. 그런데도 통 운전연습을 할 생각을 안 하고 있습니다, 아기 생기면 어떻게 할지 걱정입니다." 내게 딸의 소극성을 은근히 고자질하는 것이다.

사실 일본의 젊은 엄마들은 아기를 자전거에 태우고, 그것도 아이가 둘일 경우에는 앞뒤에 태우고 어린이집이나 유치원으로 씽씽 달리는 것이 보통이다. 그것이 정 안 되면 자동차에 태워 데려다주고 데려와야 한다(지금은 이미 내 손주가 태어나서 유치원에 다닐 나이인데 다행히 유치원이 집 가까운 곳이어서 자전거 없이도 잘 다니고 있다).

큰딸아이 만 네 살 생일날이었다. 선물로 무얼 사줄까 물으니 '자전거'라고 또렷이 말했다. 얼마나 기분이 좋았는지 모른다. 다리가 불편한 내가 꼭 타고 싶었던 것이 자전거였는데 그걸 첫 딸아이가 사 달라 하니 기분이 좋을 수밖에. 아빠가 퇴근할 때 꼭 자전거 사서 자동차에 싣고 올게. 새끼손가락을 걸고 약속을 했다. 그런데 그날따라 당시 내 직장이던 출판사의 회의가 길어져 퇴근이 늦어졌다. 허겁지겁, 미리 보아둔 가까운 우리 동네 후암동의 어린이 자전거 가게에 갔더니 이미 문을 닫았다. 숨차게 차를 몰아 먼 용산까지 가서 어렵사리 어린이용 두발 자전거, 물론 양쪽에 보조바퀴가 달려 넘어지지는 않는, 빨간색 자전거를 살 수 있었다.

큰딸은 그날부터 복도식 아파트의 복도에서, 그리고 아파트 어린이 놀이터에서 곧잘 내가 사준 자전거를 탔다. 그러나 초등학교에 들어간 뒤 미처 나이에 걸맞는 자전거를 탈 시기를 놓쳤다. 그리고 시간이 훌쩍 지나 큰딸은 중학교 1학년, 작은딸은 초등학교 3학년 때 자전거 이야기가 다시 나왔다. 역시 나는 기쁜 마음에 자그마한 두발 자전거 예쁜 것을 집으로 배달시켰다. 자전거를 본 중학생 큰딸이 보조바퀴가 없다고 투덜거렸다. 나는 네 나이에는 그런 거 달린 것 타면 안 되고 이걸로 잘 배워서 타야 한다고 타일렀다. 내가 뒤에서 잡아주며 혼자 잘 탈 때까지 도와줄 수 없다는 사실을 생각하지 않았던 것이다. 딸들은 볼멘소리를 했다. 아빠는 자전거 뒤에서 잡아줄 수 없잖아.

그날부터 딸들은 새 자전거를 가지고 아파트 공터에 나가 타본다고 며칠간 무진 노력을 했다. 넘어지고, 무릎이 까지고 했다. 나는 그저 핸들 오른쪽, 왼쪽을 소리 지를 뿐이었다. 여러 차례 넘어지면서 다

칠까 겁을 먹은 큰딸, 작은딸 모두 자전거를 안 타겠다고 했다. 아빠가 잡아줄 수 없다는 사실, 더구나 자전거에 관한 한 아빠에 대한 심리적 믿음을 놓친 딸들은 자전거에 겁을 먹고 말았다. 내 실수였다. 아빠 대신, 뒤에서 잡아줄 아빠 손대신 보조바퀴가 달린 자전거를 사주었어야 했는데 말이다. 그 이후 내 딸들은 자전거 탈 생각을 하지 않았다. 새로 산 자전거는 머지않아 가까운 친지의 집으로 보내고 말았다.

일본에 사는 큰딸은, 일본 주부들의 필수와 같은 자전거를 여전히 못 탄다. 그걸 큰사위는 은근히 놀린다. 그러나 두 딸 모두 아빠를 닮아서 운전면허는 단번에 땄다. 자전거를 못타는 우리 두 딸, 다 아빠 탓이다.

아빠 등 뒤에서 혼자 놀던 작은딸

큰딸은 초등학교 입학 직후였으나 작은딸은 세살 때 나 혼자 유학을 떠났다. 그리고 3년간 집을 비웠으니, 특히 작은딸은 아빠가 가장 필요한 시기에 옆에 있어주질 못했다.

일본유학에서 돌아온 후 출판사 촉탁과 대학의 시간강사를 하며 그 이외의 시간은 주로 집에서 책과 논문을 쓸 때이다. 이미 초등학교 고학년이 된 큰딸은 공사다망하였으나, 아직 유치원생이던 작은딸은 아빠가 집에 있는 날이면 거의 내 주위를 맴돌았다. 물론 거의 매년 고3 담임으로 새벽같이 출근하던 엄마얼굴을 보기란 더 힘든 시절이었다.

늘 공부만 하는 아빠이다 보니 선뜻 같이 놀자는 말을 못 꺼냈다. 책상에 앉아 있는 아빠 등 뒤 저만치에서 혼자 놀았다. 혹시 친구들이 문밖에서 불러도 아빠가 집에 있는 날은 이런저런 이유로 집에 있어야 한다고 하는 것 같았다. 종이인형을 방바닥에 늘어놓고 옷을 갈아입히는 놀이, 내가 사다 준 일본의 마르코 인형이나 미미의 부엌 놀이, 병원놀이 등등을 하며 노는 것 같았다.

원고에 집중하다가 조금 쉬기도 할 겸 혼자 노는 딸이 마음에 걸려 아빠랑 놀까, 라고 말을 건네면 두 눈이 반짝반짝 갑자기 표정이 밝아지며 목소리에 생기가 올라 좋아라 했다. 그때 주로 같이 한 놀이는, 주사위를 던져 나오는 숫자만큼 원형 말판 위에 표시된 도시에 여행자로 도착하는 일종의 여행윷판 같은 놀이였다. 혹 자기가 좋아하고 가보고 싶은 유럽의 어느 도시에 자기 말이 도착하면 손뼉을 치며 기뻐하곤 했다.

세월이 훌쩍 흘러서 2008년으로 기억한다. 그때는 연세대학교 연구년으로 이곳 메이지가쿠인 대학의 초빙교수로서 도쿄에 1년 동안 있을 때였다. 큰딸은 이미 이곳에 유학해서 대학원을 다니고 있었고, 작은딸도 학부를 휴학하고 엄마 아빠를 따라 함께 왔다. 그러더니 캐나다 어학연수를 반 년간 다녀오고, 이어 용감하게도 유럽으로 배낭여행을 떠났다. 그러고는 늦가을에 다시 도쿄로 돌아온 작은 딸에게 북미와 유럽의 어느 어느 도시를 다녔느냐고 물었다. 손가락을 꼽아가며 여행한 도시 이야기를 하는데 그 옛날 유치원 시절 가끔 같이 놀아주던 여행윷놀이의 말판이 생각났다. 생각하면, 그때 그 시절 공부한답시고 내 일 바쁘다는 핑계로 조금 더 같이 놀아주지 못했던 것이 늘 마음에 아리다.

사관생도처럼 씩씩하게 걷던 큰딸

작은딸이 태어나면서 아예 처가에 들어가 살던 2년을 매듭하고 아내의 직장에서 가까운 불광동 미성아파트로 이사했을 무렵이다. 아내는 새벽처럼 출근하고, 출근시간이 비교적 늦은 내가 두 딸의 아침을 돌보던 시절이다. 가사도우미 아주머니가 올 때까지 작은 딸은 우유를 마시게 하며 만화영화를 보게 한다. 큰딸이 스스로 밥을 먹고 세수를 하고 나오면, 나 역시 출근준비를 해가며 짬을 내어 머리를 빗겨 주어야 했다. 긴 머리에 유난히 머리숱이 많았던 큰딸의 머리 빗기는 일은 그리 간단한 일이 아니었다. 다 빗긴 후 한 가닥으로 잡아당겨 방울 달린 머리끈으로 묶어주어야 끝이 났다. 내 손의 악력은 보통보다 대단해서 머리카락 한 올 빠짐없이 당겨 단단히 묶어주고 나면, 큰딸의 두 눈은 옆으로 쫙 찢어지듯 영락없는 몽골인의 눈이 되었다. 날 닮아 눈이 크고 부리부리한 큰딸의 눈매와 인상은 완전히 달라지고 만다. 그러나 그렇게 빗어야 잘 된 것으로 나도, 딸도 알았다.

아주머니가 오면 작은 딸을 맡기고 큰딸과 나는 아파트를 나선다. 지금은 오래 된 아파트이지만 규모가 작지 않은 단지이다. 당시 입주와 함께 이사한 우리 집이 맨 안쪽의 동이어서 불광동 천주교회 부설의 큰딸 유치원 부근까지는 내 차로 데리고 나와야 했다. 큰딸을 아파트 상가 앞에 내려주고 유턴을 해야 남산에 있던 출판사로 출근할 수 있었다. 아침 러시아워에 차가 밀려서 좀처럼 유턴 차례가 나지 않고 유턴을 해도 반대편 차선에서 장시간 서 있기가 예사였다.

큰딸은 아파트 입구에서 내려 반대편 성당 유치원을 향해 걸으며, 하나 둘 셋 넷 걸음을 뗀 후 직각으로 돌아서서 하나 둘 셋 내 차를 향해 손을 흔들었다. 그리고 다시 직각으로 돌아서서 하나 둘 셋 넷 걸음을 옮기고는 다시 돌아서서 내게 손을 흔들었다. 그런 동작을 유치원에 거의 도착할 때까지 아니면 내 차가 멀어질 때까지 반복했다.

그 시절 큰딸과 나는, 엄마는 새벽에 출근을 했고 어린 동생은 도우미 아주머니에게 맡긴 채 함께 길을 나선 출근 동지 같은 유대감이 있었다. 더구나 아빠의 강력한 손힘으로 몽골인처럼 눈까지 바짝 당겨 머리를 단단히 묶어 주었기 때문에, 그 힘이 머리카락부터 온몸에 사관생도처럼 뻗친 게 아닌가 한다.

그 이후 큰딸이 자라면서 ―물론 씩씩한 구석이 없지는 않았으나― 유치원 시절의 몽골인 같은 단단함, 절도(?) 있는 걸음걸이는 다시 못본 것 같다. 그 시절 큰딸은 아침에 사관생도 같은 유치원생이었다.

'라면 콤플렉스'가 있던 작은딸

아내가 다른 면도 비교적 철저한 편이지만 딸들 어릴 때 인스턴트식품에 대한 단속은 도를 넘을 정도였다. 그래서 우리 집에서는 라면을 박스로 사거나 쌓아 두고 먹은 적이 없었다. 꼭 필요할 때에는 가게에 가서 낱개로 몇 개 사다가 삶아 먹는 것이 전부였다.

작은딸은 어릴 때 친구들이 매일 한 두 차례 먹는다는 라면이 그렇게 부러웠나보다. 혹시라도 엄마가 학교에서 늦는 날, 먹을 것을 준비해 놓지 않은 날 내 딴에 딸들에게 맛난 것이라도 사주거나 만들어 주고 싶어 무얼 먹을까라고 물으면 눈을 반짝거리며 '라면!' 하고 외쳤다. 그때 큰딸이 옆에서 너 엄마한테 혼나, 라고 단속을 하면 작은 딸은 눈물이 그렁그렁할 정도의 표정으로 나를 애절하게 바라보곤 했다. 그래, 아빠가 책임 질 테니 라면 사다 끓여먹자. 큰딸이 가게에서 라면 세 개를 사오고 우리 셋이 작당하여 라면을 끓인다. 그러면 작은 딸은 어느 새 복도로 달려 나가 옆집 제 또래 친구에게 자랑을 해댄다. 오늘 우리 라면 먹는당…. 옆집 친구는 심드렁하게, 우리는 맨날 먹어. 그 말을 듣고 돌아 들어온 작은 딸이 좀 시무룩해 하다가도 라면 끓는 냄새와 소리에 금방 배시시 웃으며 좋아라 했다. 한 그릇 듬뿍 담아 주면 결국 다 못 먹고는 냄비에 도로 부어 냉장고에 넣는다. 그거 불으면 못 먹어. 아냐 아빠, 굵어진 라면이 얼마나 맛있는데, 조금 있다가 먹을 거야, 아껴 먹어야지.

라면을 먹으면서 작은딸에게 물었다. 하미(작은 딸의 어릴 적 애칭)야, 너 나중에 크면 누구랑 결혼할래? 응, 라면공장 사람. 왜? 응, 그러면 매일 집에 오면서 라면 한 개씩 가져올 수 있잖아. 그깟 라면 돈으로 얼마든지 살 수 있는 걸? 응, 라면공장 사람은 한 개씩은 그냥 가져올 수 있으니까.

물론 지금 우리 작은사위는 라면공장 사람은 아니다. 딸들에게 인스턴트 음식을 되도록 안 먹이려 했던 아내의 뜻은 백번 잘 이해하고 지지했다. 그러나 그 시절 특히 작은딸에게 있었던 라면 사랑, 그 콤플렉스는 잊히지가 않는다. 지금도 라면을 먹을 때면 어릴 적 작은딸의 표정과 목소리가 눈과 귀에 선하다.

방송이 주된 일이던 시절의 에피소드 몇 개

회상 하나

1990년대 초. 일본 유학 후 귀국하여 대학의 시간강사, 책 쓰기, 논문발표 등을 하던 시절 우연한 기회에 방송 일이 생겼다. 종교 방송인 극동방송의 마이크를 잡게 되었다. 더구나 고정 프로그램 진행자로서 매일 하는 생방송이었다. 지금은 미국에 사는 것으로 아는 J피디의 오후 방송이었다. 우편으로 쌓이는 청취자들의 사연을 소개해가며 매일 몇 사람의 게스트를 모시고 관심사를 풀어가는 형식이었다. 물론 음악 디제이처럼 중간 중간 음악도 들려주고 좀 쑥스러운 멘트도 날려야 했다.

역시 생방송이어서 기억나는 일이 제법 있다. 하루는 꽤 유명한 게스트를 방송에 모셨다. 아주 바쁜 분이었다. 당시 카폰은 어느 정도 보급되었지만 핸드폰은 보기도 귀한데다가 도대체가 무지막지하게 커서 이른바 냉장고 아니면 무전기, 무기라고 부르던 시절이다. 나나 피디나 그걸 가지고 있지 않던 시절이라 게스트의 핸드폰 확인을 못했다. 아마 요즘 같으면 무조건 확인, 압수(?) 후 생방송 스튜디오로 들여보내겠지만 말이다. 한창 인터뷰를 진행하는 도중 게스트의 핸드백에서 요란한 신호음이 들렸다. 생방송 진행자인 나는 온몸에 식은땀이 흘렀다. 주조정실의 젊은 J피디는 사색이 되어서 울기 직전이었다.

"회장님, 무지무지 급한 전화 같습니다. 그냥 받으시지요, 우리 청취자들도 이해하실 겁니다. 우리 잠시 음악 들어도 되구요…."

스스로도 당황하여 핸드백 내용물이 바닥에 쏟아진 게스트는 연신 미안하다며 핸드폰을 껐다. 난 어디서 그런 능청이 나왔는지, 바쁜 전화 괜찮으시겠습니까? 해가며, 아무 일 없었다는 듯이 인터뷰를 계속했다. 스튜디오 바깥의 J피디는 손으로 키스를 날리고 두 팔로 하트를 그려가며 나에게 존경을 보냈다. 그날 방송 후 스튜디오로 달려온 J피디는 느닷없이 날 얼싸안고 천상 방송장이라고 치켜세웠다. 그 후 시청자 엽서에서도 전화사건 방송이 제일 재미있었다는 반응이 쇄도했다. 그래도 나로서는 정말 진땀나는, 지금도 잊히지 않는 경험이다.

회상 둘

위에 이야기한 생방송을 한 3년 정도 한 것 같다. 대학가 거리시위가 잦을 때다. 오전 강의를 마치고 점심도 굶은 채 마포의 방송국으로 차를 몰았다. 연대 앞, 신촌, 홍대 앞 가는 곳마다 최루탄 가득이다. 강변으로 어찌어찌 나가 합정으로 돌아들었으나, 생방송 시작 시간인 오후 3시는 이미 차안에서 지나가고 있었다. 차마 내 방송 채널을 맞추어 라디오를 켤 수가 없었다. 아마 요즘 같았으면, 핸드폰으로라도 방송할 수 있을 터인데. 결국 10분 이상 늦게 스튜디오에 뛰어 들었다. J피디가 내 자리에 앉아 음악을 들려주고 있었다. 숨찬 어투로 시내상황을 전하고, 애드립 너스레를 떨며 마이크를 이어 받았다.

회상 셋

같은 방송국에서 그때는 고정 게스트로 출연할 때이다. 방송계, 정계의 원로이신 유재건 선배와 방송을 오래 했다. C피디, J작가, 이어 K작가, 그때의 방송 내용이 바탕이 되어 논쟁사, 사회운동사 등의 책이 되기도 했다. 방송 녹음만 마치면 유재건 선배는 자, 밥 먹으러 가자. 국제 신사, 변호사, 전문대학의 학장까지 겸하고 있던 유 선배는 어릴 적 배고프던 시절을 이야기하며 어느 식당은 공기밥 추가를 공으로 준다고 크게 말하곤 했다. 난, 늘 선배님은 밥 콤플렉스라고 놀렸다. 그러나 유 선배와의 즐거운 방송, 따뜻한 뒤풀이는 지금도 있을 수 없다.

회상 넷

이젠 CBS이다. 너무 많아서 다음에 더 이야기해야 할지 모르겠다. K피디의 매거진, 고정 게스트 시절이다. 진행은 한국 제1세대 유명 카피라이터 이만재 선생이었다. 작가들이 숨소리 빼고는 거의 다 들어 있을 정도로 빽빽이 원고를 써주었다. 내 출연시간이면 이만재 선생은 눈을 끔뻑, 씩 웃으면서 속삭인다, 자, 서 선생은 원고 일단 무시하고 그냥 갑시다.

회상 다섯

어찌 방송이 알려졌는지 여의도 MBC에도 불려 다녔다. 이미 작고하셨으나, 시인 김규동 선생이 진행한 새벽 라디오이다. 시리즈로 꽤 오랫동안, 당시 공부한 내용을 이야기로 방송할 때이다. 내 하나 밖에 없는 아우, 지금은 패션계 중진인 아우가 항해사로 컨테이너선을 탈 때이다.

유럽에서 출항, 싱가포르를 들러 요코하마로 향하고 있었다고 한다. 잔잔하고 무료한 밤, 주파수를 이리저리 돌리다가 고국 전파를 잡았는데, 한달음에 알아본 형 목소리를 들은 것이다(최근 일본의 화물선이 인도 근해에서 선원들이 편하게 식구, 친지들과 통화하기 좋은 와이파이를 잡으려고 무리하게 육지 가까이 접근하다가 좌초하여 많은 양의 기름이 흘러 청정 바다를 오염시킨 사건이 떠오른다. 역시 격세지감이다).

얼마 후 일본에서 온 국제전화.

"형, 맞지? M본부 새벽방송."

동생 보고 싶은 마음에 눈물이 울컥 솟았다. 방송은 라디오가 최고다. 그 중에서도 생방송이다.

새벽에 '고정희'를 읽다

주말 새벽, 잠을 뒤척이다 깼다. 글을 써보려 해도 역시 안 써진다. 고정희 시를 찾아 읽는다. 고정희는 글로만 아는 이가 아니라 몇 년 간 책상을 맞대고 함께 일을 한 동료였다. 대학을 마치고 출판사에 근무할 때 부시에 나보다 훨씬 나이 든 시인이 들어왔다. 내가 원고작업을 지시해야 할 입장이어서 거북하기도 했다. 그러나 곧 편해졌다. 그녀는 언제나 소녀 같았다.

사람이 나이가 들면 얼굴에 드러나는 감정이 어느 만큼은 감추어지는데 그이는 아니었다. 좋은 것, 싫은 것이 쉽게 드러나는 이였다. 좋은 커피향기에 목을 매고, 인켈오디오에 사족을 못 썼다. 외부에서 청탁받은 원고의 원고료가 적다고 투덜거리고, 후배 시인들이 술값을 안 낸다고 언성을 높였다. 빨간 등산화를 하나 사서 책상 위에 올려놓고 자신이 올라본 산을 손가락으로 하나하나 꼽았다. 그러더니, 그녀는 지리산에서 세상을 떠났다.

꼭 해보고 싶다던 것은, 좀 늦었지만, 꼭꼭 누구에게라도 시집을 한번 가보고 싶다고 했었고, 내가 일본으로 유학을 떠날 때 송별회를 하면서 일본에 있는 가와바타 야쓰나리川端康成의 '유키쿠니雪国 박물관'에 꼭 가고야 말리라 했다. 그걸 다 못하고, 지리산에서 세상을 떠난 시인이다. 같이 동료로 지낼 때는 나쁜 버릇도 많이 보이고 그렇게 대단할 시인일까 했는데 그녀가 그렇게 가고 난 후, 늘 사인하여 내게 주곤 했던 시집을 다시 읽어 보니 결코 간단한 시인이 아니었다. 내가 일본에서 공부할 때 갑자기 세상을 뜨는 바람에 문상도 못했다.

그랬던 그녀가 나랑 크게 한번 다툰 일이 있었다. 어느 날 잡지사로부터 시 청탁을 받았는데, 내 이야기를 시로 써서 잡지에 실었다는 것이다. 바로 '徐正敏小傳'이란 시이다. 그때 나는 20대였고, 얼마나 부끄럽고 당황스럽던지. 남의 손에 내 민낯이 다 드러난 것 같았다. 더구나 한 마디 사전 양해도 없이 내 인생을 표절하여 자기 시로 쓰고 원고료를 받아먹은 것 아닌가. 나는 불같이 화를 내었다. 그래도 그녀는 계속 웃기만 했다. 그러더니 나이답지 않게 찔끔 울기도 했다. 자기 감동을 자기가 시로 쓰는 것은 자유라고 항변했다. 원고료로 한잔 산다고 하며 싹싹 빌었다. 하는 수 없는 일이라 생각하여, 부글부글하며 참았다. 그러자 그걸 어느새 자신의 시집 《이 時代의 아벨》(문학과 지성사)에 떡 하니 넣어버렸다.

그런데 이 나이 들어 생각하니 누가, 어느 시인이 내 어린 날을 짐작하여 시를 써주겠는가. 평생에 한 편밖에 못 가질 시로 쓴 내 어린 날의 전기傳記가 아닌가. 갑자기 고마운 마음이 든다. 물론 아직도 그녀가 살아 있다면 두고두고 원망도 하고 좀 놀리듯이 '인생저작권' 운운하며 한잔 더 사라고 할지 모르겠지만 말이다. 여전히 쑥스럽고 민망한 일이지만 그이가 시로 쓴 내 어린 날의 전기를 이 새벽에 새삼 읽었다. 그리고 다시 이 시대의 아픔, 상처를 어루만지는 듯한 고정희 시인의 시 '상한 영혼을 위하여'도 여기에 둔다.

徐正敏小傳 / 고정희

얼굴이 잘생긴 내 동료 서정민 씨는 두 살 때 하체 소아마비를 앓았다. 세 살 때는 이미 앉아서 세상을 바라보는 법을 배웠고 그가 다섯 살이 되었을 때는 비로소 걷는 것의 부러움을 알았다. 햇볕 쨍쨍한 봄날 긴 골목에서 줄넘기 술래잡기 공차기로 신들린 동네 아이들을 먼발치에서 구경만 하면서 그만 왜 앉아 있는지를 몰랐다. 경상도의 고래 등 같은 기와지붕 밑에서 조석으로 이어지는 어머니의 질긴 한숨소리가 천벌이라고는 생각하지 않았다.

란도셀을 짊어진 동네아이들이 키들거리며 학교로 달려갈 때 그의 푸른 하늘도 경련하기 시작했다. 가고 싶다 뛰고 싶다 달리고 싶다. 그는 유리창에 물 컵을 내던지고 면도날 몇 개를 푸른 눈에 꽂았다. 전주 예수병원과 세브란스 병원의 물리치료실, 용하다는 병원은 죄다 전전하면서 사지에 몸 다리기 밧줄을 매고서 '하나님 개새끼' 욕설을 퍼부으면서 국민학교 시절을 걷기 위해 탕진했다. 한 주일에 한 번씩 오리 생피 들이키고 소금 한 입 틀어막고 피 보다 진한 울음을 울었다. 집문서 땅문서 다 날리고 13년 되던 날 목발을 짚었다.

그는 목발로 대학엘 들어갔다.

13년 동안 마신 오리 생피가 등나무 꽃으로 피어나는 꿈을 꾸면서 버스를 타고 도서관엘 출입하고 사랑을 배우면서 그는 '신념'이 무엇인지 알 것 같았다. 실로 불편한 것은 그의 목발이 아니라 멀쩡한 사람들의 '굽어진' 마음인 것도 알았다.

그래 그래 그래

내 동료 서정민 씨가 13년 동안 앉은뱅이 다리를 펼 때 멀쩡한 사람들은 무엇을 폈나? 내 동료 서정민 씨가 대서양을 날기 위해 밤잠을 설칠 동안 멀쩡한 사람들은 무엇과 싸웠나? 왜 앉은뱅이 마음 하나 못 고치나.

실로 불편한 것은 그의 목발이 아니라 우리들의 굽어진 마음이라는 것을 아는 서정민 씨는 오늘도 이상주의 목발을 짚고 이쁜 보람이* 가 기다리는 집으로 돌아오면서 태평양을 건너리란 꿈으로 출렁인다. 두 손에 박힌 굉이 힘을 더 주면서.

*보람이: 서정민 씨의 첫딸 이름.

상한 영혼을 위하여 / 고정희

상한 갈대라도 하늘 아래선/ 한 계절 넉넉히 흔들리거니/ 뿌리 깊으면야/ 밑둥 잘리어도 새순은 돋거니/ 충분히 흔들리자 상한 영혼

이여/ 충분히 흔들리며 고통에게로 가자/ 뿌리 없이 흔들리는 부평초 잎이라도/ 물 고이면 꽃은 피거니/ 이 세상 어디서나 개울은 흐르고/ 이 세상 어디서나 등불은 켜지듯/ 가자 고통이여 살 맞대고 가자/ 외롭기로 작정하면 어딘들 못 가랴/ 가기로 목숨 걸면 지는 해가 문제랴/ 고통과 설움의 땅 훨훨 지나서/ 뿌리 깊은 벌판에 서자/ 두 팔로 막아도 바람은 불 듯/ 영원한 눈물이란 없느니라/ 영원한 비탄이란 없느니라/ 캄캄한 밤이라도 하늘 아래선 / 마주 잡을 손 하나 오고 있거니.

동네 친구

고국의 우리 동네 유일한 내 동네친구는 생고기 전문점 쌍대포의 주인장 진문용이다. 내가 일산 신도시에서 지금의 북한산 자락 호박골다리 동네로 이사한 것이 2002년이니, 벌써 20년이 가깝다. 이사 직후 가까운 식당 순례를 하다가 알게 된 곳이 서울여자간호대학 정문 옆의 이 생고기집이다. 내가 일본으로 임지를 옮기기 전에는 최소한 한 달에 두 세 번은 꼭 갔고, 지금도 방학을 맞아 한국에 가면 줄잡아 거의 5~6차례는 이곳이 친구들 혹은 제자들과 만나는 약속장소이다.

내 친구, 선후배, 동료, 제자들 중 이 집을 모르면 그야말로 간첩이다. 특히 내가 깊이 관계하던 학회와 연구소는 그 모임이 어디에서 열리든, 멀든 가깝든 저녁은 꼭 이곳으로 모였다. 물론 우리집과 가까운 곳을 배려하는 선후배들의 마음도 있었지만, 이곳의 돼지고기 맛 또한 한번 먹은 이는 잊기 어려울 정도이기 때문이다. 이렇게 이야기하니 나를 목살이나 삼겹살을 무척 즐기는 이로 알 것 같은데, 사실 그 정도는 아니다. 내 친구들이 알지만 나는 고기류보다는 해산물을 더욱 좋아하는 편인데, 이 집이 내 단골 중의 단골이요, 더구나 주인장과 동네친구가 된 것은 다른 이유가 더 많다. 우선 이곳에서 어쩌다 만났던 내 친구들이 다음 약속도 이곳에서 갖자는 제안을 자주하는 탓, 곧 타의가 크다. 그러나 무엇보다 이 집의 주인장 진문용 부부의 인간미가 제일 큰 이유이다. 그는 원래 젊은 시절 컴퓨터 관련 공부를 하려고 일본 도쿄에 유학한 경험이 있다. 그래서 일상의 일본어 정도는 유창하다. 그것이 또한 이유가 되었는지 내 일본인 친구들, 동료 교수들도 여럿 이곳에 왔고, 주인장과 대화도 곧잘 나누었다. 그러나 그는 전체적으로 과묵하다. 오랜 친구인 내게도 먼저 말을 걸기보다는 무언가 내가 이야기를 해야 응답을 한다. 나이는 나보다 한 살 어려서 내가 동생이라고 부른다. 그는 머리숱이 아주 적어 언제나 캡을 눌러쓴 모습으로 일을 하는데, 그가 모자를 벗은 모습을 본 사람은 아주 드물다. 그의 부인인 이집 안주인은 키가 크고 서글서글한 인상이다. 아무튼 친절하고 사람 좋은 이집 주인장 부부의 편안함은 유별난 고기맛과 함께 내 친구들이 이집에 자주 발걸음 하는 가장 큰 이유이다. 이들 부부는 차례로 군대에 간 대학생 아들 형제를 열심히 키우는 한국의 대표적인 보통 가정이다.

내가 이집에 끌려 단골이 된 또 다른 이유는 이집의 분위기가 우리 시대의 추억과 낭만을 그대로 담은 풍경이기 때문이다. 최근에 외관은 조금 수리를 했지만 내부는 처음 그대로 드럼통, 간이의자, 맨바닥이다. 내 젊은 시절 드럼통 한 가운데 연탄불을 피우고, 거기에 삼겹살이나 돼지껍데기를 굽던 가난한 시절의 가게 그대로의 느낌, 연탄불이 숯불로 바뀐 것 말고는 여전히 그때 그 시절이다.

그리고 무엇보다도 내 친구인 주인장 진문용의 마음이 얼마나 따뜻한지 모른다. 동네친구이자 단골인 내가 다른 손님과 함께 가면, 고기를 일부러 더 좋은 것으로 골라 주문한 양보다 듬뿍 가져오는 것은 물론 원래 따로 값을 쳐서 받아야 하는 생 버섯을 한 움큼 쥐어다 불판에 슬쩍 올려놓곤 한다. 어느 해 명절이었을 것이다. 일어나 계산을 하고 나서는 내게 검은 색 비닐봉지를 슬쩍 내민다, 선물이라는 것이다. 시장모퉁이에서 산 것 같은 양말 몇 짝이 들어 있었다. 그해 겨울 그 친구 부부의 따뜻한 마음과 함께 신은 양말로 얼마나 발이 따뜻했는지 모른다. 몇 해 전. 우리 큰딸 혼인 때는 장사 준비에 바쁜 중에도 시간을 내어 식장으로 달려왔고 우리 식구들에게 인사한 후 그대로 점심식사도 못한 채 달아났다. 그 마음을 모를 바가 아니었다(다시 그 몇년 후 우리 작은 딸의 결혼식에도 열일 젖히고 참석한 그이다). 내가 일본으로 자리를 옮기게 된 것을 알고는 어찌나 서운해 하던지, 그 어간에 시리즈로 연속해서 이 가게에서 열린 내 송별회 모임마다 같은 마음으로 송별에 동참했다.

이번 여름방학 아직 한 달도 안 된 귀국 기간에 벌써 나는 서너 차례 진문용의 가게에 갔다. 아마 앞으로도 출국 전 몇 차례는 족히 더 가야할 것이다. 주차장이 마땅찮은 이 집에 갈 땐 대개 집에서 가깝기 때문에 아내가 운전하여 데려다 주곤 한다. 그래서 일본 도쿄집과 가까운 메구로目黒의 '사사노ささの'에 갈 때도 아내가 데려다 주면서 '사사노'를 늘 일본의 '돼지집'이라고 부른다. 아, 우리 식구들, 친구들은 진문용의 생고기 전문점을 별칭이자 애칭으로 그냥 다들 '돼지집'이라고 부른다.

나는 우리나라가 이런 가게들이 잘 되는 나라였으면 좋겠다. 내 친구 진문용과 같은 이가 행복한 나라였으면 좋겠다. 그리고 꼭 친구여서가 아니라 진문용 같은 사람이 우리나라에 많을수록 이 나라가 좋아질 것 같다. 나는 참 좋은 동네친구가 있다.

아내와 내 여자 친구들

나는 여자 친구가 많다. 이유인즉 고등학교를 그 '유명한' 남녀공학을 나온 까닭이다. 그래서 대학에 와서도 남자 친구들 사귀듯이 여자 친구들을 사귀었다. 지금은 다들 육십 줄이 훨씬 넘은 처지들이지만 아직도 얘, 쟤 하며 이름을 부르는 친구들이 많다. 그렇다보니 우리 부부에게는 좀 재미있는 친구 관계가 많다. 아내의 대학 친구들 중에 내 친구들이 여럿 있다. 그들은 대개 아내의 고등학교 친구이자 내 대학 친구들이다. 아, 사실 아내도 대학 때 내 친구이기 때문이다. 더 재미있는 것은 내 고등학교 때 여자 친구들이 차츰 아내의 친구가 되고 있다는 사실이다.

이곳 도쿄에는 내 고등학교 때 여자 친구 한 명이 있다. 아버지가 외교관인 친구였는데, 일본에서 공부하다가 내가 다닌 고등학교에 편입하면서 친구가 되었다. 그 후 대학을 다시 일본으로 왔고, 재일교포랑 결혼해 이곳에서 산다. 2005년에 내 큰딸이 도쿄 유학을 오면서부터 그 친구는 '현지 엄마' 역할을 잘 해주었다. 그리고 내가 연세대학의 연구년으로 2008년 한 해를 지금 우리 대학의 초빙교수로 와 있을 때부터는 아내와도 함께 만나기 시작했다. 그런데 요즘은 그 친구가 아내만 따로 만날 때가 더 많다. 자기들끼리 더 좋은 친구인가보다. 그럴 나이들도 되었으니까. 난 친구를 완전히 아내에게 빼앗긴 기분이다. 그래서 나는 그녀의 남편을, 나이 차이는 조금 있지만 친구로 삼았다. 나도 손해 볼 수는 없으니 말이다.

지난 번 학회 발표 때문에 내가 잠시 혼자 서울에 간 사이 공교롭게도 서울에서 내 고등학교 여자 친구가 도쿄에 여행을 온 모양이다. 그때 아내와 도쿄의 내 여자 친구와 서울에서 온 여자 친구가 만나 종일 즐겁게 수다를 떨며 재미있게 지냈단다. 나는 또 손해 본 듯하지만, 이곳 도쿄에 옛 친구도 없이 지내는 아내를 위해서는 참 잘된 일이다. 나는 아내에게 여자 친구를 선물하는 꽤 괜찮은 남편이라고 생각한다. 사실 도쿄에서만이 아니다. 서울에서도 가끔 내 친한 여자 친구들이 아내를 만나 식사도 함께 하고 그런다.

몇 년 전에는 베이징에 살던 내 아주 친한 여자 친구가 나와 아내와 딸까지 초청을 해주었다. 베이징이 처음이었던 아내와 딸은 내 여자 친구를 친구, 그리고 이모처럼 여기며 즐겁게 지냈다. 뿐만 아니라 내 작은딸이 캐나다로 단기 유학을 갈 때 나는 캐나다에 사는 내 아주 친한 여자 친구(사실 내 고교 친구들은 그 친구를 내 '첫사랑'이라고 놀리기도 한다)에게 전화를 해 딸 좀 잘 부탁한다고 했다. 그 친구는 딸에게 자기가 '현지 엄마'라고 하면서 챙겨주었다. 여기까지만 읽으면, 여자 친구 자랑하는 밥맛없는 팔푼이처럼 보일 수도 있다

그러나 주제는 그게 아니고, 친구들에 대한 고마움 때문에 이런 이야기를 시작한 것이다. 내가 이만큼 사람이 되어 세상에서 조금이라도

자기 역할을 해 나갈 수 있었던 것은 바로 그 대단한 고등학교를 나와서이다. 사람에 대한 불신과 반항으로 가득 찼던 '세상 부적응 소년'이 참으로 자연스러운 학교에서 사람이 어떻게 친구를 사귈 수 있는가를 배웠던 것이다. 그래서 밝아지고, 사람에 대한 자신이 생겼다. 그때 나의 '불완전한 격정' 옆에서 함께 했던 친구들, 그 친구들은 지금도 형들처럼 누이처럼 나를 챙긴다. 그리고 나와 평생을 함께 하는 내 아내를 귀하게 여기고 사랑한다. 그런 면에서 나는 아주 어린 시절 격렬한 아픔과 절망 같은 고독이 있었지만 고등학교 이후는 참 친구 복이 많은 사람이다. 나는 눈물도 많지만, 복도 많은 사람이다.

강물은 바다를 포기하지 않는다

난 어떤 사람일까. 주변의 친구들은 나보고 강하다고 한다. 여러 어려움이 있을 법한 인생을 잘 참고, 잘 이기며, 하고자 하는 일을 해내어 왔다고 본다. 그렇게 보면 그렇게 보일 수도 있을 법하다 하겠다. 나도 한때는 어떤 운명, 심지어 섭리마저도 내 의지를 꺾지 못할 것이라는 패기로 스스로를 연단했던 적이 있다. 특히 장애를 극복하는 과정에서는 실제 숨이 턱에 닿을 정도의 근기가 필요했던 것도 사실이다. 그래서 나를 잘 아는 친구들은 나를 강성의 사람으로 본다. 다 이겨냈을 것이라고 여긴다.

그러나 이제와 고백하지만 결코 그렇지가 않다. 나는 무척 심약하고, 잘 지치며, 씩씩하거나 굳건한 것과는 거리가 먼 인간이다. 잘 주저앉고, 잘 울며, 잘 포기한다. 스스로 잘 할 수 있다고 다짐하기보다는 지레 짐작 절대로 못 할 거라는 생각을 자주한다. 그리고 대결과, 대립에서 이를 악물고 목표를 위해 싸우기보다는 돌아서거나 에둘러 비켜 가기도 잘 한다. 따지고 보면, 남들이 보는 이미지 하고는 정반대의 유약한 성정임에 분명하다. 그럼에도 지금까지의 인생에서 물러서서 뒷

걸음치거나, 패배하여 허물어지지 않은 것이 참 신기하다.

언젠가, 강원도 산악지역에서 답사 도중 열차를 탄 적이 있다. 무슨 철도인지 지금도 운행하는 열차인지는 잘 모르겠지만 앞뒤로 경사를 올라가는 열차였다. 앞으로 달리다가 조금 뒤로 움직이고 그리고 다시 조금 앞으로 오르기를 반복하여 상당한 높이의 산등성이를 넘어가는 열차에서 받았던 감동만은 지금도 오롯이 남아 있다.

강물이 흐르는 것을 보기 좋아한다. 시냇물이 흐르는 것을 보기 좋아한다. 물은 본디 흐르는 방향이 정해져 있다. 높은 곳에서 낮은 곳으로 흐른다. 그러나 바위를 만나거나 소라고 부르는 웅덩이 소용돌이를 만나면 순간 역류도 하고, 뒤돌아 휘돌기도 한다. 대오는 가는 방향이 있으나, 흐름의 실제에는 역류도 순류도 엉키어 흐른다.

노무현의 말 중에서 '강물은 바다를 포기하지 않는다', '강물처럼'이라는 말이 있다. 나는 이 말을 참 좋아한다. 얼마나 담내하고, 확연하며, 의지와 대의에 충실한 포부인가. 굳건해 보이고, 당당해 보이며, 결코 포기란 없을 듯이 보인다. 그렇지만 내가 그의 말 가운데 진정으로 그를 이해하고 공감하는 말은 그의 마지막 말, 이 한 마디이다.

"운명이다."

그러나 아무도 노무현을 운명론자로 보지 않는다, 나부터도 그리 여기지 않는다. 60을 넘어선 나도 요즘은 운명이겠지, 섭리이겠지, 라는 말을 자주 한다. 그만큼 유약해졌다기보다는 솔직하고, 선선해진 것이라고 생각한다.

강물은 아마도 운명처럼 바다를 향해 끊임없이 나아갈 것이다.

내 인생도, 우리들 모두도 운명처럼.

넷

삶의 균형잡기

어려운 글과 쉬운 글

어제까지 봄날의 태풍 같은 날씨였다. 비는 이틀째 계속 내리고 바람은 대단히 강해 거의 폭풍 수준이었다. 우산이 무용지물인 날씨, 활짝 피었던 벚꽃 잎들이 여지없이 흩날려 한겨울의 눈처럼 거리에, 지붕에, 자동차 위에 하얗게 쌓였다. 그런데 천기天氣는 참 요상한 것이어서 하루 만에 이렇게 천연덕스러울 수가 없다. 언제 그랬느냐는 식이다.

아침 일찍 출근을 서둘렀다. 강의는 없지만 밀린 독서와 원고 쓰기를 할 요량으로 집을 나섰다. 자동차는 정말 눈이 덮인 것처럼 우리집 앞마당의 벚꽃 잎으로 아예 색깔을 바꾼듯했다. 그런데 둘러보니, 아직 나무에 남은 꽃들은 빛나는 햇살 아래에서 살아 있음을 뽐내고 있었다. 그 비바람을 견뎌내었다는 우쭐함 같은. 남은 것들, 대견하면서도 한편으로는 슬쩍 얄미운 성정性情도 스친다.

고속도로를 달리면서 생각했다. 쉬운 글과 어려운 글의 차이는 무얼까. 누구나 말하지만 학자들의 글은 어렵다고 한다. 특히 전문적인 분야를 연구하고, 그것을 논문으로 쓴 것이 가장 어렵다고 한다. 그 어려운 글을 쓰는 것도 대단히 어려울 것이라고 생각한다. 그래서 가끔 어떤 이들은 남이 쓴 것을 가져다 베껴 쓰는 것이 아닐까도 한다. 읽기 어렵고 쓰기 어렵다는 학자들의 글, 그 말이 맞을지도 모른다. 그러나 나도 명색이 한 분야를 수십 년 간 공부하는 소위 학자의 한 사람으로 고백하면, 그런 전문적 글쓰기는 어찌 보면 더 쉬운 일일 수도 있다. 논문의 종류나 테마에 따라 혹은 자료의 유무와 그 정리 방법론에 따라 다를 수는 있지만 그럼에도 학자가 논문을 쓰는 것은 그렇게 어려운 일이 아니다. 그것은 오히려 그의 직업적 글쓰기이고 '프로'가 '프로'의 본업을 하는 것이니 말이다. 물론 그것을 모든 사람들이 편히 읽도록 쓰기는 어려울지도 모른다. 사전 이해가 없고, 기승전결이 파악되지 않는 학술적 글은 비전문가가 읽기에는 난해하다. 그러나 같은 분야의 학자들끼리는 그걸 읽기가 훨씬 쉽다. 속된 말로 같은 분야 연구에서 '짬밥'이 좀 생기고 나면 거의 척하면 척이다. 나도 비교적 오래 '해먹다'보니 후배들이 '열심히 쓴 글'이나 선배들이 '폼 잡고 쓴 글'이나 또한 여러 학술지의 심사를 해야 할 때 '탁하면 음' 할 때가 참 많다. 동일 분야 논문읽기는 어쩌면 시 한 편, 수필 한 편 읽기보다 쉬운 것이 사실이기도 하다.

그런데 이런 학자들에게 이른바 쉬운 글을 쓰라고 하면 사실 낑낑대며 땀도 뻘뻘 흘린다. 더구나 각주 달지 말고, 자신 있게 자신의 생각과 경험, 지식을 정리해 자기 말로 글을 쓰라고 하면, 고개를 설레설레 흔드는 것이 보통이다. 그렇지만 어렵더라도 그렇게 쓴 글은 학자가 쓴 글이어도 사람들 모두가 비교적 쉽게 읽는다. 보통 인문학 분야 논문의 경우는 읽어야 겨우 수십, 수백 명이 읽는다. 그것도 숙제를 하기 위해서나 관련 논문을 쓰기 위해서 말이다. 그러나 학자가 자신의 존재의 우러남을 바탕으로 쓴 글은 그래도 훨씬 많은 이들이 읽고 이해한다.

나는 부끄럽게도 이런 저런 형태의 책을 한 50권 이상 썼다고 말한 적이 있다. 평가는 차치하더라도 학위논문을 비롯해서 나름 학술서로 낸 책도 여러 권 있다. 그리고 '프로젝트'를 하느라 숙제처럼 낑낑대며 억지로 쓴 책도 있다. 그런데 그중에 제일 작은 책 한 권이 있다. 물론 절대 책 광고가 아니니 오해 없기 바란다. 2003년 일이다. 살림출판사에서 '지식총서'시리즈 41번으로 내게 '한국교회의 역사'를 써달라고 했다. 당시 편집책임자와 통화에서 몇 가지 주문을 받았다. "교수님의 전문지식을 총동원하시되, 아주 쉽게 쓰셔야 합니다. 절대로 논문 쓰듯이 쓰면 안 되고, 되도록 각주도 없었으면 합니다. 꼭 필요하면, 본문에서 괄호 처리로 해주세요. 그리고 집필기간은 최대한 짧게 잡아주세요." 여기까지는 있을 수 있는 편집자의 요구라고도 여긴다. 그런데 지금도 잊히지 않는 덧붙임이 있었다. "생각은 많이 하셔도, 표현은 짧게 해주시고, 같은 표현이라면 더 쉬운 말이나, 널리 아는 말을 써주세요. 좀 외람된 말씀일지 모르지만 머리로 쓰시지 말고 가슴으로 글을 써주세요." 참으로 어려운 주문 아닌가. 명색이 학자인 사람에게.

암튼 한 번 그렇게 해보자 했다. 그것이 내 작은 책 『한국교회의 역사』이다. 집필 기간은 딱 2주일을 사용했고, 원 사료史料 확인은 의심스러운 몇 곳 이외에는 안 보았다. 내가 자판을 두드리면 자꾸 논문처럼 될 것 같아서 우선 목차만 짠 후 당시 고등학생이던 작은딸에게 여름방학 아르바이트를 시켜, 나는 소파에 누워서 내용을 말로 하고 딸은 자판을 치는 구술방식口述方式으로 원고를 집필했다. 그것도 문고본이

니 200자 원고지 350매 정도에 한국교회의 역사를 다 써 넣었다. 그것이 내 책 50여 권 중 드물게 쇄를 거듭하고, 액수 고하를 떠나 꼬박꼬박 인세가 입금되는 몇 안 되는 책 중 하나이다(이 관계로 결국 2017년에는 같은 출판사의 지식총서 554 '한국가톨릭의 역사' 〈일본어판 『韓国カトリック史概論』 2015)도 집필, 간행하였다). 더구나 그것을 일본어로 다시 집필하여 『韓國キリスト教史概論』(2012)이라는 제목으로 일본어판을 내었는데, 일본에서도 잘 나가고 있다.

팔불출처럼 제 책 자랑이 된 것 같아 얼굴이 화끈거리지만 의도는 그것이 아니다. 쉬운 글과 어려운 글의 진정한 구별을 잘 모르겠다는 말을 하고 있는 것이다. 물론 앞으로도 나는 명색이 교수요 연구자니 논문을 안 쓸 수는 없을 것이다. 벌써 올해만 해도 큰 학술대회의 발표 청탁 두 건이 와 있다. 피치 못하게 내게는 쉽고 여러 독자들에게는 어려운(같은 동네 '프로'들에게는 '누워서 떡먹기'이지만) 글을 또 몇 편 써야 할 것이다. 그러나 그밖에는 되도록 내 쓰기에는 정말 어렵고 남들 읽기에는 참으로 쉬운 글을 써보려고 한다. 그것이 학자가 꿈꾸는 마지막 글쓰기가 아닐까 싶다.

나는 글을 읽을 때 '지식을 읽을 수 있는 글'과 '생각을 알 수 있는 글' 그리고 '글쓴이의 존재를 느낄 수 있는 글'을 구별할 수 있다. 이제 나도, '지식'에서 '생각'을 거쳐 '존재'를 다 투여하는 글을 써야 할 때인 듯하다. 제일 어려운 일이다. 잘 될지 모르겠다. 꿈이 그렇다는 것이다.

한 장의 사진이 말하는 이야기

이렇게 맑을 수 있을까 싶은 날씨에 일찍 출근하니, 연구실 창으로 후지산이 꼭대기까지 다가와서 보인다. 그런데 바람은 5월 날씨 같지 않은 차가운 공기냄새.

근현대사의 중요한 사료 가운데 하나는 사진이다. 내가 이 시기 역사이해에서 사진 자료가 중요하다고 생각한 것은 1980년대 출판사에 근무하며 백과사전을 편집하고 집필하던 시절이다. 한 장의 사진을 발굴하고 그것을 물끄러미 들여다 볼 때 사진 속의 인물, 장면들이 도란도란 전해주는 그 시대의 이야기는 어느 누구의 회고나 진술, 잘 정리해 기록한 사료 못지않았다. 폼 잡고 정렬해 찍은 기념사진은 물론 스쳐 지나가는 장면을 포착한 '스냅'이나 저널리스트들의 열정이 묻어나는 보도사진의 리얼리티는 그 생생함과 메시지의 강도가 그야말로 감동 그 자체였다. 그 한 장의 사진을 두고 앞뒤 전후를 펼쳐 이야기하기 시작하면 한량없는 스토리가 풀어지고 또 살아나는 것은 당연하다. 그런 연유인지, 일본 유학 후 시간강사를 해가면서 방송 일과 출판사 촉탁 일을 보던 시절, 몇 군데 잡지에 역사 사진과 그 시절의 사건, 인물의 이야기를 써나가는 연재를 한동안 한 적이 있었다. 그 끝에 급기야는 1996년일 터인데, 사진과 그 사진에 얽힌 에세이 역사를 묶어 좀 특별한 책을 한 권 낸 적이 있다. 『순간의 빛 흩어진 이야기』(도서출판 이레)이다. 사진을 책 전체 매 페이지에 앉히고, 최고로 비싼 특수 지질紙質의 본문 용지와 독특한 디자인의 표지, 특별한 판형에 글과 사진을 앉히느라 당시 출판사의 제작비는 상상할 수 없을 만큼이었던 것으로 기억한다. 아마 내가 펴낸 책의 인쇄, 장정으로는 한국과 일본에서 출간한 책 전부를 통틀어 제일 고급이었던 것으로 기억한다. 지금도 그 책을 보면 우선 장정裝幀이 요즘의 어느 책에 비춰봐도 손색이 없는 세련 그 자체이다.

그 후 나는 연세대학 재직 시절 대학원 제자들과 세미나를 이어가거나 함께 엠티MT에서 특강을 할 때 사진 자료에 대한 중요성을 얘기하면서도 점차 반대로 일종의 회의懷疑를 말하기 시작했다. 즉 사진 자료의 진정성, 사진이 나타내는 사실성, 그 절대적 증언성에 대한 회의를 갖기 시작한 것이다. 조선 후기, 선교사들을 비롯한 서양인들이 한국에 들어오면서 촬영한 사진들로 그 시절의 풍속, 생활사, 한국 사회의 낙후성을 증언하는 자료나 책 등을 많이 접하면서이다. 상당 부분 사실성과 증언 능력을 지니고 있음에도 어느 순간 거기에 등장하는 당시 한국인의 표정, 포즈, 시선視線 등이 하나같이 동일한 특징을 보이고 있음에 의아했다. 생각해보니 그렇다. 그들은 다 그렇게 촬영자의 요구와 앵글angle에 맞게 연출되었고, 긴장했으며, 사진이 무엇인지도 잘 모르는 채 경직된 포즈로 응할 수밖에 없었던 것이다. 지금 우리도 증명사진 같은 것을 찍을 때 자신도 모르게 표정이 굳는 것이 사실 아닌

가. 게다가 최근에는 이른바 '포토샵' 보정이 상식 아닌 상식이 되었다. 결국 사진자료도 진정한 자료 곧 사료로서의 권위와 신뢰를 담보하려면, 자료해석의 단계를 거치지 않으면 안 될 것 같았다.

물론 이런 찍히는 이의 의식意識, 연출, 상황 변환變換 등과는 달리 극적 정황에서 진실의 명장면을 촬영한 보도사진, 저널리스트 사진가들의 사투 속에 얻어진 고귀한 장면들의 빛도 있다. 중국 '천안문사태' 때 탱크 앞을 막아섰던 대학생의 사진을 우리 모두는 기억한다. 베트남 전쟁을 고발한, 포연 속 거리를 내달리던 벌거벗은 소녀의 절규 장면을 기억한다. 바로 얼마 전 팔레스타인 어린아이들의 시신이 산처럼 쌓여 있던 장면의 보도사진을 기억한다. 한 컷 한 컷이 모두 천 장 만 장의 문자기록 리포트 못지않은 무거운 힘을 지닌 증언이며 웅변이다. 그 가치는 아무리 강조해도 지나치지 않다. 그러나 그 역시 가장 적절한 장면으로 원하는 메시지를 담았으며, 촬영자의 의도를 최대한 살릴 수 있는 장면을 포착하기 위한 저널리스트의 혼신의 의도가 작용한 것이다. 그것은 그대로의 증언이라기보다는 사진작가의 사관史觀과 렌즈의 의도意圖를 관통한 '저편'의 증언임에 다름 아니다. 가장 리얼리티가 크면서도 가장 의도성이 짙은 사진에 대한 해석력 또한 근현대사 역사가가 지닌 자료비평의 수완에서 승부가 나는 것이 아닐까 한다.

언젠가 이런 근현대사의 자료, 사진과 영상에 대한 이야기를 하고 있을 때 조선 시대사를 전공한 한 선배의 의견을 전해들은 바 있다. 사진이 없을 때에도 한국에는 사진 이상이 있었다. 국가의 대사大事, 왕실 행사 등을 그 어느 사진도 따를 수 없을 만큼 촘촘히 그려 내었던 조선시대 '왕실의궤' 등에 포함된 상세한 그림들이다. 그리고 민중의 삶과 그 뒤편까지를 세세히 담았던 '민화民畵'들이다. 역시 그랬다. 자료를 남기는 방면에서 조선시대를 누가 따르랴. 따지고 보면 이러한 이전의 그림들, 초상화 심지어는 고대 고분의 벽화들도 근현대사의 사진자료와 무엇이 다르랴. 그 또한 그것을 해석해내는 시점視點과 비평 능력이 필요한 자료일 것이다.

언제는 넉넉하고 언제는 엄격한 내 기준

나는 사람들의 말이나 글과 행동을 판단할 때 그 기준이 그때그때 다르다. 솔직히 내가 생각해도 일관성이 없다. 언제는 불같이 화를 내다가도 또 어느 때는 그 정도는 이해해야지 한다. 그러나 따지고 보면 나름 기준이 아예 없는 것은 아니다.

학자가 연구를 하고 논문을 써서 발표할 때는 자유롭게 해야 한다고 생각한다. 그의 생각이 나와 영 다르더라도 토론의 격전장이 마련되지 않는 한 나와 다르다는 이유만으로 비난하지는 않는다. 특히 학자, 그 사람에 대해서는 대단히 부드럽고 관용적이다. 그렇기 때문에 학자들의 논문이 주로 실리는 학술지에 대해서는 신경을 곤두세우지 않는다. 물론 학술논문의 게재 심사를 맡을 때는 논지가 분명한지, 자료가 엉망으로 엉키지는 않았는지, 사실관계가 잘못되지는 않았는지, 표절은 없는지 등등에 대해서 심사자의 입장으로 꼼꼼히 살핀다. 혹은 독자의 입장에서 읽을 때도 논지와 사실관계 확인에는 철저해야 함은 물론이다.

그러나 이에 반해 정치지도자의 말과 글, 행동에 대해서는 더욱 촘촘하고 엄격한 잣대를 갖다 댄다. 그것과 관련된 대중 언론매체의 내용에 대해서도 예민하다. 왜 그런가라는 기준은 단 한 가지이다. 학자의 논문과 연구는 전문가 집단을 향한 것이지만, 정치가와 언론인의 말과 글은 다수의 대중에게 직접 영향을 미친다는 사실 때문이다.

연구자로서, 학자들에게 같은 연구 밥을 먹는 한 식구라서 관대한 기준을 적용하는 것이 아니기를 나 스스로도 자주 각성한다. 다만 학자들에게도 내 생각의 엄격함이 작동될 때가 있다. 학자가 원초적인 순수연구나 논문작업이 아니라 구체적인 정책입안, 많은 사람에게 직접 영향을 미치는 프로젝트를 담당할 경우에는 완전히 달라야 한다고 믿는다. 예를 들면, 이른바 뉴라이트 계열의 역사학자들이 자신들의 논문을 쓰거나 학술 책을 집필하는 것까지 따라다니며 시비 걸고 싶지는 않다. 물론 학술토론의 장에서 함께 논쟁해야 할 기회가 있을 때는 가차 없겠지만 말이다. 그러나 그들이 그런 생각을 담아 교과서를 쓰는 일에 대해서는 과민할 정도로 알레르기 반응이 일어난다. 교과서 집필은 학자들 간의 논의에 그치지 않고 학생들, 대중들에게 심대하고도 직접적인 영향을 미치는 일이기에 그렇다.

또 다른 생각 하나는 SNS 상에서 나타나는 생각의 차이 문제이다. SNS에 대한 내 이해는, 기본적인 예의만 지킬 수 있다면 생각과 토론의 자유가 충분히 보장되어야 한다고 생각한다. 단 그것이 어떤 특정한 목적으로 동원된 세력이나 작위적인 의도로 점철되지 않았을 경우를 전제하고 하는 이야기이다. 나는 SNS 친구가 적지 않은 편이다. 그중에는 정말 도무지 용납할 수 없을 정도로 나와 생각이 다른 이들도 더러 있다. 친구 삼은 것이 후회될 정도이다. 그럼에도 참는 것은 이곳이 서로 다른 생각을 감내해야 하는 공간인 까닭이다. 다른 이들 또한 내 글을 그렇게 읽을 수도 있지 않겠는가. 그러니 이 정도도 서로 용납하지 않고서는 좋은 소통은 불가능하다.

기본적으로 사람들의 사유와 가치관에 대한 내 생각과 소통 방식은 스펙트럼이다. 양극 사이에서 생각과 입장은 상당히 큰 진폭으로 유영遊泳할 수 있어야 하고, 그것이 인문학적 사고의 출발이라고 여긴다. 특히 학자가 자신의 독특한 논지를 지니고 소신을 지키며 거짓되지 않은 자료에 의거했다면, 해석의 기준이 다르다 해서 그를 매도할 수는 없다. 나와 생각이 달라도 되도록 격려하고 정중히 존중하고자 노력한다.

그러나 나와 다른 논자와 학적 토론의 장에서 부딪히면 여지없이 논쟁하며, 가능하면 결판이 날 때까지 토론한다. 즉 그런 특별한 논의의 장이 아니라면 학자의 자유로운 영혼, 양심, 글쓰기 등등이 결코 다른 환경 조건에 위축되지 않아야 한다는 것이 내 판단이다. 어느 학자의 사고에 어떤 문제가 있어도 그것을 무조건 제한하는 것, 혹은 일률적 방향으로 나가도록 제재하는 것이 더 큰 병폐라는 것이 기본적인 내 생각이다. 그러나 거듭 말하지만, 그러한 학자라도 다수의 대중과 특히 고난의 민중에게 직접 영향을 미치는 현실참여로 나아갈 때에는 철저히 비판하여, 보통의 상식과 통념, 약자에 대한 겸손한 가치관을 지녔는지를 검증해야 한다.

이래서 나는 내가 보기에도 이때저때 기준이 다르고, 보기에 따라서는 생각이 왔다 갔다 하는 것으로 비치기도 한다. 그런데, 찬찬히 돌이켜 보니 이런 나름의 기준은 있다. 내가 잘 대해주고 넉넉한 마음으로 잘 지내는 동료, 선후배 학자들의 생각에 다 동조하는 것이 아님은 물론이다. 그리고 적지 않은 SNS 친구들의 생각에 다 '좋아요'를 누르는 것도 아니다. 그때그때 다 다르다. 다른 이들도 나를 그렇게 볼 것이기 때문이다. 단지 내게 학자로서의 소신이나 자존심은 천하보다 귀한 것이기에 누구에게 제한되거나, 내가 원하지 않는 권위의 영향을 받을 수는 없음이다. 그러니 다른 학자들에게도 그러한 자유는 지켜지기를 소중히 바란다.

나는 되도록 싸우지 않으려고 한다

나도 한때는 논쟁적이었다. 비교적 소신대로 표현하려는 성격이고, 좋게 좋게 넘어가자는 성격은 아니어서 젊을 때부터 주위에서 강한 타입이라고 했다. 학계에서 평생을 살면서 내 스스로 보기에도 대충대충 넘기는 식은 아니었다. 학회 세미나가 열리고, 특히 신진학자나 새로운 논문을 발표하는 연구자의 논지에 대한 토론 시간이면 대개 동료들은 나를 먼저 바라보곤 했다. 무언가 좀 강력한 질문이 나올지 아니면 논지 자체를 뒤흔드는 전제에 대한 문제제기는 없을지, 그래서 나중에 들리는 말로는 나의 한 바탕 토론을 즐기는 동료 선후배들도 많이 있었다는 이야기이다.

모교 교수로 재직하면서 대학원의 여러 제자들을 길렀다. 전체적으로 보면, 스스로는 칭찬이 90%는 되는 선생이라고 생각한다. 그러나 10%는 강하게 코멘트하고 주문하는 까다로운 선생임에도 분명하다고 자평한다. 교수회의, 여러 형태의 위원회 등등 논의와 토론의 장에서도 자신의 생각을 감추고 남의 눈치를 보거나 타협적으로 임했던 기억은 없다. 그건 심지어 일본의 대학으로 소속을 옮긴 후에도 마찬가지이다.

여기까지만 보면 개인 차원일지 모르지만 나는 소위 매파였을지도 모른다. 그러나 솔직히 나처럼 싸우기 싫어하는 사람도 없다는 것을 스스로는 잘 안다. 지금까지 살아오면서 단 한두 차례이지만 전쟁을 치러도 큰 전쟁을 치러야 할 일을 경험하기도 했다. 내 실수가 있었는지는 모르겠으나 그것을 빌미로 인격 전반 혹은 사회적 명예를 공격하는 악의적 매파들을 몇몇 만나기도 했다. 실제로 나는 그 과정에서 불이익을 겪기도 했다. 싸울 만한 일이고 쉽게 말하자면 법적 공방을 벌일 일도 있었다. 물론 사안에 따라서는 법률 자문도 충분히 받고 전쟁 승리 예상의 완벽에 가까운 결론을 얻기도 했다. 주위에서는 당연히 전쟁 돌입을 예상했다. 더구나 여러 상황에서 내게 덧씌워진 매파라는 이미지로 보면 싸우고도 남을 것이며 끝까지 싸울 것이라는 예상도 한 듯했다.

그러나 나는 단 한 차례도 그렇게 싸우지 않았으며, 법적 공방도 내려놓았다. 이에 혹자는, 더구나 나에 대해 강성 논리의 이미지를 갖고 있던 사람일수록 무언가 나에게 약점이 있지 않나 한 것 같았다. 그러니까 천하의 서 아무개가 싸움을 포기 하지 않느냐, 하고 말이다.

나는 스스로의 양심에 가책이 없다. 그것은 우선 단언코 싸우기를 정말 싫어해서이다. 그것도 나 스스로를 보호하고 해명하거나, 스스로의 이익을 지키고 더 키우려고 하는 싸움은 정말 하고 싶지가 않다. 싸워서 이기고 쟁취하는 명예나 이익이 싸우지 않고 손해 입고 물러나는 나의 행복을 능가하지 못할 듯해서이다. 그래서 그런지 자신을 지키기 위해 끝까지 투쟁하는 이들을 존경의 염으로 바라볼 때가 많다. 법정투쟁이든, 언론투쟁이든, 직위를 건 투쟁이든 장기간에 걸쳐 전쟁을 잘 치르는 주변 인사들을 경이롭게 지켜본다는 뜻이다.

나는 인생을 기본적으로 행복하기 위해 산다. 인간의 행복을 가장 크고 깊게 파괴하는 일은 누군가와 혹은 어떤 조직과 다투는 일이다. 이런 내가 지금까지 살아오면서 다투거나 싸운 몇 가지 일은 있다.

순수한 학술 논쟁, 토론이다. 그건 잘 싸우면 싸울수록 창조적인 일이 되고 윤택한 일이 된다. 가치관, 이데올로기, 정의, 민주주의를 걸고 구조적 악에 항명하는 일이다. 적어도 개인 이익이 아닌, 정의의 함의에 몸을 던지는 일은 의의가 깊고 내 스스로도 가능한 일이었다. 그러나 그 또한 싸움의 강단, 투쟁의 결기가 부족했는지 생각만큼 크게 이루지는 못했다.

나는 세계의 지도자들, 정치적 리더들을 싸움을 거는 자와 평화를 향하는 자로 일단 구분한다. 사실 한 사람의 정치인으로 이재명 경기지사를 잘 모른다. 절대적으로 지지하는 단계도 아니다. 그런데, 오늘 보도된 바, 그가 한 이 말은 내가 가장 좋아하는 말이고, 평소의 내 생각과도 일치한다.

"아무리 비싸고 더러운 평화도 이긴 전쟁보다는 낫다"

이건 개인 간이든 나라 간이든 집단과 공동체 사이에서도 다 마찬가지이다. 옳고 그른 것을 가리는 과정이 아무리 지난하더라도 어쩌면 역사에 맡겨야 할지 모르더라도, 전쟁에서 이김으로써 이긴 자가 옳다는 것을 밝히는 방법은 반대한다.

내 개인적으로 어려움에 처해 있을 때 학부 시절부터 좋아하던 교수를 찾아 상의한 적이 있다. 선생 말씀이, 나는 싸워서 이긴 자 편이다. 선생의 그 말이 지금도 내 인생에서 가장 아프고, 동의할 수 없는 말이다.

최근에 더욱 선명히 떠오르고 있는 미국의 볼턴John Robert Bolton 같은 자를 가장 경멸한다. 세상에는 볼턴 같은 자에 가까운 인사들이 의외로 많다. 언젠가는 그 또한 아마 용서할 것이다. 오직 나의 행복과 평화를 위해서.

한국의 민족주의 이제는 없다

우익이 민족주의냐고 자꾸 묻는다. 동북아시아 정치가 모두 우향우했다는 정세에 기인한 질문들이다. 이참에 민족주의에 대한 생각을 좀 늘어놓아 보자.

나는 강의실에서 민족주의를 우선 오펜시브 내셔널리즘Offensive Nationalism과 디펜시브 내셔널리즘Defensive Nationalism으로 나눈다. 오펜시브형은 대표적인 예만 들어도, 독일 나치즘Nazism 치하 게르만 민족주의, 가깝게는 일본의 파시즘 전체주의 절정기의 야마토大和 민족주의 등이 있다. 민족주의는 역사 안에서 결코 긍정적 이데올로기는 아니다. 저 유명한 나치의 '유대인 학살 사건'을 전통적 유대 민족주의와 극단적 게르만 민족주의 간의 갈등이라고 분석할 수도 있다. 그리고 대부분의 민족주의는 오펜시브형의 성격을 띠고 우월적, 배타적 정서를 잉태하여 주변에 대한 호전성과 공격성을 지니고 있다. 그러나 디펜시브형은 다른 민족이나 강력한 주변 국가에게 독립과 자존을 침해받고 굴욕과 핍박 속에 있는 민족에게서 나타나는 민족주의를 의미한다. 이들의 민족주의는 다른 민족을 침략하거나 제압하는 형태의 에너지라기보다는 자기 민족의 최소한의 독립적 자존을 되찾고 지키기 위함이 목적인, '수비적 민족주의'를 의미한다. 제국주의 식민지 시대 대부분의 피압박 민족에게서 나타난 사상이자 실천 목표였다. 물론 일제강점기 '한국민족주의'도 그 대표적인 경우라고 할 수 있다. 지금도 중국의 한족 이외 55개 소수민족의 일부 경우와 러시아, 동유럽 등지에서 그 실례를 확인할 수 있다. 특히 독립을 원하는 여러 소수민족에게서 드러나는 독립투쟁이나 민족정체성 유지의 제반 활동 바탕에는 이 '디펜시브 내셔널리즘'이 작용하고 있다.

한국 역사에도 분명 디펜시브 내셔널리즘이 존재했었다. 그런데, 8.15 이후 분단을 맞았다. 분단의 레토릭rhetoric은 좌우 이데올로기의 첨예한 대립이었다. 물론 외세가 한반도를 그렇게 몰아갔지만 말이다. 이 상황에서 혹독한 동족간 전쟁을 겪었다. 사실 좌우 이데올로기의 극단 대치와 극심한 동족 전쟁 자체만으로도 이미 한국에서 민족주의는 유명무실해지고 만 것이다. 민족 정체성보다는 이념 정체성이 우선되지 않으면 상호 대립과 적대가 불가능하기 때문이다. 그래서 동족 전쟁 전, 좌우 이데올로기를 초월하여 통일국가를 수립하고자 했던 마지막 이상적 민족주의자들인 남북협상 세력은 남북 모두에서 무참히 실패한 것이다.

그리고 남한은 국가권력 주도 기반을 일제하 친일세력으로 편성하였다. 그나마 식민지시대에 존재하던 한국의 항일 민족주의는 오히려 독립국가 수립 과정에서 소외되었다. 친일세력들이 민족주의 대신 선택한 레토릭은 역시 반공이었다. 이들은 가끔 구색을 맞추어 항일, 반일을 외쳤지만 태생적 한계를 극복하지 못했다. 군사정권 이후에는 더욱 노골적이 되었다.

북한은 본래 민족주의와 상극인 사회주의 국가를 세웠다. 민족주의는 민족 내의 계급에서는 통합적 사상이다. 그러나 사회주의는 그것이 민족 내부라 하더라도 계급 차별적이며, 계급투쟁이다. 북한이 사회주의와 민족주의를 기형적으로 연결해보고자 한 주체주의는 어떤 면에서는 사회주의도 아니고 민족주의는 더더욱 아니다.

남한은 지속적으로 항일을 말하면서 실제로는 반공에 목숨을 건 이데올로기 사회였다. 이것이 표출될 때는 반북, 친미로 나타났다. 그리고 거기에 충실한 입장을 '한국 민족주의'라 불렀다. 이것을 편의상 나는 한국의 '구[舊] 민족주의'라고 부른다. 그런데, 여기에 친미가 강력히 존재하는 한 민족주의로는 실격이다. 엄밀히 말해 민족주의는 그 어떤 외세에도 동조하면 안 된다. 거기에는 미국도 예외일 수 없다. 그리고 이는 현실 정황적으로 민족과 반공 가운데 선택해야 할 상황에 처하면 즉시 반공으로 가야 하는, 즉 민족의 가치는 이차적일 수밖에 없는 명분만의 민족주의이다. 그 후 일련의 남한사회 변화에 따라 새로운 민족주의가 등장하였다. 즉 통일이 목표인 이들이다. 이들 이념의 형성 배경은 차치하더라도, 표출은 '친북, 반미'로 나타났다. 물론 여기에도 기본적으로 반일은 바탕에 자리한다. 그리고 좌우 이데올로기 문제에서 반공의 기저는 유지하지만 선택적인 측면이 있다. 이들은 우선 민족과 반공을 택일해야 할 상황에서는 민족을 먼저 택할 수 있는 용의를 보이고 있다. 민족이 최우선이라는 측면에서는 민족주의라고 할 수 있으나 전통적 의미의 민족주의와는 사뭇 다른 변형적 일면을 지닌 것 또한 사실이다. 북한과 민족주의로 소통하고자 하는 의도를 지니고 있고, 해방공간의 남북협상 세력과 유사한 측면이 있기는 하지만 상황적으로 볼 때 하나의 강력한 이념을 지닌 것이라기보다는 전략적이고, 방법론적인 특징이 더 강하다. 나는 이것을 한국의 '신新 민족주의'라고 부른다.

민족주의는, 고난 받는 민족의 최소한의 민족적 자존을 회복하는 데에만 긍정적으로 유효하다. 역사에서 자주 보았듯이 우월적, 배타적, 공격적인 민족주의는 피아를 막론하고 배격해야 한다. 이러한 측면에서 한국 민족주의는 '수비적', '고난 받는 민족주의'의 긍정적 테제these를 지닌 바 있다. 그러나 현황은, 한국 민족주의의 실체는 사라지고 남북한 모두에 유사 민족주의만 존재한다. 그리고 그것을 통해 민족의 과제가 해결될 수 있으리라는 기대도 현저히 상실되었다. 한국내의 민족주의 갈등은 구민족주의를 거짓 민족주의이자 '보수 꼴통'으로, 신민족주의를 사회주의이자 '종북 빨갱이'로 몰아붙이는 상호 불신과 논쟁만 거세다.

내가 보기에는 지금 남북한 모두, 한국 내의 '신구민족주의'이든 북한의 '주체사상'이든 모두 진정한 민족주의는 아니다. 민족주의는 잘못 횡행하면 두고두고 역사의 지탄을 받는다. 민족주의에 대해 너무 경솔히 생각하고 주장하는 듯하다. 거기에 한국 그리스도교는 민족기독교, 민족교회라는 개념을 남발하며 부화뇌동했다. 민족주의를 그리스도교와 연결해서 이해하려면 더욱 복잡하고 정교한 성찰이 필요하다. 다시 처음의 질문에 대답한다. 우익이 모두 민족주의는 아니다, 더구나 한국에서. 한국에 현재 진정한 민족주의는 없다. 다른 가치로 미래를 설계해 나갔으면 한다.

악의 평범성, 생각하지 않는 죄
—일본에 부는 한나 아렌트 현상

몇 해 전에 개봉한 영화《한나 아렌트》가 지속적으로 주목을 받고 있다. 이 영화를 상영하는 영화관은 장사진을 이루고 그녀와 관련된 책이나 자료도 인기가 상당하다. 나는 아직 영화를 보지는 않았다. 그러나 오래 전에 정치철학자 한나 아렌트Hannah Arendt의 저서 중 유명한 책《예루살렘의 아이히만: 악의 평범성에 대한 보고(Eichmann in Jerusalem: A Report on the Banality of Evil, 1963년)》는 읽은 적이 있어서 이른바 그녀의 '생각하지 않는 죄'에 대해서는 기본 이해가 있다. 독일 출신 유대인 학자인 그녀의 일생은 파란만장 그 자체이다. 스승이었던 철학자 하이데거Martin Heidegger와의 연애, 결별, 독일에서 겪은 유대인 차별과 수모, 나치의 압제, 프랑스로의 도피 다시 미국 망명 등등. 미국 시민권을 획득하고 1959년 이후로는 프린스턴대학 교수를 지냈다. 특히 하이데거와의 부적절한 관계와 결별, 화해. 나치를 옹호했던 그를 위한 청문회 증언 등등이 모두 극적인 화제의 요소이다.

그러나 그녀에게 주목하는 가장 큰 주제는 역사 안에 존재하는 '악'과 '죄'에 대한 성찰이다. 그녀는 나치의 유대인 학살 주범인 아돌프

아이히만Otto Adolf Eichmann의 전범재판 방청기록인 앞서의 책에서 '생각하지 않는 죄'라는 주제를 전개했다. 수백만 유태인의 학살을 주도한 흉악범 아이히만이라는 자는 재판 내내 "명령에 따랐을 뿐"이라는 변명으로 일관했다. 이를 직접 지켜본 그녀는 도대체 악이 실제 근본적으로 따로 존재하는 것인지 그냥 '진부함banality'(사람들이 자신의 행동이나 혹은 반대로서의 어떤 태만이 가져올 결과에 대해 비판적으로 사유하지 않고 단순히 명령에 복종하고 다수의 뜻에 따르려 하는 나태한 경향)의 작용인지에 대한 깊은 의문을 품었다. 그녀는 이에 대해 '생각하지 않음thoughtlessness'이 결과적으로 '악의 진부함'을 생성한다는 결론을 내렸다. 이것은 철저히 파편화되고 소외된 한 사람 한 사람들의 피동적이고 수동적인, 마치 '죽은 것과 같은 생각하지 않음'을 안이하게 수용하는 태도로 분석하였다.

수년 전 대학에서 나치의 유대인 학살사건을 다루면서 "유대의 신념적 선민選民 민족주의와 나치의 게르만 민족주의 간의 갈등"으로 전제하고 강의할 때 그런 전제에 대한 한 가지 반대적 이해 가능성으로 바로 한나 아렌트의 그 같은 논지를 떠올렸다. 그 무렵 일본어로 번역된 그녀의 바로 이 책 『イエルサレムのアイヒマン—の陳腐さについての報告』(大久保和郎訳 'みすず書房' 1969)을 다시 살핀 적이 있다.

한나 아렌트는 정치철학자로 분류되지만(물론 그러한 분류가 가능한 몇몇 주목되는 연구서, 예를 들면 『전체주의의 기원The Origins of Totalitarianism, 1951〉』이나, 『혁명에 관하여On Revolution, 1963』 같은 책도 있기는 하다) 한편으로 인간의 실존이나 내면에 더욱 깊이 천착한 철학자로 보인다.

나는 물론 그녀의 학문적 방향이나 사고에 전적으로 동의하지는 않는다. 특히 그녀가 경험한 특별한 생애과정에서 응축된 결론만으로 역사에 존재하는 악이나, 죄를 일괄적으로 해석하기에는 어려울지도 모른다. 그러나 적어도 어떠한 체계, 조직, 위치, 책임, 역할의 자리에 있는 개인들의 '생각하지 않음'으로 인해 일어나는 말로 다 할 수 없는 죄, 그로부터 발생하는 '무제약적 악'에 대해서는 절절히 동의한다.

꽤나 고전이라고 할 수 있는 한나 아렌트의 생각을 통해 현재 고국의 정치사회를 찬찬히 훑어볼 수도 있다. 여기에서 어떤 해답이 나올 수 있을 것으로도 여긴다. 한 개인 개인의 삶과 자리에서야 무념무상도 좋고 태만과 나태도 있을 수 있다. 그러나 어떤 자리에 앉은 한 존재가 취하는 무개념의 행위, 말, 진부한 관성 등이 저지르는 어마어마한 결과는 심각한 죄이자, 구조적인 악이다. 깊이 성찰하지 않는 이들, 그럴만한 비판 능력이 결여된 이들은 어떤 특정한 책임으로부터 격리하는 것이 역사적 악을 방지하는 하나의 길임에는 틀림이 없다.

최근 일본에서 '집단 자위권' 해석 강행을 비롯한 정권의 보수 회귀와 강경한 호전성의 파고가 높아가는 즈음에 —물론 그녀를 그린 영화의 유행도 원인이겠지만— 새삼스럽게 주목받는 '한나 아렌트 현상'은 대단히 유의미한 일이 아닐 수 없다. 더구나 이스라엘과 팔레스타인의 전운이 짙게 드리워져 있고, 이스라엘 군이 팔레스타인의 어린 천사들을 무차별 학살하고 있는 현실에서 그저 명령에 따랐을 뿐이라는 또 다른 '아이히만'들의 '진부한 완악함'을 크게 염려하지 않을 수 없다.

내 조국의 현실 또한 만만치 않다. 그들도 역시 별 생각 없이 관례대로, 하던 대로 할 뿐이었다. 아무 생각이 없던 죄, 생각하지 않는 죄는 과연 어떻게 해야 할 것인가.

친일 행적에 대한 몇 가지 생각

일본의 어느 모임에서 강연을 하면서, 종래의 역사 평가에 대한 기준 문제로 참석자들의 의견을 물어본 적이 있다. 예를 들어 일본에서 전쟁 전에 군국주의 파시즘에 적극 협력했던 사람들, 한국에서도 이른바 일제 말기에 친일 부역했던 사람들을 평가하는 기준이나 근거 같은 것이었다. 의견은 크게 갈렸다. 그들의 행동과 말이나 글, 조직에 대한 충성 등을 평가할 때 그들이 처했던 실존적 상황의 문제를 얼마나 감안해서 보아야 하는가 하는 문제에 대해서였다. 우선 같은 상황에서도, 물론 소수지만 끝까지 신념을 지키며 저항했던 사람들도 있으니 그들의 행적을 최대한 엄격하게 비판적으로 평결해야 한다는 의견이 있었다. 또 하나는 바로 우리 자신도 그와 같은 상황에서 어떻게 했을지 모르는 일이며 대다수는 분명히 유약한 모습을 취했을 것이므로 그 평가 기준도 어느 정도는 유연해야 한다는 의견으로 나뉘었다.

양쪽 모두 일리 있고, 생각하기에 따라서는 여러 역사적 평가가 가능할 것이라고 말했다. 그러나 그러한 문제에서 결코 양보할 수 없는 한 가지 전제가 있다고 했다. 바로 자신의 옳지 않은 판단, 처신, 행적 혹은 잘못된 신념에 대한 고백적 반성 말이다. 물론 그것마저 허용되지 않은 상황의 경우에는 별도의 이해가 있을 수 있다. 그러나 그렇지 않은 경우, 우리들의 '역사적 삶'이란 끊임없이 자신의 일정한 행위, 특히 공적인 행위나 타인에게 어떤 영향을 미칠 수 있는 행위에 대해서는 쉼없는 반성과 점검이 요구된다고 볼 수 있다.

지난 번 한국문학기행 중 미당시문학관에서 마주한 서정주의 고백문은 실제로 내게 많은 생각을 더해주었다.

"나에게 친일문인이라고 하는 이들이 있는데, 그것을 부정하지 않는다. 분명히 그것은 잘못된 일이라고 생각한다. 1943년 여름부터 겨울까지 최재서가 경영하던 '인문사'에서 일본어 잡지 '국민문학'편집 일을 하는 동안 당시 총독부 산하에 소속된 조선국민총력연맹지부 요구대로 작품을 쓴 일이 있다. 쓰라는 대로 쓸 수밖에 없었고, 모든 정보가 차단된 상태에서 해방이 그토록 빨리 오리라 생각한 사람은 아무도 없었을 것이다. 젊은 그 시절 살기 위해 어쩔 수 없었던 그것이 새삼 아픔으로 다가온다. 친일문제는 분명히 잘못된 일이며 깨끗하게 청산되어야 마땅하다. 당시 나의 정신적 실상을 세상을 뜨기 전에 꼭 글로 남기겠다."

이렇게 전제한 서정주는 자신의 친일작품 일부도 인용해 놓았다.

"수백 척의 비행기와 대포와 폭발탄과 머리털이 샛노란 벌레 같은 병정을 싣고 우리의 땅과 목숨을 뺏으러 온 원수 영미의 항공모함을 그대 몸뚱이로 내리쳐서 깨었는가? 깨뜨리며 자네도 깨졌는가. 장하도다. 우리의 육군항공 오장 마쓰이 히데오여."(『松井伍長頌歌』 중에서)

서정주의 고백 수준이 결코 높거나 만족스럽다고 할 수는 없다. 오히려 누가 보아도 '변명'에 가깝다. "쓰라는 대로 쓸 수밖에 없었고", "모든 정보가 차단된 상태에서 해방이 그토록 빨리 오리라 생각한 사람은 아무도 없었을 것", "살기 위해 어쩔 수 없었던 그것" 등의 표현은 영락없이 구차한 변명으로밖에 들리지 않는다. 그러나 그것도 중요하다. '분명히 잘못된 일'이라고 전제하고, 자신이 남긴 행적을 그대로 증거하는 일 자체가 필요하다. 이보다 훨씬 뒤인 최근의 일이지만, 결코 '역사적 정죄'가 아니라 '역사적 정리'라고 강조한 민족문제연구소의 『친일인명사전』 편찬과정에서 제기되었던 친일인사 후손들의 어불성설 이의제기가 새삼 우리 가슴을 꽉 막히게 한다. 역사의 현장이 실존적인 고뇌 그 자체라는 것은 역사가들 스스로가 더욱 잘 안다. 사실과 고백, 그것처럼 역사인식을 맑게 해주는 기제도 드물다.

옴 진리교 사건, 회고

어제 저녁 속보 이후 일본의 모든 매체는 도쿄 지하철 사린가스 테러 사건의 주범 중 하나로 17년 동안 도주 중이던 옴 진리교 현상 수배자 기쿠치 나오코菊地直子의 체포 뉴스로 도배를 하였다. 당시 이 사건은 일본뿐만 아니라 전 세계에 충격을 주었고, 종교와 관련된 연구를 하는 이들조차 그 현상을 어떻게 설명해야 할지 난감해 하던 당혹스러운 사건이었다.

1995년 3월 20일 아침, 도쿄 도심을 달리는 지하철에서 천인공노할 무차별 테러사건이 발생했다. 맹독성 화학무기인 사린가스를 터트린 것이다. 일본 신흥종교집단 옴 진리교의 만행이었다. 13명이 숨지고 6천 8백여 명이 다쳤으며, 그 중에는 치명적 장애를 입고 아직도 병석에 있는 이들이 허다하다. 종교집단이 아니라 범죄집단으로 간주된 옴 진리교 교주 아사하라 쇼고麻原彰晃를 비롯한 사건의 주모자들이 사형 확정 판결을 받았고 종파는 해산되다시피 했다. 그러나 현재도 흩어진 옴 진리교의 일부는 이름과 형태를 바꾸어 일본 내에 잔존하는 것으로 알려졌다.

종교는 어떤 측면에서 망상적일 수 있다. 과대 망상적이거나 피해 망상적이다. 그로부터 파괴적이고 적의적敵意的인 속성을 드러내기도 한다. 대부분의 반사회적 사이비 종교의 현상, 사건, 교조教祖나 교주의 행동, 선동적 설법說法 그리고 그 추종자들의 심리구조나 극단적 신앙 실천이 그렇다. 한국에서도 근현대 이후 명멸한 수많은 신新 종교들이 거의 같은 기조를 지녔다. 최근에도 특정 그리스도교계 신종교가 한국사회를 유린하고 있다. 뿐만이 아니다. IS로 지칭되는 이슬람 원리주의의 일부 집단 역시 같은 기조의 행동양식을 보인다.

그런데, 여기서 우리는 기성의 전통 종교에도 관심을 기울여 볼 필요가 있다. 정도의 차이기 있을 뿐 전통 종교에도 같은 현상이 간혹 드러난다. 망상적이며 때로 적의를 띠고 상당히 파괴적이다. 집단이나 공동체가 그런가 하면, 종교인 개인이 그런 성향을 보이기도 한다. 종교인들의 페이스북을 살피다가도 너나 할 것 없이 우리 모두가 늘 조심하고 각성해야 함을 느낄 때가 많다. 적지 않은 사람들이 지나치게 '자기의自己義'에 빠져 있는 경향을 보인다. 과도할 정도로 '희생적 정의감'에 젖어 있거나 놀라울 정도로 자기만족에 빠져 있다. 그리고 또 깊은 자기연민에 사로잡혀 있다. 기성의 종교분야에 종사하는 사람들 다수가 신종교를 시작해도 무난할 정도로 망상적인 심리상태를 보일 때가 많은 것이다. 정도의 차이와 절제력이 도움이 될 뿐이다. 그래서 참 그리스도교는 순간마다 거듭 각성해야 함을 가르치는 것이 아닌가 한다. 조금만 방심하면 자만에 들어가고 결국 망상으로 이행되기 때문이다.

여기저기가 옴 진리교 같은 종교적 망상의 지뢰밭 같다. 사린가스보다 더한 협잡挾雜으로 무고한 이들을 공격하는 와중에서, 우선 잘 살아남아야 할 것 같다. 그리고 스스로 다른 이에게 가해자가 되지 않기 위해서라도 항상 깨어 있어야 할 것 같다.

옴 진리교 교주 아사하라 쇼고麻原彰晃는 요가 수련자 출신으로 1989년 신종교 '옴'을 세웠다. 당시 세계적 현상의 하나이던 세기말적 분위기에 편승해 다수의 엘리트 지식인들이 그의 포교에 현혹되었고, 강력한 카리스마적 종교조직을 형성해 나갔다. 이들은 현실의 영향력을 목표로 정계 진출까지 도모했으나 실패한 후, 극단적인 사회적 영향력 발휘를 위한 파괴적, 혁명적 기치를 설정하고 실천하였다. 당시 그들이 목표한 일본 사회 전복의 시나리오는 전통적으로 일본 종교가 체제에 순응하고 사회적 안정 기조 위에서 그 진로를 형성했던 것과는 대조적이다. 그 극단성은 경악을 금치 못할 수준이다. 대략적인 내용은 일본 정부의 전복과 천황의 폐위이며, 마침내 목표가 달성되면 아사하라 쇼고가 '신성법왕'에 즉위하고 신정국가인 '진리국'을 건국한다는 것이다. 그 방법론은 이른바 '경찰력'으로 유지되는 일본의 치안을 철저히 유린하여, 가공할 테러로 사회질서를 무너뜨린다는 계획이었다. 교단 산하에 교단 군사조직을 운영했고, 러시아 포교과정에서 개척된 루트를 통해 군용헬기를 구입했다. 생화학무기를 집중 개발해 생산을 시도했고 마침내 도쿄 지하철에서 이를 실행한 것이다.

그러나 이들이 가장 경시한 것이 바로 일반 대중의 안녕과 일상의 행복이었다. 현재 '옴 진리교'가 완전 붕괴 상태에 빠진 것은 내란에 준하는 강령을 실행하고자 한 종교집단에 대한 일본정부의 경계와 응징도 응징이지만, 시민의 저항으로 인한 사회적 반대 분위기가 더 큰 붕괴 원인으로 보인다. 사건과 직접 연루된 중심인물로는 기쿠치 나오코가 체포됨으로써 단 한 명 다카하시 가츠야高橋克也만 남았다(그도 2012년 6월 15일 체포되었고, 교주 아사하라는 지난 2018년 7월 6일 사형이 집행되었다).

일본 종교사를 보면, 근대 종교정책과 연관되겠지만 사회적 질서 안에서의 신종교운동이 빈번하고 일반적이다. 소위 사회적 물의를 빚는 종교집단의 발호는 한국과 비교해서도 현저히 드문 것이 사실이다. 그러나 이 '옴 진리교'의 실체와 그 사건은 세계적인 종교테러, 종교망상의 한 증좌로 지속적인 검토가 필요하다. 누가 일본을 종교가 없는 나라라고 했는가. 일본은 오히려 종교로 읽기에 가장 적합한 사회이며, 그 사례이다. 종교테러의 희생자가 된 무고한 일본 대중의 충격에 공감하며, 한국의 현대 종교사도 함께 되뇌어 보게 되는 아침이다.

야스쿠니 신사에 대해 자주 받는 질문

일본의 각료들이 야스쿠니 신사에 몰려가서 참배를 했다. 한국과 중국은 즉각 반발하고 엄중한 항의와 비판 성명을 발표했다. 이에 총리와 각료들은 이웃나라의 눈치를 보지 않고, 나라를 위해 목숨을 바친 영령들을 당당히 참배하겠노라는 투로 반응했다. 그러나 총리의 이런 발언은 현재 일본 내에서도 비판을 받고 있다.

해묵은 문제이고 한일, 중일 간에 자주 거론되는 문제이기는 하지만 한국의 친구, 제자들 혹은 일본의 지인들에게서 가끔 질문을 받는다. 야스쿠니 신사가 일본 역사에서 이른바 '나라를 위해 목숨을 바친 이'들의 영령을 모신 곳이라면, 똑같지는 않아도 한국의 국립 현충원 같은 곳이라고 할 수 있지 않으냐, 한국에서도 수많은 정치인이나 지도자들이 개인적으로 혹은 공개적으로 필요할 때마다 그곳을 참배하고, 아예 6월 6일 '현충일'에는 국가 전체적으로 추모하지 않느냐. 미국의 수도 워싱턴 DC의 웰링턴국립묘지도 비슷한 경우가 아니겠는가. 미국뿐만 아니라 다른 나라에도 대부분 그와 같은 장소가 있고, 국가와 민족을 위해 산화한 영령들이 잠들어 있거나 그들을 모신 곳이 있지 않느냐는 것을 전제로 하는 질문들이다. 그에 대해 일일이 다 대답하자면 한정이 없어서 간단히 몇 항목으로 나누어 내가 아는 범주에서 답하곤 한다.

첫째, 야스쿠니 신사에 '모셔진' 대부분의 그들이 목숨을 바친 전쟁의 성격 문제이다. 이미 그들이 치른 전쟁이 아시아에 대한 침략전쟁이었고 그 전쟁은 일본이 역사적으로 사죄하지 않으면 안 될 전쟁으로 공인共認, 공언公言된 전쟁이라는 점이다.

둘째, 거기에는 그 시대적 상황에서 동원되거나 단순히 국가에 대한 의무로 참여한 수많은 병사들의 넋도 있긴 있지만, 전쟁에서 악질적 책임이 드러나고, 패전 처리과정에서 A급, B급 등으로 분류되어 처벌을 받은 이른바 전범戰犯들의 넋도 함께 있다는 점이다.

셋째, 신사神社, 국가신도國家神道가 지닌 '종교성'의 문제인데, 야스쿠니신사는 단순한 묘지나 영령들의 넋을 추모하는 장소가 아니고 그들의 넋이 이미 '호국신'이 되어 나라의 안녕과 번영을 지키는 종교적 성소聖所가 되었다는 점이다. 심지어 그러한 공공의 의미 이외에도 그들 호국신들에게 개인의 복福 즉 건강, 재수, 영화까지를 비는 종교와 신앙행위가 함께 이루어지는 곳이라는 점이다.

넷째, 이 문제는 특히 한일관계와 깊이 연관된 것인데, 일본의 침략전쟁에 동원된 다수의 한국인 병사들과 희생자들의 넋도 합사合祀되어 있다는 점이다. 그들은 죽어서도 독립하지 못하고 넋마저 일본의 '호국영령'나아가 '호국신'이 되어 있는 것이다.

다섯째, 야스쿠니 신사에는 지금도 '아, 옛날, 군국대국의 꿈'을 꾸며 그 시절 제복을 갖추어 입고 줄을 지어 참배하는 일부 우익들에게서 보듯이 참배자 다수가 정치, 사상적 문제를 지니고 있다는 것이다. 즉 일본의 역사적 과오를 인정하지 않거나 패전과 그 과정의 법적 처리에 불만을 품은 이들이 많다. 더구나 언젠가는 일본이 패전의 불명예를 씻고, 재군비 강화의 시대를 열며, 아시아의 맹주를 꿈꾸는 과거 회귀의 사상적 지향을 지닌 이들이 많다는 것이다.

나도 역사와 종교 공부를 위해, 한국에서 온 지인들에게 설명을 하기 위해 야스쿠니 신사와 그 안의 기념관을 셀 수 없이 다녀온 바 있다. 물론 참배는 단 한 번도 안 했으니 오해 없기 바란다. 그럴 때마다 사실상 전쟁에 동원되어 젊은 목숨을 초개같이 버려야 했던 수많은 병사들의 희생과 사연들은, 어느 시대 어느 나라와 마찬가지로 가슴이 아프다.

그러나 그것과 야스쿠니 신사의 역사적, 종교적 성격은 별도이다. 일본의 일반 대중들 일부가 자발적으로 그곳에 참배하는 것까지 문제 삼기는 어렵다는 것도 안다. 그러나 국가의 책임을 맡은 이들이 줄지어 참배하고, 국정의 최고책임자가 "나라를 위해 목숨을 바친 이들에 대한 존경과 경의를 표하는 행위" 운운하는 것은 역시 큰 문제가 아닐 수 없다.

혐한류嫌韓流 우려

도쿄의 '뉴 한인 타운'인 신오쿠보新大久保에서 일본 우익계의 반한反韓, 혐한 시위가 대규모로 열렸다. 어디든 이런 저런 생각을 하는 사람들이 있는 것은 당연한 일이겠으나, 한일관계에 아무런 도움이 되지 않는 일들이 벌어지고 있는 것은 안타까울 뿐이다. 우익계의 한 일본인은 서울의 일본대사관 앞에 있는 '일본군위안부상'에 불순한 팻말을 가져다 놓는 등 행패를 부리다가 결국 한국 검찰에 명예훼손혐의로 기소되는 지경에까지 이르렀다.

나는 개인적으로 한일관계를 공부하고 그 틈새의 역사를 살아가면서 갖는 기본적인 기대가 있다. 즉 정치나 경제 등등 공적 이해가 갈리는 부분에서 한일관계 해결의 궁극적 실마리를 찾는다는 것에 크게 기대하지 않는다. 그 부분은 양자의 현명한 정치적 협상력이 발휘되어 상호가 수긍하는 선에서 균형이 유지되면 된다. 특별히 잘못된 선택, 즉 쌍방 모두 막무가내식의 입장을 취한다든지 단 한 치의 협상력도 발휘하지 못할 정도로 꽉 막힌 파국으로만 가지 않으면 된다는 의미이다. 반면에 민간에서는 창조적 교류가 지속되어 양국이 불행한 역사를 극복하고, 미래의 좋은 이웃으로 나아갈 방향을 찾기를 늘 바라고 있다. 다시 말하면, 한국과 일본이라는 나라 대 나라로서만이 아니라 한 사람의 진정한 한국인과 한 사람의 진정한 일본인 사이에서 역사 청산이 이루어지고 우호 협력이 비롯되며 창조적인 미래를 꿈꿀 수 있는 새로운 관계가 진행되기를 바란다. 그런 의미에서 그 동안 아니 지금도 지속되고 있는 일본 내 '한류 붐'은 참으로 바람직한 일이다. 이런 저런 다른 평가를 하는 이도 있을지 모르지만 한 편의 드라마나 영화, 한 곡의 '케이팝k-pop'이 한일 간에서 이룩한 우호적 성과는 그동안 한국의 주일대사, 일본의 주한대사 수십 명이 나서도 이룰 수 없었던 외교 성과라 하겠다. 그뿐인가 한국음식 한 그릇, 한국 문화의 구체적 표현 하나가 만들어낸 결과가 상상을 초월할 정도이다. 물론 아직도 한일 간에 해결해야 할 과제는 산더미처럼 쌓여 있다. 역사 문제에 진솔하지 못한 일본, 점점 더 보수화의 길을 걸으며 아시아의 진정한 일원으로서 새로운 미래에 대한 비전을 찾지 못하는 일본 지도자들의 행태를 비판하고 우려하지 않을 수 없다.

그러나 더 큰 염려는 양국 민간의 정서이다. 물론 이보다 더할 때, 아니 그 단초마저 조성되지 못했던 시절에도 한일의 '다리'가 되기 위해 모든 희생을 다한 양국의 양심 있는 선구자들은 있었다. 그들에게서 내가 배운 한 가지는 결코 실망하지 않고, 결코 서두르지 않으며, 언젠가 이루어질 두 나라 간의 평화로운 미래에 대한 꿈을 늘 지니고 있었다는 것이다.

일찍부터 나는 한국에서 일본의 대중문화를 완전히 열어야 한다고 주장한 사람이다. 당시 이를 반대한 사람들의 논리는 그리하면 한국의 대중문화가 완전히 자멸하고 '일본풍'문화로 변질될 수 있다는 것, 그리고 일본 문화를 받아들이는 일 자체에 대한 국민감정의 문제가 있다는 주장이었다. 아무튼 그 후 여러 과정을 거쳐 양국의 대중문화가 제한 없이 교류하는 시대에 들어선 지 오래이다. 결과는 어떤가, 그들(당시의 반대론자들)은 한국의 문화적 소화력과 창조력을 신뢰하지 못했다. 그들은 늘 두려워했던 이들이다. 그들의 예상대로라면 지금쯤 '일류日流'가 한국에 퍼져 한국의 대중문화를 완전히 점령하고, 한국의 민족주의자들은 '혐일', '반일'시위를 벌이고 있어야 하지 않을까?

일부 염려는 있지만 나는 일본의 '혐한', '반한' 시위도 일본 우익의 진용陳容 단속과 경각심을 위한 '제스처'라고 여긴다. 이런 시위나 데모는 일본 전체 시민들에게는 오히려 더 역효과만 낸다. 일본 우익의 이런 행태가 일본 내에서도 가장 혐오스러운 사회 행태로 지탄받는 것도 잘 봐왔다. 다만 일시적으로라도 '주일 한국 민간 대사관' 거리라 할 수 있는 신오쿠보를 비롯한 거리거리의 한국 분위기가 위축받을까 염려스러울 뿐이다. 불경기 등으로 이미 타격을 입은 상태인데 설상가상 이런 이유로까지 영향 받지 않기를 바란다. 그리고 하나 더 원하는 것은 비슷한 시위를 맞불처럼 서울에서 벌이지는 말자는 것이다. 저들 '반한' 시위자들은 일본에서 소수에 지나지 않는다. 무언의 다수는 여전히 김치와 비빔밥을 맛있게 먹고 한국 드라마를 재미있게 본다. 그리고 창조적 소수는 일본이 겸허히 지불해야 할 역사적 책임과 그 다음의 화해를 위해 열심히 뛰고 있다.

'친한파親韓派' 데모

한국과 일본의 역사적 입장이 상당히 다른 것은 용어에서도 잘 나타난다. 한국에는 공식적으로 드러내 놓은 '친일파'는 없다. 사실 역사 속에서는 무척 많았고 식민지 이후, 독립 이후에도 역사적으로 그것을 여전히 청산하지 못했다는 것은 부정할 수 없다. 그러나 지금은 용어 자체로서의 '친일파'를 자처하는 이는 단 한 사람도 없다. 기껏해야 일본을 아는, 알고자 하는 '지일파知日派'정도가 있을지 모르겠다. 아니 일본과 관련된 일로 살아가는 사람들, 일본에 유학했거나 일본어를 잘 구사하거나 일본과 이런 저런 관련을 맺고 있는 사람들 바로 나 같은 사람을 다 그렇게 몰아 부친다면 이야기는 또 달라지지 싶다. 그렇게 따지면 일본에서 살고 있는 '재일교포'는 모두 새로운 의미의 친일이나 지일파일지도 모르겠다.

나는 전통적 의미의 친일파는 청산되어야 하고, 그러한 친일파가 주도권을 쥐고 기득권을 행사해온 한국의 역사를 참담하게 생각하는 역사학도이다. 일제 36년간의 식민지시기에 한국 민중을 수탈하는 직접적 역할을 한 상하급 관리들, 독립운동가들을 추적하여 구금拘禁하고 탄압했던 일제 끄나풀들 다수가 한국인이었음도 안다. 누군가의 기록에서 내 가슴이 꽉 막힌 적이 있다. 한 종군위안부 할머니의 증언을 청취, 기록한 내용이다. "나를 붙들어 가서, 그런 비인간의 구렁텅이에 처넣은 왜놈들도 밉지만, 그들에게 나를 팔아넘기듯 넘겨버린 조선의 아버지, 동네 친지들을 우선 용서할 수가 없다." 역사가 잘 정리되려면 넘어야 할 산이 많기 때문에 한국의 역사적 친일파 청산은 더욱 지속되어야만 한다.

그런데 어제 일본 뉴스에서 반가운 내용을 접했다. 잘 알다시피 요즘 일본 내에서는 이른바 우익들의 '혐嫌 한류 데모'가 자주 열린다. 독도문제가 중심에 있지만, 일본에서 유행하는 한국과 관련된 모든 것에 대한 반감을 실어 한국과 한국인에 대한 반대 데모가 지속되고 있다. 심한 부류들은 한국인은 모두 돌아가라, 한국인을 다 죽이라고 쓴 '피켓'을 들고 외치기도 한다. 그런데 어제 대표적인 코리안 타운인 오사카의 츠루하시鶴橋와 도쿄의 신오쿠보新大久保에서 '혐한시위'가 열렸을 때 그 건너편에서 그보다 더 많은 수의 일본인들이 친한류 시위를 벌였다. 오사카에서는 "일본과 코리아 우정의 캠페인"을 벌인 일본인들이 수적으로도 혐한데모대를 압도했다. 도쿄의 신오쿠보에서도 '친한파 일본인'들의 열성적인 맞불 집회가 있었다. 그에 앞서, 우츠노미야 켄지宇都宮健児 전 일본변호사연합회 회장을 비롯한 12인의 인권변호사들은 우익들이 "한국인 죽여라" 등의 구호를 외치며 집회를 하는 것을 그대로 방치하는 것은 법치국가에서 있을 수 없는 일이라며 도쿄변호사회에 혹 발생할지 모르는 인권구제에 적극 나설 것과 경시청에 적극적인 안전대책을 요구한 바 있다.

또한 지난 14일 일본 의원회관에서는 아리타 요시후有田芳生 민주당 의원, 히라야마 마코토平山誠 녹색바람당 의원 등의 주최로 '배외주의排外主義·인종모멸 시위에 항의하는 국회 집회'가 열리기도 했다. 지금 '친한파' 일본인들의 활동은 적극적이다. '혐한시위' 등이 잦아들고 진정한 한일 간의 화해와 평화, 우정의 시대가 열릴 때까지 활동을 계속하겠다는 입장이다.

어떻든 일본에는 공개적으로 확실한 입장에 서 있는 '친한파'들이 많이 있다. 한일 간 특히 정부 차원의 역사적 과제는 아직 산처럼 쌓여 있다. 한국에서는 여전히 역사적 '친일파' 청산 노력이 지속되어야 한다고 생각한다. 그런데 바로 이즈음에서 보통의 한국인들, 더 나아가 지일知日의 의지가 있는 한국인들은 일본에 실제로 존재하는 많은 친한파 일본인들과 상호 선린과 우호의 관계를 형성해 나가야 한다.

나는 내 주변의 일본인 친구들이 대부분 친한파이다. 어떨 때는 좀 부족하다 싶은 한국인들, 불행한 시기의 한국인 친일파나 그것을 그대로 계승하여 반성도 없이 계속해서 권력과 부를 누려 온 한국의 지독한 '친일파'들보다 한국에 더 큰 애정과 성의를 지니고 있는 이들이다. 그래서 나는 그들 '친한파' 일본인들과는 참다운 친구가 되고자 한다. 일본이라는 국가와 사회에 역사적 질문과 책임의 문제를 끊임없이 제기하겠지만, 양심적이며 역사의식이 있는 일본인들과는 단 한 사람이라도 더 깊은 우정을 만들어가야 할 것이다.

일본 헌법 논의 1 '평화헌법' 논란

언제부터인가 일본 보수 정권은 늘 헌법 개정을 추진하고 있고, 그에 관한 주제도 계속 논의하고 있다. 이제 구체적으로 이른바 '평화헌법'의 개정과 유지를 주장하는 양 편의 논리를 잠시 정리해 두고자 한다. 일본의 정치가들은 물론 매스컴과 여러 학자들 간에 혹은 관심 있는 이들 간에 이에 대한 논의가 깊다.

헌법 9조, 곧 전쟁을 영구히 포기하고 군대를 보유하지 않으며, 교전交戰에 의한 국제분쟁의 해결을 인정하지 않는다는 조항에 대한 논란이다. 먼저 이를 개정하자는 측의 주장은 세계정세, 특히 동아시아 정세의 긴장이 높아지는 상황이라는 것이다. 북한의 핵무기와 미사일 위협이 지속되고 있고, 중국과 일본 간에는 센가쿠열도尖角列島(중국명 댜오위다오釣魚諸島) 등을 둘러싼 영토분쟁의 긴박감이 높아지고 있다. 그리고 동아시아 지역에서 미국의 군사적 방어체계가 점차 약화되고 있으며, 이러한 힘의 공백을 일본이 담당해 나가지 않으면 안 될 상황이 전개되고 있다는 것이다. 그렇기 때문에 일본의 군사력이 자위대 수준의 소극적 체제를 넘어 국토방위군國土防衛軍을 창설하고 적정한 수준으로 군비를 확장해야 한다는 것이다. 그렇게 함으로써만 이 지역에서 군사적 힘의 균형을 유지하고 평화와 안정을 기하며, 일본 국민과 영토를 안전하게 보위해 나갈 수 있다는 논리이다. 그들은 그 동안 패전 이후 상대 승전국의 요구에 따라 수동적으로 제정, 유지해 온 이른바 '평화헌법'의 소극적 성격으로는 새로운 시대에 일본의 국민과 국토 안위를 보장할 수 없다는 주장을 지속적으로 내놓고 있다. 결국 그들의 주장도 역시 평화와 안전, 일본을 중심으로 하는 주변지역에서 전쟁 억지력을 확보하기 위해 '평화헌법'을 개정해야 한다는 논지이다.

이에 반해 '평화헌법'을 그대로 유지해야 한다는 헌법개정 반대론자들의 의견은 명확하다. 그동안 일본은 '평화헌법' 덕분에 제2차 세계대전 이후 전쟁의 소용돌이에 말려들지 않고 평화를 유지해올 수 있었다는 논리이다. 이들의 의견은 구체적이다. 1950년에 발발한 한국전쟁 당시 일본이 '평화헌법' 체계를 형성하지 않았다면 어떤 형태로든 그 전쟁에 개입할 수밖에 없었다는 것이다. 뿐만 아니라, 길고 지루하고 험난한 베트남전쟁 역시 일본과 안전보장 조약의 파트너인 미국이 바로 지척에서 치렀다. 결국 일본이 '평화헌법' 체계가 아니었다면 당연히 그 전쟁에도 깊이 개입될 수밖에 없는 처지였다는 것이다. 그밖에도 '아프가니스탄 전쟁', '이라크전쟁' 그 밖의 아시아, 아프리카 지역에서 지속된 여러 차례의 전쟁이나 지역 분쟁에 직간접으로 참전 혹은 개입되었을 가능성이 높았다는 것이다. 더구나 한반도, 중국, 러시아 그리고 아시아태평양 지역에서 그들 국가와 미국 간에 지속되어 온 군사적 긴장감 속에서 일본마저 '평화헌법'을 버리고 군대 보유와 군비경쟁에 뛰어들었다면 어떻게 되었겠는가 하는 질문이다. 그나마 수십 년

간 유지되어 온 이 지역의 평화에는 일본 '평화헌법'의 몫도 있었을 것이라는 점이다. 그들은 지금의 상황도 개정론자들과는 전혀 다르게 인식한다. 개정론자들이 주장하는 북한, 중국 등 주변국들과 긴장관계 상황에서 일본이 헌법을 개정해 군대를 보유하고 재군비 강화를 추진한다면 지금 정도의 안정과 평온마저도 사라질 위험이 더 크다는 것이다. 일본의 군비확장을 빌미로 주변국의 군비경쟁과 군사적 긴장은 상상할 수 없을 정도로 더욱 확대될 것이다. 그렇기 때문에 이 지역의 이만한 평화와 긴장완화를 유지해 나갈 수 있는 유일한 길은 '평화헌법'의 유지라는 것이다. 무엇보다도 일본이 '평화헌법'을 유지하는 한 직접적으로 전쟁에 휘말리거나 참전하지 않을 보장을 견지할 수 있다는 것이다.

그러자 개정 지지 측은 가정하여 다시 논쟁에 나서기도 한다. 만약 '특정한 국가'가 일본을 미사일 등으로 공격하고, 일본 영토에 '특정 국가'의 군대가 침입해 들어올 때 '평화헌법' 아래에서 어떻게 대응할 것인가를 묻는다. '평화헌법' 지지자들은 간단하게 대답한다. 그런 것을 가정하고, 그것을 전제로 군대를 확장하며 평화를 포기하려는 행위가 호전주의자들의 전통적 행태라고. 그리고 지금 시대, 특히 동아시아의 상황은 어느 나라 군대가 어디를 점령한다고 할 때 해당 당사국의 군사적 힘만으로 그것을 방어하고 응징하는 수준의 시대는 아니라고 말한다. 그리고 더욱 확실한 대답은 그럴 때를 위해 일본에도 '자위대'가 있지 않은가 라고.

새로운 시대, 새로운 지역적 상황을 예로 들며 새로운 평화를 지키기 위해 '평화헌법'을 포기하고 재군비의 길로 나가기를 원하는 이들은 스스로 자기모순에 빠져들고 있다. 전쟁 능력, 군사적 힘으로 과연 평화를 지킬 수 있겠는가 하는.

일본이 지금은 물론 미래에도 가장 유리하고 확실한 평화의 길을 가는 방법은 지금까지 그랬던 것처럼 '평화헌법'으로 평화를 지키는 것이다. 전쟁을 영구히 포기한 헌법을 유지함으로써 전쟁을 하지 않는 것이다. 그럴 때 주변국가도, 세계도 일본을 일본 그대로 대우할 것이다. '평화헌법'으로 전쟁을 포기하고 경쟁적 군비확장을 하지 않는다고 해서 일본에 쳐들어와 일본을 지배하고 영토를 강제로 빼앗을 나라는 없다. 일본이 이 '평화헌법'을 유지하는 한 주변국과 전면전쟁을 할 가능성은 거의 없으며 그 길이 일본의 평화를 최대한 보장하는 길이라고 생각한다. 내 의견 역시 '평화헌법' 유지론자들의 의견과 깊이 일치한다.

일본 헌법 논의 2 헌법 제9조, 96조, 더불어 1조

다 아는 사실이지만, 일본의 보수 정권은 지금의 헌법을 개정하려 한다. 오래 전부터 일본에서 헌법을 바꾸고자 하는 이야기는 자주 나왔지만 최근의 논의가 가장 적극적이고, 또한 개헌의 가능성도 전보다 높은 분위기이다. 개헌의 가장 관건이 되는 조항은 9조이다. 조문의 주요 내용부터 보자.

> 일본 헌법 제9조 1항, 일본국민은 정의와 질서를 기초로 하는 국제평화를 성실히 희구希求하고 국권國權의 발동인 전쟁과 무력에 의한 위협, 무력의 행사는 국제분쟁을 해결하는 수단으로서는 영구히 방기放棄한다. 2항, 전항의 목적을 실현하기 위해 육해공군 기타의 전력은 보지保持하지 않는다. 나라의 교전권交戰權은 인정치 않는다.

이른바 '평화헌법'의 골자가 여기 제9조에 다 담겨 있다. 물론 그 해석의 미묘한 폭은 있으나 볼수록 얼마나 좋은 헌법 조항인지 모른다. 가끔 나는 일본 친구들에게 언젠가 세계의 모든 나라가 가져야 할 헌법을 일본이 먼저 가진 것이라고 말해 준다. 이를 바꾸어야 한다는 논리는 시대가 달라져 이 헌법으로 국토와 국민의 안전을 지킬 수 없다는 것이고, 이 헌법이 패전 이후 승전국의 강요와 강제로 만들어진 것이어서 이제는 주체적으로 바꿀 때가 되었다는 것이다. 이를 이데올로기적으로, 또한 이론적으로 논의하던 시절만 해도 낭만적인 시대이다.

최근 정권은 개헌 추진에 아주 전략적이다. 제9조를 논의하기에 앞서 참의원 선거에서 헌법 제96조 개정을 먼저 내걸고 추진하겠다는 것이다. 제96조의 개요는, '헌법의 개정은 각 의원 총원 3분의 2 이상으로 국회가 발의하고 국민에 제안, 승인을 얻지 않으면 안 된다'이다. 승인에는 특별히 국민투표 또는 국회가 인정하여 실시하는 선거시행에서 과반수의 찬성이 필요하다. 앞서의 승인을 얻을 경우 천황은 개정된 헌법을 국민의 이름으로 선포한다고 되어 있다.

관건은 국회의 3분의 2 찬성이다. 이것은 다수결만으로는 부족하다는 정신이 들어 있는 세계적인 상식선이다. 이를 과반수로 낮추어 개헌이 용이한 방법론적 절차 개정에 먼저 돌입하겠다는 것이다. 헌법을 입맛대로 바꿀 수 있는 개정 방법 조항을 먼저 개헌하겠다는 전략이다. 이를 두고 일본이 들끓고 있다. 여론조사에서 다수의 일본인이 개헌의 필요성에 대해 어느 정도는 동의를 하면서도 이 '개헌 방법론'에 대한 개헌은 비교적 다수가 반대하고 있다. 왜 그런지 이해는 가지만 아무튼 모순된 여론이 형성되고 있는 것은 사실이다.

비교적 정론을 펴는 《마이니치신문》이 실시한 여론조사에 따르면 96조 개헌에 대해 반대 46%, 찬성 42%, 무응답 11%로 나왔다. 같은 조사에서 헌법 개정 자체에 대한 지지 60%, 생각해보지 않았다 32%

와 비교해서 볼 여지가 있다.

일본의 '헌법의 날'에 《마이니치신문》(도쿄 판 조간)의 사설은 96조 개정 반대를 제목으로 걸고 정면으로 다루었다. 이 논지에 나도 적극 동의한다. 사설은 영화 '링컨' 이야기로 시작한다. 당시 미국 헌법 13조의 개정문제를 다룬 영화이다. 그때에도 3분의 2선이 조건이었다. 그것은 정치, 정략, 단순 다수가 아니라 인권, 정의가 관계된 설득이 필요하다는 전제였다. 이어 헌법은 기본인권을 보장하는 보루이며, 현재의 헌법은 자유획득의 결과 시련을 견딘 산물이며, 현재와 미래 일본 국민의 침해될지도 모르는 인권을 지키는 바탕이라고 했다. 그것은 정치적 다수파가 일시적 판단으로 이리 저리 바꾸어서는 안 되는 보편적 원리라는 것이다. 그래서 개헌은 더욱 높은 단계의 엄격성이 요구된다. '과반수'가 통상의 민주주의 원리이지만 헌법은 기본권과 기초적 가치를 지키는 법으로 '법 중의 법'이다. 모든 법률은 헌법에 위배되면 법으로서의 의의를 상실한다. 그런 헌법의 개정을 법률 개정이나 제정과 동일한 차원에 위치시키는 것은 본말전도本末顚倒라고 결론지었다.

나는 한 가지 더, 역사적으로 학습된 한국의 전례를 충고해주고 싶었다. 헌법을 권력의 필요에 따라 바꾸기 시작하면 모든 권력은 개헌의 유혹을 갖게 되고, 인권 보루의 둑은 다 무너져 내린다는 것이다.

최근 일본 정권의 의도가 더욱 집요한 것은, 다수 권력이 헌법을 언제라도 바꿀 수 있도록 개정 방법론을 다시 설정하겠다는 것인데 이는 아주 악질적인 정치논리라 아니할 수 없다. 방법론이 용이하게 바뀌게 되면, 오랜 논의의 핵심인 제9조 이른바 '평화헌법'을 바꾸고자 할 것이다. 그것이야말로 일본 헌법의 '개악'이며 일본 역사의 파행을 다시 가져올 일이 될 것이다.

그리고 더불어 거론되는 것이 헌법 제1조의 개정 가능성이다. 현재 제1조는, 천황은 일본국의 상징이며 국민 통합의 상징으로서 그 지위는 주권이 있는 일본 국민의 총의總意에 기초한다고 되어 있다. 아마 이것을 바꾼다면, 천황에게 '상징적 지위'가 아니라 실제적 '국가원수'의 지위를 만들어주려 할 것이다. 역시 회귀적 헌법이 아닐 수 없다.

일본 그리스도교계는 오랫동안 '9조회'라는 단체가 활동해온 것에서 알 수 있듯이 평화헌법(제9조) 수호에 가장 적극적이고 유효한 공동체이다. 다시 광풍으로 몰아닥친 헌법 개정, 아니 개악의 파고를 어떻게 넘을지 주목된다. 내 생각에는 최근의 정권이 개헌에서 좀 더 용이한 길을 가기 위해 방법론격인 제96조의 개정을 먼저 선언한 것은 전략적 승부수이겠지만, 사실은 실수로 보인다. 설령 개헌을 하는 한이 있어도 충분한 의의 설득과 충실한 합의를 통해 정치적 반대파와 국민을 감동시키며 해야 할 터인데 오히려 헌법을 일반 법률과 같은 반열로 격하하는 헌법 폄하의 우愚를 저지르고 있으니, 염려이다.

6.25, 아무 말도 하지 않을 수는 없다

6월에 평화롭게 지내는 것처럼 보여도 마음속은 전쟁을 아프게 생각하고 있다. 더구나 남북한 간의 분위기가 갑자기 경색되고, 북한의 초조하고 비이성적인 행동을 보면서 상념은 더욱 깊다. 그동안 전쟁을 생각하며 적어둔 메모들을 스크랩하며 한국전쟁 70주년을 떠올린다.

아름다운 말을 많이 하기로 했는데, 하필 오늘은 6.25이다. 나는 반전주의자이다. 전쟁이 인류 범죄의 머리라고 생각한다…. 그래서 오히려 역사학자들은 전쟁을 더 많이, 집요하게 연구해야 한다고 생각한다. 나도 내 전공 관련분야에 한정되기는 하지만 전쟁사도 연구한다. 며칠 전에는 잔혹한 베트남 전쟁사를 고백적으로 연구해야 한다고 주장했다. 일본 학자들에게도 늘 자신들의 전쟁사를, 참회록을 쓰듯이 연구하라고 주문한다. 내 강의에는 꼭 전쟁이야기가 들어 있다.

대개의 한국인들은 그냥 6.25하면 다 안다. 그런데, 일본에서 이 전쟁을 이야기할 때는 '한국전쟁', '조선전쟁', '6.25 조선전쟁' 등의 여러 명칭을 사용해야 한다. 그 이전의 제2차 세계대전 중의 아시아태평양지역 전쟁을 '태평양전쟁', '대동아전쟁' 등등으로 말하는데 일본에서 그냥

'전쟁'이라고 하면 바로 그 전쟁을 의미한다. 그래서 역사의 시대구분도 1945년 종전終戰을 기점으로 '전전戰前'과 '전후戰後'로 공식화하고 있다. 그리고 그 이전에 일본이 치른 큰 국제 전쟁으로는 청일전쟁淸日戰爭(물론 일본에서의 명칭은 日淸戰爭), 러일전쟁露日戰爭(일본에서는 日露戰爭)이 있다.

나는 강의에서 가끔 전쟁사戰爭史를 이야기한다. 그러면서 전쟁의 참상을 말한다. 인류 전쟁사에서 '참혹지수'곧 그 전쟁으로 얼마나 많은 인명과 재산이 허비되었는지 순위를 매기면 1위 제2차세계대전, 2위 베트남전쟁, 3위 제1차세계대전, 4위 6.25로 이어진다. 그러나 다시 그 전쟁의 참혹함에 더하여 '충격지수'로 순위를 매기면 달라진다. 충격지수는 희생된 인명이 얼마나 짧은 시간 내에, 그리고 얼마나 좁은 지역의 전장戰場에서 죽어갔는지, 전쟁비용과 재산상의 희생이 얼마나 짧은 시간과 공간에 집중되었는지를 계산한 수치를 말한다. 충격지수를 조건으로 첨가하면 순위가 달라진다. 1위 6.25, 2위 제2차세계대전, 3위 베트남전쟁으로 이어진다. 1950년 6월에서 1953년 7월까지 그토록 짧은 시간에, 그것도 한반도 전체가 아닌 일부의 그 좁은 지역에서 수많은 인명과 재산의 희생이 있었다. 거기에다가 '상흔傷痕 지수', 즉 전쟁의 '적'이 누구인가를 살피면 6.25는 아버지와 아들, 형과 아우가 그 주적主敵이었다. 살인사건으로 비유하면 근친近親 살인인 것이다. 다른 나라끼리, 이민족끼리가 아닌, 동족상잔同族相殘이었다. 이 상흔지수까지 더하면 6.25는 인류전쟁사에서 단연 1위의 가장 참혹한 전쟁으로 기록될 수밖에 없다. 인류의 참혹 전쟁사 1위, 2위에 모두 관련된 극동의 3국은 한중일이다. 그리고 거기에 꼭 끼이는 나라가 미국(한국에서는 아름다울 미美자 美國이지만, 일본에서는 쌀 미米자 米国)이다. 결과적으로 참으로 기구한 나라들이다. 아직도 역사심리학적으로 살피면, 그런 충격적 전쟁의 기억과 전쟁의 유산을 지닌 제1위국 남한과 북한, 그리고 제2위 당사국 일본, 넓고 큰 나라들이어서 충격파가 좀 덜할 수는 있지만 중국과 미국, 이들 나라들은 아마도 아직 정상적 사회심리 상태가 아님에 분명하다. 그리고 이들 나라들은 지금도 전쟁 준비와 전쟁 의욕을 강력하게 지닌 채 세계 군비의 절대 비율을 점유하고 있다. 미국이 최고이며, 중국은 그 버금에 이르고, 남북한의 군비와 전력도 상상 이상이다. 일본도 잠재력에서는 세계 군사력의 가늠자가 될 수 있을 정도이다. 그런데 일본은 정식으로 '군대'를 갖지 못하는 현실 곧 '평화 헌법' 제9조 때문에 조바심이 보통이 아니다. 바로 이런 '전쟁의 기억'과 '상처'와 '사회적 병리상태'는 그대로 종교로 나타난다. 종교는 사회병리의 한 반영을 가장 예민하게 수렴하는 부문인 까닭이다. 따라서 종교를 잘 분석하면 사회병리 현상과 그 역사와 심지어 전쟁의 상흔까지도 유추해낼 수 있다. 현대사회가 종교를 무시할 수 없는 또 다른 측면이다.

전쟁을 국가, 국제 단위의 상호 공인된 집단 간 전면적인 살인 사건, 특히 얼마나 대량으로 또 효과적으로 살인을 저지르느냐에 따라 명예와 훈장으로 그 공로를 선양하는 '살인의 광란'이라고 할 때 한국 전쟁은 부모와 자식을, 형제자매를 많이 죽이면 죽일수록 영웅이 되고 그 공훈을 치하하는 형식이었다. 이것은 두고두고 한국인의 사회 심리적 트라우마를 형성할 수밖에 없다.

내가 이런 전쟁 생각을 하고 있을 때 TV 사극에서 일본 전국시대의 한 장면이 흐른다. 사무라이 한 사람이 몇몇 하급 무사들과 칼싸움을 벌이는 장면이다. 그 시절 전쟁도 전쟁의 참혹성은 나름 지녔겠지만 요즘 시대 전쟁에 비하면 놀이의 수준이 아닐 수 없다. 아무튼 앞으로도 역사는 기록하고 예언해야 할 것이다. 어떤 이유로든 전쟁을 꿈꾸고, 전쟁을 꾸미며, 전쟁을 실행하는 세력은 결단코 악의 세력이 아닐 수 없다는 것을. 이 세상에 '정의의 전쟁'은 있을 수 없다. 그래서 '십자군 전쟁'이 가장 비난받아야 할 전쟁이었음을 더욱 잊어서는 안 된다. 눈앞에, 죄 없이 죽어 스러져 있는 팔레스타인의 어린아이들이 어른거린다. 종교도 정치도 경제도 다 이유가 될 수 없다. 심지어 하느님의 뜻도 아니다. 악마가 천사를 죽인 것이다.

작은 일과 큰 일

한 인물의 생애를 생각하면 때로 만감이 교차한다. 어떤 시기, 어떤 부분에서는 최고의 평가가 가능한 출중한 생애를 살았는가 하면 어느 시기 어느 면에서는 그렇게 하지 말았어야 할 행적도 수없이 드러난다. 그래서 인물에 대한 역사적 평가는 역사가로 하여금 늘 난처한 상념에 휩싸이게 한다. 격변과 파동이 몰아쳤던 한국의 근현대사를 살아간 인물들 대부분은 이와 같은 영욕에서 자유롭지 못하다. 그것은 또한 사상적으로, 생애의 행적으로, 대단한 기대를 걸만했던 일본의 근대 인물들에게도 예외 없이 적용되는 사실이기도 하다.

역사적 인물만 그러하랴. 현대를 살아가며, 새로운 역할을 수행해 나가야 하는, 큰 리더십을 발휘해야 할 인물들에 대한 평가 또한 여전히 양지陽地와 음지陰地로 엇갈린다. 이 부분에서 나는 이율배반적이지만, 엄격함과 겸손함을 함께 주장하는 역사가이다. 그러한 엄격한 잣대는 현대를 살아가는 나 자신을 비롯한 우리 모두에게도 함께 적용되는 기준이다.

즉 기본적이며 기초적인 일에 대해서는 모두가 엄격할 필요가 있다. 한 인간을 바라볼 때, 그가 과연 자신이 맡은 본분에 철저하였는

가. 기본적 양식이 있고, 최소한의 인간적 가치, 상식적 함의含意에 입각하였는가를 냉철히 평가할 필요가 있다고 본다. 다시 말해 인간 삶에서 가장 기본이 되는 최소한의 가치와 원칙에 성심을 다해 살아 간 사람들에 대한 전체적 신뢰를 의미한다.

이에 반해 나는 거대 담론으로서의 큰 사상이나 생애를 일관하는 영웅적 삶을 모든 사람들이 살 수는 없다고 여긴다. 오히려 그런 큰 획으로만 생애를 살고자 하는 사람들이 엄청난 실수와 좌절을 경험하는 경우를 역사에서 자주 본다. 즉 기본 선택이나 작은 결정을 바람직하게 하는 사람들이 위대한 역사도 창출한다는 것을, 이 나이에 이르러 더욱 확신케 된다.

우리 큰딸이 막 중학교에 입학했을 무렵이다. 큰딸과 초등학생인 작은 딸을 앉혀놓고 내가 한 이야기가 있다. 앞으로 아빠는 너희들을 키우면서 아주 작고, 기본적인 것은 아빠 마음대로 할 것이다. 즉 너희들의 나이에 따라 조금씩 기준이 달라지기는 하겠지만 적어도 몇 시까지는 꼭 귀가歸家를 해야 한다든가, 사전 허락을 받거나 정당한 이유와 계획에 따르지 않은 외박은 허용하지 않는다든가, 무슨 일이 있어도 결코 거짓을 행하거나 말하지 않는다 하는 것이다. 그러나 너희들 인생에서 아주 크고 중요하며, 생애 전체를 결정할 만한 일은 다 너희들이 자유롭게 생각하고 결정해도 좋다. 즉 평생 무슨 일을 하며 살고, 대학이나 전공은 무엇을 선택하며 또한 누구를 사랑하고, 존경하며, 구체적으로 누구와 결혼을 하며 혹 결혼을 안 하며 등등의 사안은 다 너희들이 자유로이 결정하기를 바란다고 했다. 그때 큰딸이 한 말을 잊을 수가 없다. "아빠는 머리가 좋은 사람이야 아니면 아주 훌륭한 사람이거나… 작은 것을 아빠 마음대로 하면 아마 큰 것도 결국 아빠가 원하는 대로 될 걸?" 나는 그때 우리 큰딸이 나보다 훨씬 머리가 좋고 똑똑하다고 생각했다. 그 나이에 벌써 내 생각 정도가 아니라 세상의 이치 가운데 가장 중요한 것 하나를 간파했기 때문이다.

그 후 나와 딸들의 그런 원칙은 한 번도 어긋나지 않았다. 심지어 이미 대학을 졸업하고 교편을 잡고 있는 작은딸의 경우 아직도 몇 시까지는 귀가해야 한다는 아빠 마음대로의 원칙을 지키고 있다. 지금은 작은딸도 자신의 선택으로 결혼한 후 독립하여 일가를 이루었다. 물론 이미 결혼한 큰딸의 경우도 대학, 직업, 사랑이나 결혼에 이르기까지 모두 자신의 선택과 결정의 원칙에서 어긋나지지 않았다. 그 과정에서 우리 딸들은 아직은 아주 훌륭하지는 않아도 건강한 삶을 잘 살고 있다고 믿는다.

나 자신은 물론 역사적 인물도 그렇고, 현재의 우리 사회 지도자들에게도 나는 딸들에게 했던 말을 똑 같이 한다. 거창한 사상이나 가치관은 다 다르고, 그것들이 지닌 상반된 의의意義들이 있으니 모두들 자유롭게 판단하고 나아가라. 다만 나는 볼 것이다. 내가 혹은 그가 인간의 기본적이고 기초적인 가치, 인간성, 양심, 상식을 지녔는지, 누구를 위하여 살지는 못해도 적어도 누구를 파탄 내며 살고 있지는 않는지, 사람이 정녕 사람을 사랑하고 살고 있는가를 말이다. 이 기본적인 문제에서 어긋나면 역사의 훌륭한 인물들도 나에게는 가차 없을 것이다. 다만 그들이 생애 전체에서, 큰 담론에 고뇌하고 망설이며 실족失足한 일이 있다면 나는 누구보다도 '온정적 에토스'를 가지고 그들의 편에 서서 이해해 볼 것이다. 이 척도는 나 자신에게도 어김없이 적용하고자 한다. 하루하루를 최선을 다해 사람을 사랑하며 자신의 직분에 긍지를 지니고 하늘을 우러러 되도록 부끄러움이 없이 살았으면 한다.

의사를 바라보는 눈

나는 첫돌 조금 지나고부터 줄곧 병치레를 했다. 우리 시대 귀하게 기다리던, 이른바 경상도의 장남으로 태어났으나 병약했다. 그러다 내 태어나던 시절의 어린아이들에게는 코비드19와 같은 아니 그 이상의 절망이었던 증증 소아마비에 걸렸다. 지금은 선진국은 물론 아시아의 개발도상국이나 아프리카에서도 소아마비는 완전 퇴치되었다는 뉴스를 접했다. 남다른 기쁨이며, 감회가 깊다. 부디 코비드19도 가까운 시기에, 그토록 끈질기던 소아마비처럼 완전 퇴치를 선언하는 날이 인류 앞에 오기를 기대한다.

내가 소아마비에 걸리고, 가혹한 열병에 생명을 지킨다 해도 그 후유증이 어느 정도 심각할지 알 수 없던 상태에서 우리 집안은 비상이 걸렸다. 대구에서 태어나 돌잔치 직후 병마에 휘말린 나는 바로 1950년대 후반의 한국 의료상황에서 최선, 최고를 찾기 위한 명의 순례에 들어가야 했다.

나야 그 무렵의 기억은 없지만 어머니, 아버지와 나를 주로 감싸 돌보던 외조모의 훗날 회상에 따르면, 나를 살리고 후유증을 최소화 해줄 명의를 찾아 전국 투어에 나선 부모님은 사업도, 집안도, 손 위의 누이들 양육도 다 팽개친 채 그야말로 혼비백산 나만 부여안고 백방으로 뛰셨던 모양이다. 내가 들은 것만 해도 출생지인 대구의 유명한 기독교 병원인 동산병원, 그리고 소아마비 권위의 서양인 의사가 있다는 추천에 바로 동서를 가로질러 달려간 전주 예수병원 등 곳곳이다. 그곳에서 상당기간 입원한 상태로 초기 대응은 어느 정도 하신 모양이다.

발병과 초기 진행에서 어린 생명의 안정성은 확보했지만 남은 과제는 소아마비 후유증이었다. 얼마나 장애를 줄이고, 제대로 성장·학습·사회생활을 가능하게 하느냐가 관건이었다. 부모님은 다시 온 가산을 정리하여 서울로 뛰셨다. 한국전쟁 이후 전상자 재활치료에 공헌이 컸던 스칸디나비아 의사들이 기초를 놓은 을지로의 중앙의료원(지금의 국립의료원)이 목표였다. 그 과정에서 보조 치료로 대구 약전골목의 그 수많은 '허준'들, 민간요법의 최고 권위자들, 심지어 치병 전문 삭종 종교인들과 무속인들마저 내 소아마비 후유증 회복 프로젝트에 참여했고 그들은 보잘것없던 우리집 가산탕진 프로세스에 크게 기여했다.

국립중앙의료원에서 나를 눕혀 놓고 우리 부모님이 해야 할 선택은 척추와 양쪽 다리의 신경, 근육에 대한 대대적 외과수술을 하느냐 마느냐였다고 한다. 그때 스웨덴 출신 의사가 어머니를 따로 만나 수술은 어린 것이 감당하기 어려울 정도로 크고 그 효과는 비교적 미미할 것이라는 조언을 가슴 따뜻이 전해주었다고 들었다. 그러고는 역시 전상자 치료와 특히 소아재활치료에서 국내 최고였던, 내 일생의 숙명 같은 공동체 연세대학교 부속 세브란스 병원을 추천했다고 한다.

소아마비 후유증 치료의 최고 우상이었던 정인희 교수를 비롯한 세브란스 소아재활원의 여러 선생님들이 기억난다. 그 후 나는 입퇴원을 거듭했고, 집안의 형세가 급격히 쇠락하여 서울 입원생활을 지속하기 어렵게 되자 세브란스 재활치료 매뉴얼을 그대로 시행한다는 대전 허정 형외과 부설 물리치료소에 입원해 긴 시간을 보냈다. 내 재활치료의 지난했던 과정은 따로 회상할 것이므로 오늘은 이즈음에서 간추리자.

그러나 내 어린 시절 그 고된 재활치료 중에도 넌 꼭 일어설 거야, 어떻게든 휠체어를 박차고 걸을 수 있을 거야, 그리고 클러치 짚고 걷는 사람 중에서는 제일 예쁘게 모델처럼 걷게 해줄게 하며 머리에 책을 얹고 걷게 한 그들 의사 선생님들을 잊을 수는 없다. 나는 드디어 학교에 입학해 다니며 줄곧 의대, 의사를 지망했다. 내 어린 경험으로는 최고의 가치, 보람, 꿈 그리고 절대적 능력과 멋까지 갖춘 유일한 일이자 직업으로 보였다.

그러나 입시를 앞에 둔 고등학교 2학년이 되어서야 비로소 당시 한국 의과대학의 입시요강을 상세히 알게 되었다. 지금은 우리 사회도 많이 달라졌지만, 그때 당시 내 조건으로 응시할 수 있는 곳은 목표였던 연세대학교 의과대학을 비롯해 한국에는 단 한 곳도 없었다. 나는 한동안 방황했다. 문학을 해볼까, 역사를 해볼까, 미술을 해볼까 아니 역사와 미술을 합쳐 미술사나 미학을 해보면 어떨까. 어머니는 이미 법과대학과 고시, 변호사에 꽂혀 있었다.

내가 중학교 입시와 등교로 힘들어 할 때 집안의 고모 한 분이 몸도 불편한 아이 억지로 공부시키지 말고 시계수리 기술을 가르쳐 시계포 차려주자는 제안에 어머니는 그 고모와 절연한 상태였다. 물론, 시계수리 기술자 여러분은 존경한다. 아무튼 어머니는 내가 끝까지 공부해야 하고, 의사가 아니라면 변호사를 해야 했다.

지금은 그렇지 않지만 이상하게 그때는 법과대학과 변호사가 싫었다. 어머니와 지루한 다툼이 지속되었다. 내 고교 은사이시기도 한 서울대 명예교수 정진홍 선생님께서 사람에게는 육신의 병만 있는 것이 아니야, 정신과 영혼의 병이 더욱 심각해, 의사가 되는 일 포기하지 말고 종교학이나, 신학을 공부해봐라 하셨다. 내 인생 진로에 결정적인 말씀이었다.

지금도 사람들 특히 한국의 아픈 사람들은 의사를 의사라고 부르기를 송구스러워한다. 닥터라고 부르는 것도 어딘가 불경스럽다고 여긴다. 선생님이라고 불러야 하는데, 한국어의 호칭 중에 선생님이 너무 많다. 그래서 주치의는 꼭 박사님이나 교수님이라고 부르고 싶어 한다. 어느 환자는 우리 박사교수님이라고 부르는 것도 들은 적이 있다. 그렇게 존경스럽고 우리의 생사여탈권을 쥐고 있는 것처럼 여겨지는 '의사 선생님'들이 이른바 '밥그릇' 때문에 이 세계적인 코비드19 위기에 진료거부, 면허반납을 하신단다.

그때 나도 의대에 갈 수 있었다면 저러고 있었을지 모르겠다. 그렇다면 안 가길 참 잘했다. 우리는 그들에게 모두 '슈바이처'나 '장기려', '이태석'이 되어 달라는 것이 아니다. 최소한 히포크라테스 선서를 한 그냥 평범한, 아니 특별한 직업의 의사로 우리 곁에 있어 달라는 것이다. 이 사회는 그들의 '밥그릇'을 비교적 크게 만들어주고 있지 않은가. 이 아침, 진료거부 의사들에게 전해주고 싶은 말을 한다는 것이 그만 지난날을 회상하고 말았다.

한 해의 마지막 일기 —유언서遺言書

송구영신送舊迎新의 마음을 조금은 특별하게 담아 소박한 희망의 유언서遺言書로 한 해를 마감하고자 한다.

내 가거든, 내 육신은 살라 어머니 무덤 근처에 두었으면 한다. 그 분은 세상에서 나를 가장 고였던 분이었으나 이 세상에서 날 만나 가슴을 태웠던 시간이 겨우 23년밖에 안 되었기 때문이다. 그러나 내 옆 자리에 한 사람의 재가 더 들어갈 자리는 마련했으면 한다. 지금 같아서는 분명 내가 아내를 앞설 것이니 나중일지라도 내 곁에 아내의 자리를 남겨두었으면 해서이다. 아마 이 말에 아내는 가장 힘겨울지 모르지만, 지금까지 30년을 넘게 나로 인해 가슴 졸였듯이 앞으로도 영원히 그렇게 해주었으면 하는 바람에서이다. 다만 이제 우리가 가는 길에는 이 세상에서 겪던 그런 삶의 고통이야 더 있을까 해서이다.

혹 작은 돌판이나 조그만 돌멩이에 교수니, 학자니 하는 세상의 직함이나 가문이나 단체 그런 것 일체 쓰지 말고, 내 아버지가 지어주신 이름 딱 그 석 자를 새겨주었으면 한다. 그리고 세상을 살아간 책임이 있으니 누구의 아비였고, 누구의 남편이었다는 말은 그래도 적어두어야 가을바람에 후루룩 날아가버리지는 않을 것 같다.

그리고 이름 앞에는 '사람을 사랑하였으나 못 다 사랑하고, 자연을 그리워했으나 못 다 그리워하고 돌아간 아무개의 묘'라고 적어 두었으면 한다. 성서聖書 말씀이나, 성도聖徒 등의 말은 더더욱 가당치 않다. 내가 성서를 사랑했어도 그만큼 살지 못 하고, 성도라 해도 성도의 책무責務를 다 하지 못 했음은 내 스스로가 더 잘 안다.

내 두 딸에게는 세상의 아비가 하고 싶은 그 말 그대로를 두고 떠난다. 나는 너희들이 무엇무엇 대단한 이들이 되기를 결코 바라지 않는다. 사는 대로 살면서 하늘만큼 땅만큼 행복하게 살았으면 한다. 대개들 다 해보는 인생의 모든 것 다 해보며 아내로서 엄마로서 그리고 누구의 친구이고, 누구의 선생이며, 무엇보다도 나의 곱고 고운 딸들로 그렇게 아름답게 살아가기를 바란다. 더불어 큰사위와 작은사위에게도 말해둔다. 창공의 새처럼 자유롭게 살고, 가슴 가득한 꿈을 펼치되 내 사랑하는 딸들에게는 날개를 접어 쉬는 늠름한 수리들이기를 간곡히 바란다. 그러나 세상이 달라졌다. 그대들이 내 딸들을 위해 무엇을 다 해주려 하지 말고, 내 딸들로부터도 깊은 사랑과 책임을 다 하여 받는, 그렇게 둘이 꼭 손잡고 가기를 바란다.

평생을 늘 마음 가득 사랑만 받고, 언제나 정성과 도움만 받았던 누이들과 아우에게도 전하고자 한다. 내가 누이들과 아우와 형제였던 것은 이 세상에 태어나서 받은 가장 큰 복중의 하나이다. 다만 가슴 저린 것은 그 우애友愛를 못다 나누어주어서 미안하고 안타까운 일이다. 참으로 미안하고 고마울 뿐이다. 누이여, 아우여.

이제 꼭 따로 남겨 두어야 할 말을 사랑하는 아내에게 전한다. 한 번도 그렇게 말해주지 못했지만, 당신은 내게 넘치는 사람이었다. 한 번도 그렇게 해주지 못했지만, 내가 가장 잘 해주었어야 할 사람은 당신이다. 이제 잠시라도 내 없는 세상에서 자유롭게, 편안하게, 조용하게 살았으면 한다. 옆에 있어도, 멀리 있어도 늘 근심처럼 살던 내가 떠났으니 이제 훨훨 마음을 털고, 가벼운 깃털처럼 편안했으면 한다. 다만 혹 그래도 내가 없는 세상이 허전하고 외롭거든 지난날 나 때문에 겪었던 여러 힘든 일들도 모두 견딜 만 했다고 생각했으면 한다.

그리고 인생도 학문도 제대로 다 가르치지 못하고, 명색이 선생임에도 혼동만 준 제자들에게 말해 둔다. 모든 것이 선생이 한 대로 하지 않으면 더 잘될 것이라 생각하고 엇길로 나가주기 바란다. 그러다가 혹 인생이든 학문이든 큰 산, 큰 강을 만나 갈 바를 찾을 길 없을 때 가끔 선생의 인생과 학문적 사유思惟를 곰곰이 되새기기 바란다. 그럴 때 딱 한 번은 내가 가르치고 보여준 길로 가보기를 감히 바란다.

끝으로 세상에서 도저히 다 받을 수 없는 우정과 동지애를 나누었던 친구, 선후배들에게 남긴다. 그저 한마디. 고맙고, 고맙고 또한 미안할 뿐이라고.

내게 혹 남은 헌책들이 있거든 남은 제자 몇 사람이 몇 권씩 골라 나누어 가지고, 그래도 필요 없는 종이는 특별히 폐지를 모으러 다니시는 동네 어르신 몇 분에게 골고루 나누어드렸으면 한다. 엉터리 같은 내 책들 가운데 혹여 남은 인세가 있다면 얼마 안 되더라도 매 연말 빨간색 구세군 자선냄비에 이름 없이 넣어주기 바란다.

그리고 아내가 이 세상 머물 때까지는 내 가졌던 작은 물건 하나,

집 한 칸이라도 모두 그대로 두게 하고, 아내가 떠난 다음에는 그중 딱 반은 (얼마가 되었든 절차에 따라) 공부하고자 하나 학비가 부족한 이들에게 작은 보탬이라도 되게 하였으면 한다. 그리고 나머지 반은 내 두 딸들이 골고루 잘 나누어 아빠의 기억이 되었으면 한다. 그러고 나면 나는 세상도, 무덤도, 다 벗어나 내게 주어진 자유의 하늘을 영원히 날아가려 한다. 모두 안녕히.

친구들 슬퍼하지 말고, 새해 복 많이 받기를 바란다.

다섯

다시 종교를 생각하며

그리스도교는 종교인가

그리스도교 신학의 정통 사고思考의 한 가지는 그리스도교가 종교가 아니라는 것이다. 그리스도교는 다른 종교들과 비교되는 여러 종교 가운데 하나인 상대적 차원의 것이 아니라 별도의 절대적인 것으로서 '복음'이라는 것이다. 그리스도교의 신앙고백, 특히 절대적 가치체계를 지닌 그 특징적 패러다임을 살필 때 충분히 생각할 수 있는 말이다. 여기서 그리스도교는 다른 종교와 엄격히 구별되는 절대적인 진리, 혹 종교라고 해도 그야말로 '참 종교'로서 다른 종교와는 아예 차원을 달리한다는 전제이다. 그리스도교의 성서, 교의教義, 역사를 살피면서 보면 당연한 입장일 수 있다.

이와 관련해서 서구에서는 종교가 곧 그리스도교를 의미한 전통이 있다. 즉 'religion'은 그대로 'Christianity'를 의미하는 학명學名이 된 것이다. 요즘은 그렇게 번역하지 않지만 내 학부 시절만 해도 그리스도교 과목들 즉 종교교육, 종교심리학, 종교윤리 등등의 과목명이 있었는데 오늘날로 하면 모두 기독교교육, 기독교심리학, 기독교윤리 등을 의미했다. 천 수백 년 동안 그리스도교 세계였던 유럽과 서구사회는 다른 종교가 아예 없거나 말살되었던 것이다. 종교는 그리스도교밖에 없었고 다른 것은 있다 해도 종교가 아니었다. 그러면서도 그리스도교는 또한 종교가 아니고 전혀 다른 차원의 진리, 곧 '복음'이라는 입장도 여전히 살아 있는 것이 서구전승이다.

나는 아시아와 그리스도교 간의 아주 기본적인 인식을 이렇게 대답한다. 첫째, 그리스도교도 종교 중의 하나라는 것이다. 여기에서 오해가 없어야 한다. 그리스도교만이 참 종교라든지, 그리스도교는 종교 따위가 아니라 절대적 복음이라는 등의 고백을 어찌할 것이냐이다. 그것은 그리스도교 신앙을 고백하는 신앙인들의 내면의 차원에서는 무어라 해도 좋다. 독실한 크리스천이 그렇게 생각하고 고백하며, 그와 같은 강력한 신념을 지니는 것을 무어라 할 것인가. 다만 분명히 역사, 현상으로서는 그리스도교도 여러 유력한 종교 가운데 하나일 뿐이라는 것이다. 종교 상호 간의 관계, 갈등, 협력, 이동 등이 있을지 모르지만 불교, 이슬람교, 유대교 심지어 그 어떤 다른 신앙체계도 다 그리스도교와 같은 종교라는 것이다. 그렇기 때문에 그리스도교를 종교로 번역하거나 religion을 Christianity로 보면 안 된다는 것이다.

둘째, 아시아 그리스도교는 그리스도교의 전통을 '텍스트[text]'로 놓고 아시아의 여러 종교들, 문화전통들을 '콘텍스트[context]'로 연결해보자는 것이다. 그러면 바로 그것이 토착화신학이지 무어냐고 할 것이다. 약간의 사고 차이일지 몰라도 한국과 일본에서 진행되어 온 이른바 '토착화신학'의 패러다임을 내 나름대로 보면 너무 쉽게 그리스도교의 핵심과 자신들의 종교적, 문화적 전승을 직결, 혼합하려고 한 우[愚]를 발견한다. 왜 그렇게 성급히 그리스도교의 삼위일체 교의, 즉 성부성자

성령과 환인환웅왕검을 직결하려 했는지 모른다. 왜 일부 일본의 그리스도교 신학자들은 '아라히토가미現人神'천황과 '성육신成肉身'의 예수 그리스도를 직결하려고 의도했는지 모른다. 그밖에도 '대자대비하신 하느님'이라고 하여 하느님이 부처이고, 부처가 하느님이 되기를 직고直告했는지 모른다. 그밖에도 '토착화신학'의 성급함을 예로 들자면 한이 없다.

내가 말하는 '아시아와 그리스도교'는 동심원의 주변으로부터 함께 논의해 들어가 보자는 것이다. 평화를 말하는 데는 그리스도교든 불교든 이슬람교든 신도神道든 큰 차이가 없다. 생명이 그렇고 인권이 그러하며 참된 도덕 가치가 그렇다. 신념을 일치하기에 앞서 가치를 공유하고 실천 목표를 공감해 나가는 과정에서 교섭은 출발한다. 불교는 불교의 텍스트text에서 그리스도교와의 관계[context]를 읽고, 그리스도교는 반대로 그렇게 해보는 것이다. 각자의 신앙이 변화되는 것은 각자의 선교적 기회에서 가능할 것이고, 또한 각자의 선교와 포교에 최선을 다해 나갈 것이다. 다만 평화를 도모할 때, 생명을 살릴 때, 한 인간의 존엄한 가치 앞에 겸허해져야 할 때는 함께 손잡고 함께 도모하자는 것이다. 그래서 그리스도교가 아시아에서 선교는 선교대로 하더라도 별도로 다른 인식과 실천의 패러다임을 지녀야 한다.

우선 그리스도교를 교육할 때는 그리스도교의 신앙 강요가 아니라 그리스도교 사상과 그 가치관을 가르쳐야 한다. 그리스도교학이나 그리스도교주의, 그리스도교 철학이 유효할 수 있는 것은 그래서이다. 그리고 그리스도교의 역사는 반성적으로 성찰해야 한다. 그 독선과, 강제와, 제국주의적 선교와 저 십자군을 반성하지 않으면 그리스도교는 설득력을 회복할 수 없다. 그리고 마지막으로 그리스도교 윤리는 실천적으로 접근해야 한다. 예수의 사상과 가르침을 그대로 실천하는 크리스천이라면 그것이 아시아에서든 서구 유럽에서든 저 아프리카에서든 무슨 상관이 있겠는가. 예수의 가르침을 이해하고 그것을 극히 일부라도 실천하는 그리스도교라면 얼마든지 통하지 않겠는가. 정작 선교는 '예수를 실천'하는 것에서부터 자연히 이루어질 것이다.

이제는 정말 유치하게 예수는 머리에도, 가슴에도, 손발(실천)에도 없으면서 '예수천당, 불신지옥'만을 외치고, 더더구나 '예수현세복락現世福樂, 불신현세저주不信現世詛呪'의 기복신앙으로 겁박하는 선교는 자제해야 한다. 아시아에서 그리스도교는 이제 좀 더 성숙한 예수사상의 실천, 그것을 위해 아시아의 전통, 사상, 가치와도 평화롭게 협력하는 '이웃애'[隣人愛]가 아니면 희망이 없어 보인다.

그리스도교가 있을 자리

드문 일이기는 해도 그리스도교를 비롯한 종교가 역사 속에서 고난에 직면해 있는 자들과 함께 할 때는 아름다웠다. 물론 이에 반하여 힘과 권력의 편에 선 종교는 모두 스스로 썩고 무너졌던 것을 기억한다. 이렇듯 종교가, 그리스도교가 마이너리티[minority]와 함께 하는 일이 드물었다는 것은 때로 이해하기 힘든 역사이다. 최근에는 일본 그리스도교도 점점 우경화, 보수화 된다는 우려를 여기저기서 얘기한다. 내가 보기에도 일본 그리스도교가 문제의식에 입각하여 열정적으로 활동했던 때와 비교하면, 그런 평가가 가능할 것도 같다. 그러나 이는 어디까지나 촉구하고자 하는 메시지이고, 나는 적어도 1967년 이후의 일본 그리스도교에 대해서는 굳건한 희망과 기대를 지니고 있는 역사가이다.

"진정으로 우리의 조국이 죄를 범했을 때 우리 교회도 역시 그 죄 속에 빠진 것입니다. 우리는 '파수'의 사명을 저버렸던 것입니다. 마음속 깊이 아픔을 느끼며 이 죄에 대해 참회합니다. 주께 용서를 비는 것과 함께 세계를 향해, 특히 아시아 여러 나라, 또한 그곳의 형제자매 그리고 우리의 동포에게도 충심으로 용서를 구하는 바입니다."
(日本キリスト教團議長'「第2次大戰下における日本基督教團の責任についての告白」, 1967. 3 中).

이 성명이 비록 '교단'의 공식 성명이 아니며 정식 의장명의 채택도 아니라는 시비가 있지만, 그리고 발표가 나오기까지 여러 우여곡절이 도 있었지만 그럼에도 일본 그리스도교 공동체 차원의 문서로는 이 정도의 진정한 참회를 본 바가 없다. 특히 내가 연구자로서 주목하는 것은 이 성명이 단지 말로만 그치는 성명이었다면 오히려 더 실망했을지도 모른다는 점이다. 그때까지의 일본 그리스도교는 소수자 즉 마이너리티이면서도 그 주류는 항상 다수 일본사회의 풍향, 여론, 국가의 기조에 동조하는 메이저 지향의 태도를 보어 왔다. 심지어 패전 후 1960년대까지도. 그런데 이 성명 이후 일본 그리스도교는 일본 사회의 마이너리티에 주목하고, 그들을 향한 사회선교 프로그램을 시작했다. 이때 이들이 관심을 갖기 시작한 일본 사회의 마이너리티는 첫째, 재일 한국/조선인, 둘째, 부라쿠민部落民, 셋째, 아이누アイヌ족, 넷째, 오키나와沖縄인 문제였다. 그리고 이들 소수자에 대한 주제 인식은 지금도 어느 정도 지속되고 있다. 물론 이후 이들에 대한 프로그램에서 일본 그리스도교 내외부의 소극성, 반대 성향 그리고 본질적 문제 인식의 성격과 그 성과 문제 등은 여러 차원에서 달리 비평할 수 있을 것이다. 그러나 그 선교운동의 방향만큼은 분명히 큰 줄기에서 변화를 보인 역사이다.

하지만 한국 그리스도교인들이 일본 그리스도교를 새로운 파트너로 받아들일 수 있었던 진정한 계기는 따로 있었다. 즉 군사독재정권

아래에서 진행된 '민주화운동'의 협력자이자 동지로서인 것이다. 그 암울하고 어둡던 시절, 한국의 일부 소수 진보적 그리스도교 세력들이 '반독재', '반인권'과 싸워나갈 때 진정으로 가까이에서 손을 내밀고, 자신의 고통처럼 함께 아파하며, 아시아와 세계의 민주세력, 그리스도교인 네트워크와 연계하여 헌신적으로 고난을 나눈 동지들은 역시 일본의 진보적 그리스도교인 그룹이었다. 이들과 협력은 민주화운동으로부터 남북의 통일운동에 이르기까지 깊은 신뢰와 우의를 바탕으로 진행되었다. 이와 관련된 자료와 여러 증언들을 모아 이제 역사연구의 테마로 다시 새겨보아야 할 시점이 되었다. 이 주제는 '한일기독교관계사'의 가장 뚜렷하고 새로운 역사연구 주제이다. 나도 하겠지만 내 후배, 제자들에게 이 연구 작업의 중심을 맡기고자 한다. 그들은 그래도 행복할 것이다. 갈등과 적대의 시대 관계사가 아니라, 우의와 협력의 그리스도교 관계를 말할 수 있을 터이니 말이다. 이것도 다 양국의 진보적 그리스도교가 마이너리티와 함께 하는 정체성을 새로이 각성했기 때문이다.

데지마, 네덜란드와 일본

한국 그리스도교 역사를 설명할 때 간혹 사용하는 용어로 이체선언異體宣言이라는 말이 있다. 이는 개신교가 선교를 시작하면서 "우리, 곧 개신교(신교)는 가톨릭(구교)과 다르다"고 한 구분을 일컫는 말이다. 그러나 그 '다름'은 교리나 역사가 다르다는 의미가 아니라 당시의 한국 정치에 관여하지 않을 것이며, 한국 민족을 위협하지 않는 선린善隣의 입장을 강조한 말이다. 이러한 선언이 필요했던 것은 조선 후기 오랫동안 지속된 가톨릭 박해 곧 '피의 역사'를 의식한 까닭이며, 그리스도교에 대한 한국 내의 이미지를 제고하기 위해서였다.

그런데, 일본의 쇄국 역사 안에는 일본 스스로 개신교 국가는 가톨릭 국가와 다르다고 한 이체인식異體認識을 지녔던 유형의 증거가 남아 있다. 곧 나가사키의 데지마出島이다. 일본이 처음 서양과 교류한 것은 스페인, 포르투갈 등 가톨릭 국가였다. 첫 그리스도교 전파도 물론 가톨릭이었다. 그러나 일본의 막부정권이 가톨릭 포교를 전면 금지하고 서구와 교역을 단절하며 쇄국의 길로 들어선 계기는 가톨릭 국가들의 정교일치政教一致 외교와 강력한 포교, 정치적 위협을 민감하게 의식하면서부터이다.

1634년부터 나가사키에 인공 섬 데지마를 건설하고 서양과 교역은 오직 이곳에서만 제한적으로 실시한다는 '조건적 쇄국'이 시작되었다. 그런데, 1641년 이후 1859년까지 일본 막부정권으로부터 유일한 교역 허가를 얻어 상업 교류를 지속한 나라는 네덜란드였다. 네덜란드는 유럽의 대표적인 개신교 국가이다. 당시 일본이 네덜란드를 선택한 이유는, 네덜란드 상인들은 일본과 교역을 통한 이익에만 관심이 있지 그리스도교 포교는 안중에 없다고 보았기 때문이다. 일본 스스로가 당시 아시아에서 스페인과 포르투갈로 대표되는 가톨릭 국가와 네덜란드로 대표되던 개신교 국가의 차이를 파악했던 것이다.

다시 말하면, '일본의 근대사는 그리스도교를 바라보는 인식 차이의 역사'이다. 서양 문명과 소통하고, 그것을 취하여도 그리스도교만 금하면 '화和(일본을 의미)'의 정신을 지킬 수 있는 것이고, 그리스도교를 금하지 않는다면 서구 정신에 일본이 지배될 것이라는 인식을 일찍부터 지녔던 것이다. 이렇게 따지고 보면 이미 '화혼양재和魂洋才'의 일본 근대화정책이 메이지유신 훨씬 이전인 데지마 조성 시기로 거슬러 올라감을 새삼 발견한다.

개신교 국가였던 네덜란드는 이를 재빨리 파악하고 발 빠르게 움직여 일본교역의 독점권을 차지했다. 사실 이 데지마도 처음에는 포르투갈 상인을 위해 건설한 것인데, 네덜란드가 인수한 뒤 원래 히라도平戸에 있던 '네덜란드 동인도회사'의 상업거점을 1641년에 이곳으로 옮기고, 향후 218년에 걸쳐 교역을 독점했다. 좁은 인공섬 안에서 출입을 허가받은 일본인들과 교류하는 것이 원칙이었지만 나중에는 네덜란드 상인들이 일본 여성과 결혼도 하고, 호화스러운 생활을 영위하기도 했다. 특히 네덜란드 교역 독점기간에 일본 막부의 최고 권력자 '쇼군'은 일 년에 한 차례 네덜란드 상인들의 국제정세 브리핑으로 세계를 이해했다.

네덜란드 교회는 일본 문호개방 이후 이 데지마 안에 개신교 신학교를 세운 바 있다. 정치적 용인 후에 선교를 확장한다는 프로테스탄 선교 역사의 한 예증도 다시 엿볼 수 있다.

근대 제국주의와 세계정세, 가톨릭과 개신교, 유럽과 미국, 각각의 개신교 복음주의, 아시아에서 일본의 입장과 역할, 한국과 중국의 대외정책 비교 등등 다시 살펴보아야 할 주제가 산처럼 쌓여 있다. 이제는 일본이 단순히 쇄국을 한국보다 빨리 풀어서 한국을 지배하게 되었다고 하거나 일본은 0.8%의 그리스도교 비율이니 그리스도교와 거의 상관이 없는 나라라고 판단하고 무턱대고 일본 선교에 총력을 다해야 한다는 생각은 거두었으면 한다. 역사적으로 보면 일본이 훨씬 먼저 서구와 그리스도교를 접촉하고 다루었으며 그만큼 그리스도교에 대한 깊은 인식과 커다란 콤플렉스, 매서운 종교정책을 구사해왔음을 알아야 한다. '일본 선교'에 관심이 있다면 처음부터 찬찬히 다시 공부해야 한다.

그리스도교와 일본

새로운 종교 아니 어떤 종교든 종교에 대한 두려움과 경계심을 지니고 자손들을 단속하는 기록이 담긴 자료가 종교 역사에는 많이 있다. 가까운 예만 들어도, 한국의 가톨릭 박해시대에 여러 가문의 양반들이 자기 가문의 피붙이가 혹 사학邪學에 물들까 두려워 노심초사했다. 개신교 선교 이후에도 유명 가문일수록 패가망신할까 염려하다가 예수쟁이가 된 분가分家를 가문에서 내친 사례가 적지 않다. 일본도 가톨릭 박해 시기가 오래 되었고 워낙 그리스도교에 대한 경계가 심했던 터라 이러한 역사 분위기는 만만치 않았다. 내가 늘 설명하지만, 초기 그리스도교 수용시대 일본의 국가사회가 얼마나 그리스도교인들을 '이지메いじめ'했는지 모른다. 오죽하면, 예수 믿는 이들은 일본 국민이 아니라고까지 규정했을까.

그런데 옛 시대 한국과 일본, 동아시아에서 그리스도교를 경계했던 그 부형父兄들의 마음은, 사실 그 종교 자체의 폐해에 대한 근본적 문제보다는 소속된 국가사회의 '금교禁教' 상황으로 인한 염려가 주된 것이었다. 즉 국가권력과 사회 분위기로부터 자손들이 유리되거나 불이익을 당하거나 수난을 입을지 모른다는 걱정이었다.

지금 내 강의를 수강한 학생들의 리포트를 읽고 있는데 몇 녀석은 아주 거창하게 '내 인생과 종교私の人生と宗教', '나와 그리스도교 문제私とキリスト教の問題' 등의 테마를 갖고 논설을 펴고 있다. 숙제가 자유주제이니 이런 주제도 상관이 없음은 물론이다. 그런데 얼른 떠오르는 내용 중에 부모가, 특히 지방 출신의 학생인 경우 시골의 부모와 친척들이 도쿄에 가서 공부 열심히 하고 건강하라는 당부와 함께 꼭 하는 말이 종교를 조심하라는 언질이란다. 일본 사회를 강타한 저 유명한 옴 진리교 사건, 요즈음 좀 잠잠하기는 하지만 통일교에 현혹되어 아찔한 선택을 하는 사례가 비일비재한 이후에 더욱 심해진 현상이다. 그래서 몇 녀석은 '종교=공포', '종교 신앙에 물드는 것=두렵고, 헤어나지 못하는 수렁에 빠지는 일'이라는 설득이 귀에 못이 박혀 거의 세뇌 상태라고 고백하고 있다. 그래서 선교에 열심인 정도에 따라 그리스도교도에 대한 거부감이 더 크다고 했다. 더구나 한국기독교가 겁날 때도 있다고 했다. 그러나 그들과 그들 부모들은 엄밀하게 말하면 한국기독교와 통일교도 구별을 못하고 있다.

이렇게 보면, 부모나 가문에서 종교를 믿지 말라는 이유가 예전과 달라진 것이 아닌가 한다. 예전에는 새로운 종교사상이 국가사회가 인정하지 않는 혁명적 금기여서 그 신변을 보호하기 위한 것이었다면 요즘 종교를 말리는 이유는 마약과 같은 중독성 탐닉을 금하고, 반사회적 현혹을 염려하는 이유로 변하고 있는 것이 아닌가 싶다.

한국의 부모들은 어떨까. 한국기독교는 역사적 신뢰성이 높아서 오히려 그리스도교의 외형적 형식을 갖추고 흉내 낸 온갖 '잡교'들이 젊은이들을 현혹하고 있을지도 모른다. 그 부모들은 '글쎄 그리스도교는 괜찮겠지' 하다가 큰코다치는 경우도 많을 것이다. 이러다가 한국에서도 '종교는 무서운 것', '그리스도교에 빠지는 일은 수렁에 빠지는 일'로 여겨질까 두렵다.

일본의 그리스도교 콤플렉스

내가 요즘 집중적으로 강의하는 내용은 근대 일본의 종교정책이다. 그 중에서도 그리스도교와 일본의 근대이다. 일본은 근대화 과정에서 서구의 문명은 그대로 수용하면서도 그리스도교만은 철저히 배제하고자 했다. 그 이유를 나는 '정신성', '정신적 핵심 가치'에 대한 중요성을 잘 인식한 일본의 근대 지도자들이 일본이 서구 제국주의의 식민지가 될지도 모른다는 두려움 때문이었다고 설명한다. 그래서 근대 일본은 그리스도교를 대신할 일본의 핵심 정신이나 종교로 신도神道를 생각했고, '신도 국교화'를 꿈꾸었다. 그들이 보기에 유럽의 서구 제국에서는 그리스도교가 그들의 국교로 보였기 때문이다.

그러나 일본은 곧 국교화 정책을 포기하고 이른바 '신교信教 자유화'로 방향을 잡는다. 물론 이 종교의 자유의 새로운 물결에 대한 경계와 그리스도교의 자유로운 포교 등을 염려하여 '초종교超宗教'로서의 '근대 천황제 이데올로기'를 창출해 강제하고, 그리스도교를 억제할 사회적 안전장치를 마련했다. 곧 그리스도교인을 '비국민非國民'으로 '이지메いじめ'(따돌림)하는 것이다. 헌법적 장치로 '종교와 신앙의 자유'를 말하면서도 그 '자유'

에는 '신민臣民'으로서의 도리를 다하고 '사회적 치안유지에 저촉되지 않는 범위 내에서'라는 조건을 붙인 것이다.

그렇다면 이렇게 두려운 경계와 안전장치를 겹겹으로 설치해 나가면서까지 왜 종교자유 곧 '신교자유'를 허용했을까. 처음 정책 그대로 '신도 국교화'의 방향으로 나아가 신도 이외의 종교를 불법화할 수도 있었을 터인데 말이다. 나는 이렇게 강의하고 있다. 그것은 일본 근대사의 '아메리카 콤플렉스' 때문이라고. 사실 세계 근대 종교사에서 '신교의 자유'를 헌법적으로 처음 명시한 나라는 미국이다.

일본은 영국에서 산업과 철도 등 교통과 국가의 기간基幹 인프라를, 프랑스에서 법이나 사회 체제와 문화 예술을 그리고 독일에서 교육제도 등을 빠른 시기에 수용하였다. 일본의 자동차 운행 방향과 운전석 위치가 영국과 같이 오른쪽인 것은 우마차로 시작된 교통제도의 도입과 연관이 있다. 그러나 일본이 신념과 목표로 바라본 근대 최후의 서구문명은 미국이었다. 미국을 따라잡지 않고는 근대를 완성할 수 없다고 생각했다. 혹 단순화된 이론의 전개일지 모르지만, 근대화에 성공한 다음 결국은 미국을 주된 상대로 전쟁을 해야 했던 것이 일본의 근대사였다.

일본의 '아메리카 콤플렉스'는 지금도 지속되고 있다. 가장 구체적인 사안은 일본 각지에 있는 미군기지 문제이고, 가장 첨예한 각축으로 오키나와의 미군기지 이전 문제와 정치 외교적 갈등이 있다. 나는 일본의 미래는 아메리카 콤플렉스를 완전히 벗어나서 아시아 인식으로 돌아오는 것이라고 생각하고 가르친다. 그런데 이 아메리카 콤플렉스와 한국의 현대사를 이야기하자면, 밤을 다 새워도 모자란다.

가가와 토요히코에 대한 생각

일본 그리스도교 역사에서 가가와 토요히코賀川豊彦만큼 주목해 보아야 할 인물이 또 있을까. 오늘 이런 저런 이유로 연구실에 앉아 가가와 도요히코의 전기 앞부분을 읽고 있다. 미국의 로버트 실젠Robert Schildgen이 쓴 책(이 책은 나와 내 제자 홍이표 군의 공역으로 2018년에 한국어판도 간행되었다)으로 일본어 번역판 『賀川豊彦-愛と社會正義を追い求めた生涯』이다. 서장의 내용부터 참 거창하다.

"이 '가가와'라는 이름은 서구에서 큰 명망과 신비한 카리스마를 지닌 마틴 루터 킹 목사나 마더 데레사 수녀의 이름이 등장할 때와 같은 존경심을 사람들에게 불러일으켰다. 이 일본인 전도자는 가난한 사람들에게 자기를 부정하고 헌신한 그리스도의 모범이었으며, 정의에 굶주리고 목말라 자신을 불사른 평화의 사람으로 평가되고 있다. 그는 실제로 '일본의 간디', '일본의 슈바이처', '일본의 성 프란체스코'라 불리거나 '일본의 성자聖者'로 존경을 받았다. 더욱이 그는 '그리스도의 사무라이'라고 불리기도 했고, 독일의 어떤 작가로부터는 게르만적 표현으로 '그리스도교 기사단騎士團'의 모범이라고 호칭되기도 했다. 1940년 그가 일본의 군사체제에 위반된 기사를 출판했다는 혐의로 투옥되었을 때, 《뉴욕타임즈》는 '일본의 간디가 체포되다'라는 1면 톱기사를 냈다."(위의 책, p. 16)

물론 앞의 이런 평가 전에 이미 이 전기 작가는 도입부를 드라마틱하게 전개하고 있다.

"1909년 크리스마스이브의 일이다. 21세의 재능 풍부한 학생 한 사람이 책과 옷 보따리를 짊어지고 짐짝 싣는 화물열차에 매달렸다. 일본 최대 빈민가의 하나인 고베 신가와新川로 향하는 길이었다. 이 여윈 몸에 약해빠진 몰골의 청년은 어둡고 좁은 방 두 칸이 전부인, 회칠 벽의 초라한 오막살이집에 여장을 풀었다. 집 뒤편에 공동변소, 세면소, 부엌이 달려 있고 넝마주이, 포주, 매춘부, 마부, 환자, 실업자 등이 공동으로 그 시설을 모두 이용하는 곳이다.

그가 처음 한 방에서 같이 기거한 사람은 영양실조와 피부병에 걸려 있는 알코올중독자, 매독환자, 교도소에서 갓 나온 살인 전과자였다. 이 방은 살해당한 전 주인의 유령이 나온다는 소문이 있어 한동안 들어와 사는 사람이 없었다. 그런데 이 유령만으로 부족한 것일까, 가가와는 동거하게 된 살인 전과자가 허구한 날 망령亡靈에 가위 눌리는 것을 진정시키지 않으면 안 되었다."

일본에서 가장 영향력 있는 사회개혁가이자 종교지도자 그리고

1930년대에 아마 세계적으로 가장 유명하고 존경받았던 일본인 가가와 토요히코의 경력은 이와 같은 특별한 방법과 상황으로부터 시작되었다. 그는 그리스도교에 입교한 후 복음을 문자 그대로 믿고 살아가기로 결심했다. 물질적으로든 정신적으로든 자신이 가지고 있는 모든 것을 가난한 이들에게 바치기로 결심하고 그 무거운 짐을 짊어지고자 한 소수의 크리스천 가운데 한 사람이었다. 그를 일생동안 괴롭혔던 눈병 트라코마trachoma, 슬럼가에 들어가기 전에 두 차례나 목숨을 위협했던 결핵이 다시 재발할 수도 있는 위험을 무릅쓰고 그들을 먹이고, 돕고, 가르치고, 설교하며 함께 살았다.

> 그는 욕도 먹고, 매도 맞고, 다 빼앗기고, 어떤 때는 불량배가 칼을 들이대는 협박을 당하기도 했다. 마지막 지닌 옷 한 벌까지 다른 이에게 주고 역시 가난하기 짝이 없는 이웃으로부터 여성의 옷을 빌려 겨우 몸을 가려야 할 때마저도 있었다. 그러나 그는 담대하게 그곳에서 함께 살며 전도자로서의 생활을 지속했다. 처음에는 그를 미친 사람으로 여겼던 사람들이 그가 초인적인 힘을 지니고 있다고 믿고 따르며 신앙을 갖기에 이르렀다. 그를 조롱하던 사람들마저 그를 '가가와 선생님'이라고 부르게 되었다."(위의 책, 15-16)

아시아의 한 그리스도교 전도자에게 붙여진 여러 호칭들 간디, 슈바이처, 마틴 루터 킹, 마더 데레사, 성 프란체스코 그리고 성자, 그리스도의 사무라이, 그리스도의 기사…. 가가와에 대한 새로운 정리를 해보아야 하지 않을까 싶다.

사실 내가 일본 그리스도교 역사 공부를 시작했을 때 내 선생인 도히 아키오는 가가와에 대해 상당히 비판적이었다. 당시 식민지 조선인이나 일부 중국인에 대한 차별적 생각, 일본 내에서도 '부라쿠민部落民'에 대한 편파적 인식 등이 그에 대한 비판의 주된 이유였다. 그리고 또 한 가지는 전후戰後 처리 과정에서 몇 가지 태도가 평가의 중심 항목이었다. 나는 아직 가가와의 자료를 많이 읽지 못했다. 그런데 가가와는 지금 내가 봉직하고 있는 메이지가쿠인대학 출신이다. 우호적 비판론으로 찬찬히 그를 생각해나갈 참이다. 아무튼 그리스도교가 협소한 일본 근대사에 가가와 토요히코 같은 인물이 있다는 것 자체가 경이로운 사실이다. 한국의 누구와 비견比肩해보면 좋을까.

일본 교회의 검약

내가 고국의 모교에 재직할 때 일이다. 일본의 선배 한 분이 한국에서 열린 학회에 참가했을 때 함께 어떤 프로그램에 참석한 적이 있다. 신학관련 모임으로 여러 신학자는 물론 한국교회의 몇몇 목사들도 참석한 모임이었다. 모임이 끝나고 헤어질 때, 당시 분위기가 여러 신학자들이 그 자리에 참석한 모모 하는 교회의 목사들을 먼저 떠나보내기 위해 배웅하는 형국이 되었다. 저명한 교회의 목사들이다보니 대부분 검은색 최고급 승용차가 현관으로 다가서고, 운전기사가 급히 차에서 내려 도어를 열면 목사님들은 멋진 폼으로 자연스럽게 승용차에 올라 우리에게 손을 흔들며 자리를 떠났다. 한국의 신학자들은 차례로 허리를 굽혀 배웅인사를 하는 모양이 되었다. 당시 나는 그러한 분위기를 여러 차례 보아온 터이라 별 느낌 없이 지켜본 것 같다.

훗날 당시 그 자리에 함께 있던 일본인 선배가 내게 질문을 했다. 아무리 큰 교회 목사들이라지만 그들의 자동차가 너무 고급이다, 몸짓이 대개 정치인이나 대기업 총수의 모습이다. 그리고 그들이 그렇게 다 떠날 때까지 교수들이 왜 서서 인사를 해야 하는지를 물었다. 그 질문을 받고 보니 나도 그것이 참 이상했다. 좀 무안해진 나는 저런 자동차를 타는 한국교회의 목사는 아주 극소수이고 대다수는 매달 생활비를 염려해야 하는 가난한 목사들이라고 했다. 그리고 신학자들이 끝까지 남아 그들을 배웅하는 것은 아마 선비된 자들로서의 예의가 아니겠느냐, 그리고 목사들을 잘 모셔야 하는 것 아니냐고 웃으며 대답했다. 그렇게 얼버무리면서도 속으로는 대단히 찜찜한 기분이 든 것이 사실이다. 나는 속으로 연구비를 많이 받았거나, 대학의 발전기금도 생각했겠지, 라는 이유도 생각이 났으나 그것은 차마 이야기하지 않았다. 그러자 그 일본인 선배는 일본에서는 대부분의 목사들이 자동차가 없거나 가졌다고 해도 대개는 경승용차라며 운전기사가 운전하는 자동차를 탄다는 것은 상상할 수도 없는 일이라고 했다. 혹 지방에서 모이는 대소사 모임에 자동차를 갖고 갈 수밖에 없는 모임이 있다 해도 그곳에 모인 자동차 가운데 가장 낡고 작은 차를 찾으면 그것이 아마 목사 차일 것이라며, 약간은 부러워하는 듯도 했다. 그러나 그가 그렇게 말할 때 나는 왠지 얼굴이 화끈거렸다.

내 선생 도히 아키오는 일본 그리스도교사를 집필하면서 자신의 나라 교회사를 너무 비판적으로 기록하여 '차가운 도히'라는 별명이 붙기도 했다. 그러나 자신의 주 저서에서 다음 구절을 쓸 때에는 그렇게 비판하던 교회, 특히 제국주의에 영합한 교파로서 늘 이의를 지니고 있던 '일본조합교회'를 비교적 온정적 에토스로 쓴듯 보인다.

> "그렇다고 해도 조합교회가 선교부 원조를 끊고 전도 사업을 계속할 수가 있는 것일까, 선교부로부터 봉급을 받던 전도자가 생활은 어떻게 할 것인가, 이것이 문제였다. 그러나 일본 전도는 일본 그리스도자

의 책임이다. 그때까지는 선교부가 어떻게든 도와줄 것이라는 의존심이 있었으나, 자주독립과 일치협력이라는 조합교회의 정신이 있다면 재정을 모을 수 있을 것이라는 결의가 논의되고 그것이 용감하게 정해졌다. 이러한 분위기가 현실적인 문제를 압도하고 말았다"(土肥昭夫,『日本プロテスタントキリスト教史』, 新教出版社, 1982, p.147)

물론 이렇게 쓰기 전에 '조합교회'가 당시 일본사회의 강력한 그리스도교 비판 세론을 무마하기 위해 선교부와 재정적 단절이라는 정략적 선택을 한 것이라는 일정한 비판적 입장은 전제했지만, 그래도 자국 교회 역사의 독립적 쾌거에 대해서는 '차가운 도히' 역시 어느 정도 점수를 주는 듯하다.

이러한 전통 때문인지 일본의 교회는 아직도 가난하다. 아주 가난하다. 그래서 교세도 더욱 위축되고 전도비용도 없다. 목사는 가난하고 현실적 영향력도 거의 없다. 대학을 지원하거나 신학자의 연구비를 댈 수는 더더욱 없다. 그러나 이러한 일본 그리스도교회와 목사에게서 아무런 희망이나 권위를 발견할 수 없는 것은 아니다. 때로는 운전기사가 운전하는 검은색 최고급 승용차를 탄 몇몇 한국의 목사들보다 더욱 권위 있을 때가 많다. 그것이 그리스도교의 본질에 더욱 가깝기 때문인지도 모른다. 일본 교회는 역사적으로 여러 부분에서 비판을 받아야 할 일이 많다. 그래서 내 선생 '차가운 도히'가 그렇게 세차게 비판을 해나간 것이다. 그러나 내 보기에는, 가난한 일본의 목사들이 오히려 보기 좋다. 그들은 그리스도교가 해낼 수 있는 또 다른 가능성의 한가운데에 아직 존재하고 있기 때문이다.

한국 그리스도교와 일본 그리스도교

우리 대학 그리스도교연구소 세미나에서 발표한 후 질문을 받았다. 한국 그리스도교사나 일본 그리스도교사 관련 주제를 발표할 때 논지와 직접 관련은 없지만 가끔 받는 질문이다. 오늘은 우리 대학 선배 교수님 한 분이 물었다. "비슷했는데 왜 한국은 그리스도교가 성하고 일본은 그렇지 않았는지요…." 이 질문에 대한 대답 '매뉴얼' 몇 개가 있기는 하지만 오늘은 이렇게 답했다. "한국은, 특히 개신교의 경우 역사상 거의 전 시대에 걸쳐 —민족·정치·사회·경제적으로— 그리스도 교인이 되는 것이 그리 불리하지 않았습니다. 일정한 시기 곧 일제 말의 수난기, 분단과 전쟁 시기, 북한정권 하에서 고난의 역사가 있었습니다만 그것도 결국은 순교의 영광이 오히려 명예가 되는, 명분으로는 이미 승리한 역사입니다. 그러나 일본은 어느 시대든 정치·사회적으로 그리스도 교인은 늘 불리했고, '비非 국민'으로 '이지메'를 당해야 하는 역사였습니다." 질문한 선배 교수는 비교적 진지하게 수긍하는 분위기였다.

그러나 나는 한편으로 다수의 그리스도인들이 하고 싶은 대답, "다 하나님의 섭리지요"라고 대답하고 싶기도 했다. 얼마나 상큼하고 완전한 대답인지 모른다. 그러나 그렇게 대답하고 생각하는 순간, 우리에게 허락된 최고의 학문적 방법론의 하나인 역사학은 바로 무력화되고 만다. 하느님의 뜻이 바탕에 전제된 역사 이해는 가장 출중한 방법이지만, 하느님의 뜻만이 드러나는 역사 설명은 하나마나한 역사 이해가 된다. 이러한 사고구조에서는 우리가 헌신을 다하는 선교마저 무슨 의미가 있을까라고 생각할 수 있다. 하느님이 다 하실 텐데….

세미나 이후의 담소에서는 줄곧 '역사의 그리스도교'는 정녕 무엇인가 하는 논의가 주 대화였다. 특히 토착화는 어디까지 맞는가? 또한 중국의 이른바 '본색화本色化'는 엄밀히 무슨 의미인가? '아시아적 관점'이란? '아시아 그리스도교'와 '서구 선교사가 전한 그리스도교'의 차이는 과연 어떻게 설명해야 옳은가?… 모두가 큰 명제요 어느 하나 간단히 처리할 논제가 없다. 나는 결론처럼 뭉뚱그렸다.

"전승傳承은 종선縱線이요 상황狀況은 횡선橫線이다. 씨앗은 종이요, 밭은 횡이다. 전해 들어온 것은 종이요, 펼쳐 구현되는 힘은 횡이다. 복음의 파종은 종적 작업이요, 수용과 전개는 횡적 작업이다. '토착'도 '본색'도 '아시아적 관점'도 결국은 횡적 역동만을 취하자는 것이 아니라 그것에도 힘을 주자는 뜻이다. 결국 종선과 횡선으로 '십자가'를 완성치 못하면 '그리스도교사'는 없다"

돈과 자유

돈을 받지 않으면 모든 것이 자유로워진다는 말은 틀림이 없다. 학자도 어디에서 연구비를 많이 받으면 무언가 켕기고 약해지는 듯하고, 신학자도 교회나 단체에서 많은 연구비를 받으면 우물쭈물하게 되어 당찬 예언을 펴지 못한다. 선교된 지역의 교회도 선교하는 쪽의 자금을 지속적으로 받으면 예속성을 벗어나지 못하는 선례가 많다. 이런 면에서 1895년 '일본조합교회日本組合教會'의 다음과 같은 결정은 이 원리를 잘 알고 선택한 파격적인 면이 있다. 그해 5월에 열린 조합교회 제10회 총회에서는 조합교회의 전도단체인 '일본기독교전도회'가 '아메리칸 보드American board'의 지정기탁금을 사절하기로 결의했다. 당시 일본의 세론이 그리스도교는 서구의 종속從屬이라는 평판이 자자했고, 그래서 그리스도교인은 참된 일본 국민이 아니라는 '비국민非國民'취급을 받던 상황에서 조합교회는 우선 미국의 선교비를 거절하기로 하고 실천한 것이다.

사실 당시 다수의 조합교회 전도자들은 '아메리칸 보드'의 지원금으로 생활비를 받고 교회의 개척과 전도에 임하고 있던 상황이어서, 선교비 사절은 어떻게 하든 생활 대책을 자체적으로 하지 않으면 안 된다는 전제가 있었다. 그러나 일본 전도는 일본 그리스도인들이 책임을 지고, 전도자는 자비로 현실 문제를 해결해야 한다는 정신으로 이를 결의한 것이다. 그 이후 몇 단계의 과정이 있었지만, 일본조합교회는 이 지정기탁금 사절을 필두로 독립교회로서의 체제를 갖추게 되었다. 여기까지는 훌륭하다고 할 수 있다. 그리고 돈을 거절하는 것은 독자적 자유를 쟁취하는 일이라는 준수한 증좌를 남겼다.

그런 일본조합교회가 일본 국가의 목표에 병진하면서 '제국帝國 기독교'로 적극 이행하는 과정에서 전혀 반대의 선택을 하고 말았다. 1910년 이른바 '한일강제병합' 이후 일본조합교회는 '조선전도론'을 주창하며 한국 선교에 나섰다. 그리스도교 교회로서 선교는 필수적인 사명이니 그 자체가 문제될 것은 없었다. 그러나 이때 조선총독부로부터 거액의 선교지원금을 받았다. 조합교회가 한국선교를 수행하려면 조합교회의 선교헌금으로, 일본 그리스도인들의 신앙적 열정과 희생으로 도모했어야 했다. 그런데 그들은 정교분리원칙도, 돈이 가져오는 자유의 제한도 뒷전에 둔 채 거액의 '관용官用 선교비'를 받은 것이다. 역시 거액의 돈은 현실적인 힘이 있었다. 한국 선교 착수 후 짧은 시간에 눈부신 성과를 보여 전국 여러 곳에 교회를 세우고, 교인들을 모으고, 한국인 교역자를 양성 배치했다. 그러나 그들은 그들 스스로 1895년에 내렸던 자립교회로서의 용단을 망각했다. 미국의 선교비를 거절하여 교회의 독립을 가져왔던 이 조합교회가 정부의 돈을 받아 '제국주의 선교'에 매진한 것이다. 선교 자금이 조선총독부로부터 나온 것이니 교회는 총독부의 정책에 눈치를 보아야 하고, 또 다른 종속을 가져올 수밖에 없었다.

정치적 배경으로 갑작스럽게 세워진 교회는 뿌리가 약할 수밖에 없었다. 조선 전역에서 성과를 과시하던 '일본조합교회'는 1919년 3.1 운동 이후 갑자기 사그라지고 만다. 더구나 조선총독부의 정책도 바뀌어 관에서 지급하는 선교지원금도 끊기자 이들의 선교는 유야무야 될 수밖에 없었다. '일본조합교회'는 자신들이 이미 알고 결단했던 '교회의 독립'을 조선 전도에서는 반대로 적용하여, '국가에 예속된 교회의 길'을 자처했던 것이다. 같은 교회의 성공과 실패의 증좌만 보아도, 역사는 참으로 우리를 확실히 가르친다.

전쟁과 종교

세계 전쟁사를 되돌아볼 때 가장 많은 전쟁의 원인, 배경은 역시 종교간 갈등이라고 할 수 있다. 현대 전쟁사로 오면 직접적으로 종교 때문에 싸운다고는 안 해도, 종교 문제는 여전히 중요한 싸움의 원인이다. 실제로 아직도 곳곳의 나라에서 그리스도교와 이슬람, 그리스도교 안에서는 신·구교 간에, 이슬람에서는 수니파니 시아파니 하는 나눔으로 내전內戰이 벌어지고 있다. 내놓고 전쟁의 활화산이 불뿜고 있는 중동의 각 지역 그리고 이스라엘과 팔레스타인의 다툼도 그 바탕은 다 종교전쟁이다.

일본 근대 종교사에 특이한 사건이 하나 있다. 이른바 '삼교회동三教會同'이라는 것이다. 1912년 2월 당시 내무대신 하라 다카시原敬는 전통종교인 불교와 신도 그리고 그리스도교의 대표자를 불렀다. 함께 식사를 나누며 일본의 국가목표, 즉 부국강병과 '황운부익皇運扶翼'에 종교계가 적극 협력해줄 것을 당부하였다. 여기에 참석한 종교계 대표들은 뒤이어 회합을 갖고 하나, 우리는 각 종교의 교의教義를 발휘하여 천황의 치세를 크게 확장하고 국민도덕의 진흥에 기여한다. 하나, 우리는 정부가 각 종교를 존중하여 정치와 종교, 교육 간에 융화를 도출하여 국운신장國運伸張에 크게 이바지할 것을 기대한다, 라는 내용을 사이좋게 결의하였다. 보기 드문 종교 간 대화 사례이다. 특히 일곱 명의 그리스도교계 대표들이 초청을 받아 참석하였는데, 당시 일본 그리스도교 주류는 이를 크게 반기며 기뻐하였다. 그때까지 일본 사회에서 이른바 '비非 국민'으로 도외시되던 그리스도교가 당당히 '주력 3종교'의 하나로 선택되어 국가 목표의 실현 과정에 협력을 당부 받고, 이에 적극적으로 기여할 호기를 잡게 되었음을 기뻐한 것이다.

그러나 여기에는 근대국가 일본의 교묘한 종교정책의 일환이 엿보이는 측면이 있다. 국가는 종교를 관리하고 그 위에서 조정하고 있으며, 모든 종교의 자유로운 포교와 신앙의 자유는 '천황의 은덕恩德'이라는 정서에 바탕하고 있는 것이다.

아무튼 중국에서 일부 종교에 기인된 문제들, 예를 들어 태평천국의 난이나 의화단 사건, 한국의 왕조 성쇠盛衰와 주력 종교의 교체 등의 예를 빼면 동아시아에서 종교전쟁이라고 이름 붙일 사건은 거의 없다. 여기에는 동아시아 각국의 정치가 종교를 능숙히 다루어 나간 측면을 주목해볼 필요가 있다.

근대 일본의 종교 정책, 특히 '삼교회동'과 같은 사례는 정치의 종교 우위, 종교의 국가 내 융화 정책의 한 사례가 아닐 수 없다. 그런데, 이것을 그대로 알아보고, '삼교회동'과 거기에 대해 기쁨을 감추지 못하는 일본 그리스도교계를 향해 비판의 일갈을 가했던 가시와키 기엔柏木義円, 우치무라 간죠內村鑑三 등의 인물은 역시 탁월한 식견을 지닌 이들이다. 특히 당시 시골 목사였던 가시와키 기엔은 이 회동은 정부가 종교를 이용하고 정교(政教)를 유착의 길로 빠트리는 일인데, 이 길은 당연히 부패의 길이며 종교의 타락을 조장할 것이라고 비판하였다. 깜짝 놀랄 예언이 아닐 수 없다. 그 예언은 지금도 통하는 진리이다.

잘못된 계산, 선교 투자와 당기 순이익

몇 차례 언급한 적이 있지만 내 전공으로 일본의 관련학회에서 발표를 하거나 강연을 가면, 아니 대학의 강의 중에서도 자주 질문을 받는 주제가 한국과 일본의 그리스도 교세의 차이이다. 왜 그렇게 큰 차이가 나느냐는 것이다. 어떻든 일본은 아주 오랜 기간 0.8%, 한국은 위기라고 해도 20%를 차지한다는 것이 전 인구 중 그리스도인 비율이다.

'개신교'로만 한정해 보아도 일본은 한국에 비해 수십 년 이상 선교가 빨랐다. 미국 선교사들이 한국 선교를 준비하고 지원할 때 '베이스캠프' 역할도 톡톡히 했다. 그밖에도 선교 투여投與 집중력 역시 한국을 훨씬 상회한다. 즉 선교사와 선교비의 투여, 경제적 용어로 환언하면 투자가 더 집중되었다는 말이다. 대체적으로는 같은 계열의 개신교 교파가 일본과 한국에 연이어 선교했지만, 한국에는 오지 않고 일본에만 선교사를 파송한 교파도 꽤 많다. 예를 들면, '미국회중교회(AB)', '네덜란드개혁교회(미국계, RCA)', '독일개혁교회'(미국계, RUC), '미국성공회(PE)', '캐나다감리회(MC)', '스코틀랜드장로회(UP, 한국에는 만주에서 성서번역과 간접선교만 주도)' 등등인데 그밖에도 열거하면 훨씬 많다. 즉 그 많은 교파가 일본에서 전력으로 선교에 나섰던 것이다. 물론 지금도 대다수 비율을 차지하고 있는 일본의 사립학교 중 '그리스도교 주의' 교육기관의 비율이라든가, 그리스도교 신학이나 신학교육의 인프라 등에서는 그런 집중적 선교 투자의 흔적과 공헌을 경이롭게 발견하기도 하지만, 교회만 놓고 보면 적자 중의 적자가 아닐 수 없다. 그 이유를 속 시원히 바로 이것이라고 대답하기는 어렵다. 때로는 지나가는 말로 '성서 번역'에서 '하느님 칭호'를 잘못 번역했기 때문이라고도 했다. 즉 일본의 '가미사마神様'는 그리스도교뿐만 아니라 온갖 다른 종교나 민간에서도 사용할 수 있는, 거의 일반명사이기 때문이다. 그러나 정작 그것만이 이유겠는가.

한편으로 생각하면, 기업을 경영하고 투자할 때도 투자원금의 크기만으로 이익 산출을 계산할 수는 없을 것이다. 투자처의 시장상황, 근로상황, 생산성 무엇보다도 시장의 성향, 즉 수요의 절박한 수준과 동일한 물품의 공급, 마케팅, 유통구조, 공격적 투자원칙, CEO의 적절한 순간 판단과 결정, 시장의 건실한 확대와 기존 시장 관리를 위한 철저한 '애프터서비스' 등이 직간접으로 다 관계가 있을 것이다. 투자와 당기 순이익의 관계를 단순계산으로 생각하는 기업가는 한 사람도 없을 것이다. 그러니 결국 그 결과는 시장이 좌우한다.

선교에서 시장이란, 선교 콘텍스트context의 정황 문제이다. 아무리 양질의 선교가 일본에 투여되고 계속 되어도 일본의 그리스도교 수용 상황을 검토하지 않으면 계산은 달리 나올 수밖에 없다. 역사적으로 일본의 국가 사회는 그리스도인을 '비非국민'으로 인식하였다. 이는 대단한 '이지메' 칭호가 아닐 수 없다. 그에 반해 한국은, 지금은 어떻든 초기에는 "예수를 믿는 일이 곧 나라를 구하는 일"이라는 생각이 강했다. 그리고 일본은 초기 개신교 수용자 다수가 몰락한 사무라이 계층으로 그들 대부분은 지식인 지도자 그룹으로서 정치적 목표가 개종의 주된 동기였다. 그러나 한국에서는 일부 지도자 그룹이 민족사회운동의 목적으로 개종한 경우가 있기는 하지만 다수는 민중 '그리스도인'들로 외우내환 중에 목숨과 최소한의 재산을 보호하기 위한 '생계형 개종rice Christian'이었다. 그리고 한국은 연이어서 '대부흥운동'이라는 절차가 있어서 '신앙만으로'라는 내재화 과정이 있었다. 그러나 일본은 그러한 대부흥운동의 역사가 없었다.

물론 그리스도교의 역사는 살아 있는 생물과 같아서, 일본이 미미하다고 무시할 것도 한국 그리스도교가 성업盛業, 성장成長하고 당기 순이익이 높다고 자만할 것도 아니다. 오히려 성공한 기업이 책임져야 할 항목이 훨씬 많고, 망해도 크게 망할 위험성이 크다. 한국 그리스도교가 위험한 것은 그 자만과 외형 그런 '성공신화의 기억'때문인지도 모른다. 그럼에도 역사적으로 한일 간에 선교 투자의 계산이 왜 그렇게 달랐는지에 대해서는 계속 곰곰이 생각해 보아야 할 주제임에 분명하다.

일본의 신종교 현상

일본에는 교회가 별로 없으니, 한국으로 치면 교회에 다님직한 사람들은 어디에서 종교적 필요를 충족합니까? 이런 질문을 가끔 받는다. 이는 일본의 그리스도교는 왜 한국만큼 부흥하지 않았을까요, 라는 질문보다는 한번 더 꺾은 질문이라고 할 수 있다. 물론 일본의 보통 사람들이 대개 종교에 대한 의존도가 한국에 비해 좀 낮다든가, 또는 대중화되어 있는 '신도[神道]' 혹은 한국보다 더 도시화되어 지근거리에서 세속문화와 함께 성장한 대중 불교 등의 역할로 그것을 대신한다고, 조금은 상식적으로 대답할 수도 있다.

그러나 조금 더 살펴보면 일본 대중의 종교적 필요, 특히 한국의 도시형 개신교의 열성적인 종교 성향을 일본 사회에서 대신 소화하고 있는 종교는 바로 '신종교[新宗教]'들이다. 내가 여기서 신흥종교라 하지 않고 신종교라고 지칭하는 데에는 나름의 이유가 있다. 한국어의 신흥종교는 그 말뜻 자체는 원래 그렇지 않은데 사이비종교 혹은 반[反] 사회적 종교와 같은 별도의 뉘앙스가 있어서이다. 물론 일본에도 우리가 다 알듯이 세간을 뒤흔들어 놓은 옴 진리교 같은 신흥종교가 있다. 그러나 말 그대로 신종교라고 할 수 있는 천리교, 창가학회, 일련정종, 구세교, 입정교성회, '행복의 과학' 등등은 일본 사회 전체로 볼 때는 사회적 물의나 윤리적 우려를 거의 일으키지 않는다. 오히려 일부 신종교는 사회적 신뢰를 바탕으로 많은 신도들을 보유하고 있고, 이른바 대중의 종교 수요에도 부응하고 있는 것으로 보인다. 그렇다고 이들의 교리, 윤리, 사상 등을 내가 긍정적으로 논하는 것은 아니다. 일본 사회의 종교적 수요와 공급의 사회현상을 말하는 것일 뿐이다. 그래서 나는 "한국에서 개신교 교회에 출석함직한 사람들은 비교적 사회 윤리적으로 건전하다고 할 수 있는 '신종교'에 가면 만날 수 있다"고 대답한다.

언젠가, 이른바 한일병합 직후 한국선교에 나섰다가 10년 남짓 만에 실패하고 손을 턴 '일본조합교회'(뒷날의 조선회중교회)를 언급한 바 있다. 그런데 그 무렵부터 조선총독부의 묵인과 지원 아래 비교적 전통 있는 일본의 신종교들도 한국에 다수 진출했다. 물론 이들도 한때였고 특히 해방과 더불어 주축은 다 물러갔다. 그러나 그들이 터 잡았던 자리를 해방 후 한국의 그리스도교가 미군정으로부터 불하받아 쉽게 교회를 차린 것은 알 만한 사람은 다 아는 사실이다. 남산의 조선신궁 터에 장로교신학교 등이 들어섰다가 그 일부가 다시 평양에서 내려온 숭의여학교 자리가 되었다. 영락교회, 경동교회, 성남교회 등등이 다 옛 일본 신종교 터에 세워진 개신교 교회들이다.

그런데 언제부터인가 한국에 다시 일본계 신종교가 성황을 이루고 있음이 한일 종교학자들 사이에 널리 알려지고 있다. 일련정종과 남묘호랜케교라고 부르기도 하는 국제창가학회 등은 그래도 비교적 알려져 있는 편이다. 세계구세교라는 일본의 신흥 종교단체가 경남 밀양에 본부를 두고 전국 곳곳에 지부를 두고 있는 것은 잘 모른다. 세계구세교의 국제화에 대해 깊이 연구한 일본 종교학자 이와이 히로시岩井洋 교수는 특히 한국에서 구세교 확장에 크게 주목하고 있었다. 그 분과의 대화중에 잊히지 않는 말이 있다. "서 교수님, 한국에서 종교사업이 잘 된다는 것은 알만한 '프로'들은 다 아는 사실이지만, 일본계 '신종교'도 정말 사업이 잘 된답니다. 이들의 '사업 코드'를 보면 거의 한국 개신교 방식이에요…."

나는 지금 무슨 이단, 교리의 문제나 사회 혹은 개인의 윤리적 부적절함 등을 기준으로 말하는 것이 아니다. 종교의 현상과 전개를 '사업'이라고 표현해도 어찌할 수 없는 그 '표면'을 말하는 것이다. 그런데 일본 국내외, 아시아 그리고 세계로 전개해 나가는 일본계 신종교도 사업 코드는 한국 그리스도교에게서 배운다는 것이다. 참으로 한국이 '수출 입국'이며 그 '강국'임에 분명하다.

다시 읽는 일본 종교

일본열도가 장마에 들었다. 어제부터 시작된 간토關東 지역의 비도 간단히 멈출 기세는 아니다. 몸이 좀 무겁지만, 아내가 싸준 도시락을 가방에 챙겨 넣고 연구실로 출근했다. 창밖은 잿빛이고 후지산은 아예 시야에서 사라졌다. 오늘은 교문관教文館에서 공저로 곧 출판될 단행본의 해당 부분 초교 교정을 종일 보아야 한다. 일본의 출판 방식은 저자에게 초교, 재교, OK까지 빠짐없이 챙기게 하고 그 과정마다 반송봉투를 이용한 오프라인 우편으로 '게라'[galley 교정쇄]를 상호 교환한다. 한편으로 생각하면 요즘 같은 디지털시대에 참 낡고 고전적인 답습이라고 느껴지기도 하지만 그러나 어딘가 확실한 믿음이 가고 책 만드는 멋이 제대로 나는 것을 느끼기도 한다. 오늘은 교정뿐만 아니라 다음 주 강의 내용도 정리를 해야 한다. 최근 종교사 과목 시간에 일본의 종교 전통과 현황, 그것에 비추어 보는 그리스도교 역사와 관련해서 조금은 난해한 명제를 놓고 학생들과 '제미 형식'의 토론도 하고 있는 까닭이다.

요즘 일본의 대부분 젊은이들은 확신 비슷한 것을 갖고 있다. 종교에 대해서 거의 혹은 전혀 관심을 갖고 있지 않을 뿐만 아니라 일본이라는 사회와 문화가 종교와는 상당한 거리를 둔 그야말로 '종교 이후 시대 사회'의 전형이라고 하는 신념이다. 종교가 여기 저기 등장해봐야 그것은 단지 가벼운 문화현상에 지나지 않고 극히 일부이며, 보통의 일본인 대다수와는 별 관계가 없다는 것이다. 그저 연례의 통과의례, 가족이나 자신의 탄생, 성년成年, 성혼成婚, 죽음 등등의 인생 사이클에서 양념처럼 들어오는 하나의 외형적인 형식 정도로 생각한다.

여기에 대해 나는, 일본이 그 어느 단위 국가나 지역문화권에 비해서도 강하고 활발한 종교문화권이며, 종교의 생산국이자 소비국이라는 점을 누누이 설명한다. 이미 일본이 보유한 신神의 기하학적인 숫자, 일정한 시대를 관통하여 현대에 이르기까지 일본 안에서 거듭 생산되고 심지어 다른 문화권에까지 전파되고 있는 독특한 '신종교新宗教'의 생성 실태 그리고 다양한 외래종교의 수용과 소비 등을 예로 들고 있다. 한국의 그리스도교계 신흥종교인 통일교의 제일 소비국이자 최대 헌금 국가가 된 일본 사회의 흐름 그리고 사건 발생 25년이 되는 사이비 종교 범죄조직인 옴 진리교의 실상을 분석하는 것 또한 그 단서 가운데 하나이다. 결국 일본은 한국과 더불어 종교적으로 가장 다이내믹한 국가이자 문화권이라는 방향으로 강의의 이해를 끌고 간 지 이미 오래이다.

최근 학생들과 진행하는 토론 주제는 '일본의 그리스도교는 대체?'이다. 그토록 종교에 역동적인 일본에서, 오랜 선교 투자와 집요한 활동에도 불구하고 '그리스도교는 왜 다른 종교에 비하여 존재감이나 영향력이 미미하고 부흥의 성과를 못 내었을까'라는 항목을 다루고 있다.

우선은 앞서 논의했던 주제를 이어 한참을 토론한다. 일본은 아무튼 세계적 종교들에 대해서도 대단히 개방적인 자세를 보인다. 단적인 예로 불교를 보면 중국 혹은 한국을 거쳐 일본에 도래했지만 만개滿開는 일본에서 했다고 할 수 있다. 오랫동안 일본의 중심이자 수도였던 나라奈良, 교토京都 같은 지역에는 헤아릴 수 없을 정도로 사찰이 많아서 이곳이 불교의 나라가 아닌가 하는 착각을 불러일으킬 정도이다. 더구나 이들 일본불교는 일본 문화와 깊은 토착적 통섭通涉을 나누고, 나아가 '일본종교화' 양상까지 나타내는 것이 특징이다. 뿐만 아니라 초기의 가톨릭교가 유입될 당시에도 일본은 짧은 시간에 그것을 소화해서 받아들였고, 박해시대에는 '잠복潛伏 기리시단'*이라는 일본만의 독특한 그리스도교를 창출하기도 했다.

그러나 일정한 시기 이후의 가톨릭과 그 이후의 개신교는 일본 지도자들에게 결코 종교로 인식되지 않았다. 단지 하나의 종교였다면 어떻게든 받아들여 일본화하고 아예 자기들의 것으로 삭혀 냈을 가능성이 높다. 그러나 일본의 정치지도자, 사회지도자들에게는 매우 강력한 '그리스도교 콤플렉스'가 있었다. 그리스도교는 종교가 아니라 서구 제국의 침략 이데올로기라는 것이다. 가까이 하면 할수록 위험한 정치적 이데올로기이며, 거기에 빠진 일본인은 언젠가 자신의 정체성을 망각할 것이며, 서구제국의 정신적 노예로 전락할지 모른다는 조바심을 그들의 역사에서 확인할 수 있다.

그래서 근대국가 설계 이후 헌법적 차원에서 '신교信教의 자유'를 채

---

* 1600년대 일본에서 가톨릭 박해가 시작된 후 겉으로는 신도, 불교의 신자로 가장했으나 실제로는 가톨릭 신앙을 지키며 200년 이상 계승해온 가톨릭 신앙인들.

용함으로써 표면적 의미의 그리스도교 포교와 신앙행위는 인정하면서도 이를 억누르는 사회적 압력을 동원하였다. 그리스도교인은 '비국민非国民'이라는 풍조를 확산시켜 법적 제재보다 더욱 강한 공동체의 박해 기능을 가동한 것이다. 그리고 마침내 서구국가들과 직접 전쟁을 벌인 파시즘시대 말기에는 앞서의 경계심이 구체적으로 발동되었다. 곧 그리스도인과 그리스도 교회는 서구제국에 본부를 둔 각 교파의 일본 프랜차이즈franchise 혹은 브랜치branch일 수밖에 없다고 봄으로써 그들을 결국 적성국敵性國의 스파이에 준하는 존재로 인식했던 것이다.

이렇듯 일본의 국가 차원의 그리스도교 콤플렉스가 일본 사회의 그리스도교 인식의 바탕이 되었음을 토론해 나가고 있다. 이것은 단지 종교사적 접근만으로는 이해할 수 없는 정치사회사의 한 영역이다.

세습 문제를 생각하다

며칠 전 우리 대학 몇몇 교수들과 회식을 한 일본요리집은 상당히 오래되어 몇 대를 이은 집이다. 단골로 다니는 우리 동네 정통 스시寿司집도 3대째이고, 창업연대는 1920년대이다. 갈 때마다 주인은 자기 가게만의 맛을 자랑하고 아버지, 할아버지 대부터의 긍지를 슬쩍슬쩍 드러낸다. 그리고 아내가 가끔 가는 가까운 채소가게도 메이지 시대에 문을 연 3평 정도 넓이의 가게로 4대째이다.

일본은 한국보다는 훨씬 더 세습적이다. 그것도 분야를 가리지 않고 규모를 불문한다. 몇 평짜리 국수집, 꼬치구이집, 대장간이나 과자집, 술집도 오래된 거리에 있는 경우는 몇 대를 훌쩍 넘겨 이어온다. 뿐만 아니라 목각이나 금속공예, 바느질, 자잘한 소도구를 만드는 분야까지 장인들도 세습으로 몇 대를 잇는 것이 보통이다. 이렇게 겉으로 드러나는 기술이나 상업 분야만이 아니라 연극, 영화 등등의 대중예술과 고전예술의 예능인도 —물론 '가부키歌舞伎' 배우가 그 중심에 있지만— 거의 예외 없이 대를 잇는다. 또한 학자는 학자, 종교인은 종교, 경제인은 경제 그리고 정계도 여전히 세습 가문이 다수이다.

일본에서 세습은 대체로 긍정적 덕목이다. 대를 이어 가문의 전통을 계승하는 것에 대한 가치를 충분히 인정하는 사회이다. 그리고 그것이 사회에서 가장 중요한 가치 가운데 하나인 신용과 신뢰의 중추적 역할을 한다고 믿는다. 다만 정치권력의 세습에 대해서는 일본에서도 그렇게 좋은 평판이 아닌 것을 자주 본다. 내 경험 범위 안에서 보면 일본의 세습에 대한 평결 기준은 명확한 구분이 있는 것 같다. 즉 권력과 부의 세습에 대해서는 이의異意가 있다. 그러나 재능, 지식, 기술 그리고 어느 분야에 집중할 수 있는 여건이나 환경 등의 세습에 대해서는 반대로 아주 높은 가치를 부여한다. 그 과정에서 명예나 신망이 세습될 수 있다면 그것이 더 큰 자부심이 되는 것을 자주 본다. 그리고 또 하나 세습 문화의 특징은 혈연적 전승, 특히 남아男兒, 장손長孫이 중심이 아니고 예외를 많이 두고 있다. 모계, 사위, 양자養子, 문하생 세습이 장자승계와 큰 차별 없이 존중되는 것을 볼 수 있다.

아들은 아버지를 닮는다. 딸은 어머니를 닮는다. 때로 자라나는 과정에서 반발을 하면서도 의식, 무의식적으로 닮는다. 그리고 어느 순간 가장 잘 할 수 있는 것이 어려서부터 지켜본 부모를 흉내 내는 것일 때도 있다. 언젠가 만났던 일본 불교사찰의 주지가 들려준 말이 있다. 일본의 작은 사찰들은 대개 세습 대처승이다. 그는 아버지의 사찰을 맡기 싫었고, 특히 불교 승려가 되는 것에 질색을 하고 여러 분야를 공부하며 외지를 떠돌았다고 했다. 그런데 어느 날 자신이 가장 잘 할 수 있는 것이 어려서부터 부친의 목청을 반복적으로 듣고 자신도 모르게 다 외어버린 염불이라는 것을 알았다고 했다.

우리나라에서 세습이 문제가 되는 것은 권력과 부 특히 경직된 권위주의가 세습된다는 점이다. 남북한의 정치권력과 정치적 권위주의는 어느새 세습의 길을 다졌다. 그리고 한국의 재벌들은 무조건 온갖 편법을 다 동원해서라도 혈연적으로 부의 승계를 이루어 끝없는 족벌적 부를 유지해 나가고 있다. 그리고 마침내 한국 개신교의 대형교회들마저 세습의 덫에 걸렸고 '세습반대운동', '세습방지법' 등이 실시되거나 회자되는 지경에 이르렀다.

다른 건 몰라도 일본의 '작은 세습' 문화는 존중할 만하다. 오히려 일본 사회는 이런 세습의 가치가 조금씩 무너지고 약화되는 것을 아쉬워한다. 그러나 한국이나 일본이나 할 것 없이 지탄의 대상이 되는 것은 권력의 세습이며, 부의 세습이다. 그것이 힘이든 돈이든 군림하던 환경에서 자라난 자손에게 약자의 실존에 대한 배려를 요구한다는 것은 원천적으로 불가능한 일일지 모른다.

나는 한국에서도 진정한 세습 문화가 일어났으면 한다. 부모의 소중한 재능과 긍지를 이어 가업을 물려받는 이들에게 사회의 칭찬과 격려가 쏟아지고, 그것이 최고의 명예가 되기를 바란다. 때로 자유로운 생애의 유영遊泳을 다 하고라도, 언젠가는 작지만 소중한 가업을 이어 농사를 짓고, 고기를 잡으며, 사람에게 소중하고 아름다운 '작은 일'을 몇 대째 이어서 하는 것을 최고로 치는 사회가 되었으면 한다. 그런 이들에게 최소한의 긍지가 보장될 만한 안정과 그에 따른 보상도 있었으면 한다.

그러나 권력과 부는, 그리고 모든 이들을 억울하게 만들고 심각한 박탈감에 빠지게 하는 기득권의 세습만은 절대로 용납하지 않았으면 한다. '작은 세습'은 선양宣揚하고 '크고 강한 세습'은 강력히 제한하고 냉소하는 사회가 되면 어떨까 싶다.

나는 어떻든 목사의 아들이 목사 노릇을 그래도 조금은 더 잘 할 수 있을 것 같다고 생각한다. 그러나 늘 군림하던 '오너[owner] 목사'의 아들이 그대로 '오너'가 된다면 그건 가장 지탄받아야 할 기득권의 승계가 될 뿐이다. 중요한 것은 목회자의 세습 자체가 문제가 아니라 돈과 권력과 기득권으로 가득 찬 '오너 경영'식 교회의 상속과 세습이 문제인 것이다. 목사의 자녀들이 목사로서 세습이 잘 되면 바람직하다. 진정한 목사들의 헌신과 희생, 열렬한 신앙이 잘 세습된다면 얼마나 아름다운 일인가. 목회자의 세습을 반대하지 말고, 기득권의 세습은 결사 반대해야 한다고 생각한다.

타인의 시선 경계에서 읽기
—메이지가쿠인대 서정민 교수의 도쿄 산책

초판 제1쇄 발행 2020년 11월 3일

지은이 서정민

펴낸이 김현주

편집장 한예솔
교 정 김형수
디자인 노병권
마케팅 한희덕
펴낸곳 섬앤섬

출판신고 2008년 12월 1일 제396-2008-000090호
주 소 경기도 고양시 일산동구 백석로 119, 210-1003호
주문전화 070-7763-7200 팩스 031-907-9420
전자우편 somensum@naver.com
인 쇄 세영미디어

ISBN 978-89-97454-41-9 03800

이 도서의 국립중앙도서관 출판예정도서목록(CIP)은 서지정보유통지원시스템 홈페이지(http://seoji.nl.go.kr)와 국가자료종합목록 구축시스템(http://kolis-net.nl.go.kr)에서 이용하실 수 있습니다. (CIP제어번호 : CIP2020041435)